W0240669

Aus dem Programm Huber
Psychologie Sachbuch

Wissenschaftlicher Beirat:
Prof. Dr. Dieter Frey, Kiel
Prof. Dr. Kurt Pawlik, Hamburg
Prof. Dr. Meinrad Perrez, Freiburg (Schweiz)
Prof. Dr. Hans Spada, Freiburg i. Br.

Weitere Bücher über Zwangsstörungen im Verlag Hans Huber:

Lee Baer
Der Kobold im Kopf
Die Zähmung der Zwangsgedanken
183 Seiten (ISBN 3-456-83962-6)

Sven Barnow u.a. (Hrsg.)
Von Angst bis Zwang
Ein ABC der psychischen Störungen: Formen, Ursachen und Behandlung
2., korrigierte und erweiterte Auflage
304 Seiten (ISBN 3-456-83985-5)

Willi Ecker
Die Behandlung von Zwängen
Perspektiven für die klinische Praxis. Mit einem Geleitwort von Hans Reinecker
230 Seiten (ISBN 3-456-83879-4)

Michael J. Kozak und Edna B. Foa
Zwangsstörungen bewältigen
Ein kognitiv-verhaltenstherapeutisches Manual herausgegeben von Wolf Lauterbach
207 Seiten (ISBN 3-456-83556-6)

Giorgio Nardone
Systemische Kurztherapie bei Zwängen und Phobien
Einführung in die Kunst der Lösung komplizierter Probleme mit einfachen Mitteln
Mit einem Vorwort von Paul Watzlawick
2., unveränderte Auflage
278 Seiten (ISBN 3-456-84045-4)

Hans S. Reinecker
Zwänge
Diagnose, Theorien und Behandlung
2., überarbeitete und erweiterte Auflage
189 Seiten (ISBN 3-456-82528-5)

Weitere Informationen über unsere Neuerscheinungen finden Sie im Internet unter: http://verlag.hanshuber.com oder per E-Mail an: verlag@hanshuber.com

Lee Baer

Alles unter Kontrolle

Zwangsgedanken und Zwangshandlungen überwinden

2., überarbeitete und ergänzte Auflage

Aus dem Englischen übersetzt von
Matthias Wengenroth

Verlag Hans Huber
Bern · Göttingen · Toronto · Seattle

Die englische Originalausgabe dieses Buches ist bei Little, Brown & Company, Boston/Toronto/London, unter dem Titel „Getting Control" erschienen. Die zweite amerikanische Auflage, auf die sich diese zweite Auflage der deutschen Übersetzung stützt, ist im Jahre 2000 bei Plume/Penguin erschienen.
© 1991/2000 by Lee Baer, Ph.D.

Lektorat: Dr. Peter Stehlin
Übersetzung: Matthias Wengenroth
Herstellung: Peter E. Wüthrich
Druckvorstufe: Matthias Wengenroth
Umschlagbild: Grafik Streich, Wiesendangen
Umschlag: Atelier Mühlberg, Basel
Druck und buchbinderische Verarbeitung: AZ Druck und Datentechnik, Kempten
Printed in Germany

Bibliografische Information der Deutschen Bibliothek
Die Deutsche Bibliothek verzeichnet diese Publikation in der Deutschen Nationalbibliografie; detaillierte bibliografische Daten sind im Internet über http://dnb.ddb.de abrufbar.

RESPECT COPYRIGHT
ENCOURAGE CREATIVITY

Dieses Werk, einschließlich aller seiner Teile, ist urheberrechtlich geschützt. Jede Verwertung außerhalb der engen Grenzen des Urheberrechtes ist ohne Zustimmung des Verlages unzulässig und strafbar. Das gilt insbesondere für Vervielfältigungen, Übersetzungen, Mikroverfilmungen sowie die Einspeicherung und Verarbeitung in elektronischen Systemen.

Anregungen und Zuschriften bitte an:
Verlag Hans Huber
Länggass-Strasse 76
CH-3000 Bern 9
Tel: 0041 (0)31 3004500
Fax: 0041 (0)31 3004593
E-Mail: verlag@hanshuber.com
Internet: http://verlag.hanshuber.com

1. Nachdruck 2003 der 2. Auflage
2., überarbeitete und ergänzte Auflage 2001
© für die deutsche Ausgabe 1993/2001/2003 by Verlag Hans Huber, Bern
ISBN: 3-456-83627-9

Inhalt

Vorwort von Judith Rapoport

Dr. Baer ist es gelungen, ein sehr gut lesbares Buch für Patienten und Angehörige über die Diagnose und Behandlung der Zwangsstörung zu verfassen. Anders als viele andere Therapeuten ergeht sich Baer nicht in polemischen Argumentationen, sondern vermittelt Einsichten, die auf seiner einzigartigen Erfahrung in der verhaltenstherapeutischen Behandlung zahlreicher Zwangspatienten im Rahmen eines multidisziplinären Teams beruhen. Aufgrund seiner bedeutenden und ungewöhnlichen Erfahrung auf diesem Gebiet sowie der Tatsache, dass das Interesse an den Zwangsstörungen relativ neu ist, besitzt dieser Ratgeber eine Breite und Tiefe, wie sie anderswo nicht anzutreffen sind. Die vielen Fallbeispiele und der lockere Schreibstil Baers in Kombination mit einer Fülle an Informationen zur medikamentösen und verhaltenstherapeutischen Behandlung erlauben es Patienten und ihren Angehörigen, mit größerer Leichtigkeit die richtigen Entscheidungen zu treffen und mit der Behandlung zu beginnen, als dies je möglich war.

Der Abschnitt über die Behandlung der Trichotillomanie stellt eine absolute Neuheit dar. Diese Störung, bei der die Betroffenen unter dem Zwang stehen, sich die eigenen Haare auszureißen (meist so viele, dass kahle Stellen entstehen), und unter der Millionen von Menschen leiden, ist bislang fast völlig unbeachtet geblieben und häufig falsch eingeordnet worden. Zu diesem Thema liegt bislang so gut wie keine allgemeinverständliche Literatur vor. Dr. Baer beschreibt einige Fälle und stellt verhaltenstherapeutische Vorgehensmöglichkeiten vor, die sich seiner Erfahrung nach bei der Behandlung dieser erniedrigenden Störung bewährt haben.

Ein anderer wichtiger Abschnitt des Buches ist der Erörterung der verhaltenstherapeutischen Behandlung von Kindern und Jugendlichen mit Zwangsstörungen gewidmet. Es gibt keinen Grund, anzunehmen, dass Kinder und Jugendliche nicht auf die gleichen Behandlungsformen ansprechen sollten wie Erwachsene, und Dr. Baer vermittelt uns Einblicke in seine praktische Erfahrung auf diesem bislang vernachlässigten Gebiet und gibt nützliche Ratschläge, wie beispielsweise Eltern in die Behandlung mit einbezogen werden können. Seiner Erfahrung nach ist die Verhaltenstherapie in der Pädiatrie möglicherweise genauso effektiv wie bei Erwachsenen.

Judith L. Rapoport
Leiterin der Abteilung für Kinderpsychiatrie am *National Institute of Mental Health*
Verfasserin des Buches *Der Junge, der sich immer waschen musste*

Vorwort

In diesem Buch werden Sie erfahren, wie Sie ihre Zwangshandlungen und Zwangsgedanken mit verhaltenstherapeutischen Methoden in den Griff bekommen können. Für die Zwangsstörung gibt es heute zwei bewährte Behandlungsformen: Verhaltenstherapie und Medikamente. Aber während neue Möglichkeiten der medikamentösen Behandlung von Zwängen in letzter Zeit breite Beachtung gefunden haben, gibt es herzlich wenig Informationen über die verhaltenstherapeutische Behandlung von Zwängen.

In Zeitungsartikeln oder Fernsehsendungen über die Zwangsstörung wird der Verhaltenstherapie gegenüber der medikamentösen Behandlung gewöhnlich nur eine zweitrangige Bedeutung zugeschrieben. Dies ist deshalb besonders zu bedauern, weil sich viele Betroffene verhaltenstherapeutische Methoden zunutze machen könnten, um ihre Zwangshandlungen und Zwangsgedanken in den Griff zu bekommen. Ich hoffe, dass dieses Buch hier Abhilfe schaffen kann und Sie in die Lage versetzt, mit Ihren Problemen fertigzuwerden.

Seit mehr als zwanzig Jahren wissen wir, dass Verhaltenstherapie eine wirksame Methode zur Behandlung von Zwängen ist – und doch haben die meisten Betroffenen davon noch nichts gehört. Vor kurzem behandelte ich eine Frau mit schweren Zwangssymptomen, die ein trauriges Beispiel für diese paradoxe Situation ist. Ihr größtes Problem war, dass sie nichts wegwerfen konnte. In ihrem Haus stapelten sich Zeitungen, Lebensmittelverpackungen, wichtige Dokumente und Aktien kniehoch in einem wilden Durcheinander auf dem Boden. Ihr Sammelspleen und ihre zwanghaften Ängste, etwas Wichtiges zu verlieren, hatten sie fast völlig lahmgelegt. Sie konnte ihrer Arbeit nicht mehr nachgehen, daher hatte sie sich zu dem Zeitpunkt, als ich sie zum ersten Mal sah, freiwillig auf eine psychiatrische Station einweisen lassen. Obgleich sie sich seit fast zehn Jahren in psychiatrischer Behandlung befand, verschlimmerte sich ihr Zustand immer weiter. Man hatte ihr gesagt, dass ihre Symptome in sexuellen Problemen wurzelten, die gelöst werden müssten, bevor es ihr besser gehen könne. Nachdem sie dies jahrelang gehört hatte, war sie trotz des Mangels an wissenschaftlichen Belegen für diese Behauptung selbst davon überzeugt. Leider hatte diese Frau nie etwas von Verhaltenstherapie gehört. Erst jetzt bot sich ihr, dank dieser Behandlungsform, eine Chance auf Besserung.

Vielleicht genauso viel Pech wie die Betroffenen, die noch gar nichts über die Verhaltenstherapie wissen, haben diejenigen, die falsch informiert worden sind. Manche Patienten haben gehört, dass man in der Verhaltenstherapie dazu gezwungen wird, etwas gegen seinen Willen zu tun; sie haben z. B. im Fernsehen gesehen, wie ein Patient gewaltsam dazu gebracht wird, in einen schmutzigen Mülleimer zu fassen und lehnen die Verhaltenstherapie aufgrund dieses negativen, autoritären Images, das sie bei vielen hat, ab. Dieses Buch hat sich zum Ziel gesetzt, diese Befürchtungen aus dem Weg zu räumen, indem verhaltenstherapeutische Methoden in Form eines Selbsthilfeprogramms dargestellt werden, im Rahmen dessen der Betroffene selbst bestimmt, wie viel Zeit er sich für jeden einzelnen Schritt nehmen will.

Kürzlich habe ich gemeinsam mit meinen Kollegen Dr. Michael Jenike und Dr. William Minichiello in einem Lehrbuch für Ärzte, Therapeuten und andere Fachleute all das zusammengefasst, was man heute über die Zwangsstörung weiß.[1] Das Buch, das Sie jetzt in der Hand haben, ist anders; es richtet sich direkt an Sie, den Betroffenen. Die Methoden, die ich auf den nächsten Seiten beschreiben werde, basieren auf meiner zehnjährigen Erfahrung in der Erforschung und der Anwendung der Verhaltenstherapie bei Zwangsgedanken und Zwangshandlungen.

Dieses Buch ist kein Ersatz für eine verhaltenstherapeutische oder medikamentöse Behandlung und viele Leser werden ihre Symptome ohne professionelle Hilfe nicht in den Griff bekommen. Im Buch finden Sie Tests, die Ihnen dabei behilflich sind, den Schweregrad Ihrer Symptome einzuschätzen, sowie Tips für die Suche nach einem geeigneten Verhaltenstherapeuten oder Psychiater, für den Fall, dass sie einen benötigen.

Die meisten von Ihnen werden feststellen, dass Sie, wenn Sie hart arbeiten und die hier empfohlenen Methoden anwenden, durch ein dauerhaftes Nachlassen Ihrer Zwangsgedanken und Zwangshandlungen belohnt werden; es wird Ihnen auch große Genugtuung verschaffen, die Probleme selbst in den Griff bekommen zu haben.

Dank gebührt vielen meiner Kollegen und Freunde, meinen Lehrern und Mitarbeitern sowie meiner Familie, ohne die dieses Buch nicht zustande gekommen wäre.

---

1 Jenike, Baer, and Minichiello, eds., *Obsessive-Compulsive Disorders: Theory and Management*, 1st ed., 1986; 2nd ed., 1990.

Viele Kollegen von der Abteilung für Psychiatrie am Massachusetts General Hospital, allen voran unser Chef, Dr. Ned Cassem, haben mir über die Jahre hinweg zu einem sehr anregenden Lernfeld verholfen. Mein besonderer Dank gilt Dr. Michael Jenike und Dr. Bill Minichiello, die mir in den vergangen zehn Jahren als Lehrer und Freunde eng verbunden waren. Beide haben auch nützliche Hinweise und Anmerkungen zu früheren Entwürfen dieses Buches beigesteuert. Ich möchte auch nicht versäumen, meinen Kollegen Dr. Joe Ricciardi, Dr. John Hurley, Dr. Nancy Keuthen und Dr. Lynn Buttolph Dank auszusprechen.

Meine Lektorin beim Verlag *Little, Brown and Company*, Kit Ward, hat in jedem Stadium dieses Projektes Hilfe von unschätzbarem Wert geleistet, ohne die dieses Buch längst nicht so gut geworden wäre, wie es nun ist. Auch Kelly Aherne, Deborah Jacobs und Beth Davey von *Little, Brown and Company* gebührt besonderer Dank.

Meine Frau Carol Ann war mir eine große Stütze bei der Arbeit. Nicht nur durch ihre emotionale Unterstützung, sondern auch durch ihre umsichtigen Vorschläge bei der Korrektur und Überarbeitung der zahllosen Fassungen der einzelnen Kapitel trug sie zur Fertigstellung des Buches bei. Auch dem Rest meiner Familie, meiner Mutter Bernice, meinem Bruder Larry, meiner Großmutter Mary sowie P. und M. möchte ich danken für die Liebe und Unterstützung, die sie mir über die Jahre hinweg zukommen ließen.

Schließlich gebührt auch meinen Patienten Dank dafür, dass sie jahrelang ihre Erfahrungen und ihre Erfolge mit mir geteilt haben. Mit vielen von ihnen werde ich Sie im Laufe dieses Buches in Fallgeschichten bekannt machen, um wichtige Punkte zu verdeutlichen. Wo immer es möglich war, habe ich sie selbst zu Wort kommen lassen. Angaben, aus denen Rückschlüsse auf die Identität der Patienten gezogen werden könnten, wurden stets verändert, um ihre Anonymität zu gewährleisten.

Vorwort zur Neubearbeitung

Wie ich festgestellt habe, bin ich in den letzten Jahren immer mehr dazu übergegangen, meinen Patienten zu raten bestimmte Stellen des Buches zu ignorieren (zum Beispiel den Abschnitt über »Gedankenstopp«), während ich andererseits Behandlungsmethoden ausführlich beschreiben musste, die in der ursprünglichen Ausgabe nicht enthalten waren. Dadurch ist mir klar geworden, dass es an der Zeit ist, das Buch zu überarbeiten und es auf den neuesten Stand zu bringen.

Während der Überarbeitung konnte ich die beruhigende Feststellung machen, dass das meiste von dem, was ich 1991 über die Behandlung der Zwangsstörung geschrieben hatte, heute noch genauso gültig ist wie damals, was mich erneut in der Überzeugung bestärkte das Reizkonfrontation und Reaktionsverhinderung das A und O zur Überwindung von Versuchungsängsten, Wasch-, Kontroll- und Wiederholungsritualen sowie Vermeidungsverhalten im Rahmen einer Zwangsstörung ist. Der Teil, der am meisten aktualisiert werden musste, waren die Ausführungen zur Behandlung von Zwangsgedanken. Anfang der neunziger Jahre handelte es sich dabei um ein Gebiet, über das man wenig wusste und das von der Wissenschaft vernachlässigt wurde, so dass ich damals schreiben musste, dass sich diese Symptome nicht gut mit Verhaltenstherapie behandeln lassen. Glücklicherweise hat die Forschung Fortschritte gemacht und ich kann in der neuen Ausgabe mit Gedankenunterdrückung und der Reizkonfrontation und Reaktionsverhinderung per Audiokassette viel versprechende neue Behandlungsmethoden vorstellen. Nach längerem Nachdenken und im Einvernehmen mit Kollegen habe ich den ganzen Abschnitt über »Gedankenstopp« gestrichen, eine Technik, die ich nicht mehr als nachweislich effektive Behandlungsmethode für Zwangssympome empfehlen kann. Diese Veränderung vereinfachte auch das Grundkonzept der Verhaltenstherapie des Zwangs, so wie wir es unseren Patienten heute vermitteln: Versuchen Sie *nicht,* in irgendeiner Weise gegen ihre Zwangsgedanken anzugehen, aber widerstehen Sie dem Drang, Zwangshandlungen auszuüben.

Nach etwa zehn Jahren mussten natürlich einige der Informationen aus «Alles unter Kontrolle» auf den neuesten Stand gebracht werden. In der neuen Ausgabe finden Sie eine Beschreibung der neuen Serotonin-Wiederaufnahme-Hemmer, die heute auf dem Markt sind und routinemäßig zur Behandlung der Zwangsstörung eingesetzt werden. Darüber hinaus ist mittlerweile ein neues Diagnosehandbuch in Gebrauch, mit leicht veränderten Diagnosen für den Bereich der Zwangsproblematik, beispielsweise in Bezug auf die zwanghafte Persönlichkeitsstörung. Ich habe die Fragebögen zur Selbsteinschätzung, mit deren Hilfe Sie den Schweregrad Ihrer Zwangsstörung und ihrer depressiven Symptome bestimmen können, auf den neuesten Stand gebracht sowie die Angaben über Möglichkeiten, einen geeigneten Therapeuten oder Psychiater zu finden.

An den gegebenen Stellen habe ich auf zukünftige Entwicklungen in der Behandlung der Zwangsstörung hingewiesen. So bin ich beispielsweise kurz auf die viel versprechenden neuen Resultate zum Einsatz der kognitiven Therapie eingegangen sowie auf erste positive Erfahrungen mit einer computergestützten Verhaltenstherapie für Fälle, in denen kein erfahrener Verhaltenstherapeut zur Verfügung steht. Die Abschnitte über Störungen, die Ähnlichkeiten zur Zwangsstörung haben, aber ein anderes Vorgehen erfordern, wurden erweitert; mir ging es vor allem darum, Ihnen eine Vorstellung davon zu vermitteln, welche Behandlung man Ihnen wahrscheinlich verschreiben wird, wenn Sie sich mit einer solchen Störung aus dem Spektrum der Zwangsproblematik an einen Fachmann wenden. Möglicherweise kommen Sie dadurch, nachdem Sie das Buch gelesen haben, zu dem Schluss, dass Sie gar keine Zwangsstörung haben, aber eine andere, eng mit ihr verwandten Störung. Dies wäre durchaus eine wertvolle Erkenntnis, da Sie Ihnen den Weg zu einer Behandlung weisen würde, die Ihnen bei Ihrem Problem helfen kann.

Ich möchte mich noch einmal bei meinen Kollegen am Massachusetts General Hospital und am McLean Hospital, meinen Patienten und vor allem meiner Familie bedanken, ohne die die Arbeit an der Neuausgabe dieses Buches nicht möglich gewesen wäre. Ich danke Deborah Body und Amanda Patten, meinen Lektorinnen bei Penguin Putnam, dafür, dass sie mich in der Auffassung, eine Neuausgabe von «Alles unter Kontrolle» sei überfällig, bestärkt und mich bei der Überarbeitung des Textes unterstützt haben. Erneut sei an dieser Stelle darauf hingewiesen, dass ich im Verlaufe des Buches zur Verdeutlichung wichtiger Punkte immer wieder echte Fälle heranziehe und Patienten, wann immer es möglich ist, selbst zu Worte kommen lasse, jedoch zum Schutz ihrer Anonymität persönliche Angaben verändert habe.

Zu guter Letzt sei noch erwähnt, dass es dank des technischen Fortschritts seit der Erstausgabe nun möglich ist, dass Sie mir per E-Mail mitteilen, welche Erfahrungen Sie persönlich mit diesem Buch gemacht haben. Ich freue mich darauf, von Ihnen zu hören.

Boston, Massachusetts
August 31, 1999
baer@ocd.mclean.org

1. Kapitel

Was ist eine Zwangsstörung?

Die Ketten der Gewohnheit sind so schwach, dass man sie kaum bemerkt – bis sie zu stark geworden sind, um gesprengt zu werden.

Samuel Johnson (1709-1784)

Sie haben das Haus verlassen, jetzt kann Ihr Urlaub beginnen. Aber als Sie gerade auf dem Rücksitz des Taxis Platz genommen haben, überkommt Sie auf einmal der Gedanke: «Habe ich auch den Herd abgestellt?» Sie wollen Ihre Zweifel ignorieren, aber wie sehr Sie es auch versuchen, Sie können sich wirklich nicht mehr daran erinnern, ob Sie das Gas abgedreht haben oder nicht. Ihre Unsicherheit wächst immer stärker an und wird schließlich unerträglich. Sie geben es auf, dagegen anzukämpfen, und bitten den Taxifahrer umzukehren. Und während er auf Sie wartet, drehen Sie immer wieder das Gas an und ab. Wie sehr Sie den Herd auch anstarren, Sie sind sich einfach nicht sicher, ob er auch wirklich aus ist; im Gegenteil – jedes Mal, wenn Sie es überprüfen, wird die nagende Ungewissheit noch größer. Mit den Augen sehen Sie, dass er abgestellt ist, aber es geht einfach nicht in Ihren Kopf.

Erst nach Stunden, so kommt es Ihnen vor, gelingt es Ihnen, sich vom Herd losreißen und zum Taxi zurückgehen. Aber während der Fahrt drängen sich Ihnen Bilder von Flammen auf, die Ihr Haus zerstören, weil Sie so unachtsam gewesen sind. Während Ihres gesamten Urlaubs quält Sie der furchtbare Gedanke, dass Ihr gesamtes Hab und Gut vom Feuer verzehrt wird. Wie sehr Sie sich auch bemühen, Sie schaffen es nicht, die Zweifel aus Ihrem Kopf zu verbannen.

Sie befinden sich zum Einkaufen im Supermarkt. Alles ist völlig normal, Sie fühlen sich wohl. Aber als Sie zur Kasse kommen, bemerken Sie, dass der Kassierer anscheinend erkältet ist. Er zieht die Nase hoch, dann putzt er sie sich und jetzt wendet er sich Ihrem Einkauf zu und beginnt, die Preise einzutippen. Schon ist es zu spät – er hat Ihre Lebensmittel berührt.

Als Sie zu Hause Ihre Einkaufstaschen auf den Küchentisch stellen, werden Sie von einem nagenden Zweifel befallen. Und später am Nachmittag wird Ihr Zweifel zur Gewissheit; Sie wissen jetzt genau, dass der Junge, der Ihre Sachen angefasst hat, Aids hat. Schon ist der Virus überall in der Wohnung verbreitet, wartet darauf, durch die vielen kleinen Risse und undichten Stellen Ihrer Haut in Sie einzudringen, der Stuhl, Ihre Kleidung, der Stift, den Sie in der Hand halten – alles ist verseucht. Ist es bereits zu spät? Sind Sie schon infiziert, ist Ihr Schicksal schon besiegelt? Und was ist mit Ihrer Familie, den Kindern? Ihre Furcht steigt ins Unermessliche und Ihr Herz klopft wie wild. Fast gelähmt vor Angst, blicken Sie um sich. Eine letzte Chance zu überleben haben Sie vielleicht noch: Sie lassen das Waschbecken mit Wasser vollaufen und greifen zur Seife. Sie beginnen, sich zu schrubben – die Sterilisation, die ein Chirurg durchführt, der sich auf eine Operation vorbereitet, ist nichts dagegen. Wie viel ist genug? Erst waschen Sie sich bis zu den Ellbogen, dann weiter. Das Wasser ist nicht heiß genug. Noch einmal nachspülen. Oh Schreck! Wie konnten Sie es nur vergessen – die Griffe des Wasserhahns! Sie haben sie angefasst, als Sie angefangen haben! Sie müssen sie desinfizieren. Und jetzt noch einmal die Hände. Die fühlen sich einfach nicht sauber an. Ein vages Gefühl, dass noch nicht alles sauber und steril ist, steigt Ihnen aus der Magengrube hoch. Während Ihnen die unterschiedlichsten Vorstellungen durch den Kopf rasen, fällt Ihnen plötzlich ein, dass Sie irgendwo einmal gelesen haben, dass Bleichmittel Bazillen abtöten können – auch Viren? Unter dem Waschbecken steht noch eine Literflasche Bleichmittel. Wie konnten Sie das bloß vergessen? Ihre Kleider: Sie müssen sie ausziehen und bleichen. Bis spät in die Nacht hinein sind Sie damit beschäftigt, alles zu desinfizieren.

Vor fünf Jahren noch waren Busfahrten für Sie so selbstverständlich wie das Atemholen. Das ist jetzt anders. Schon eine ganze Weile haben Sie es nicht mehr versucht; vielleicht, denken Sie, geht es ja inzwischen wieder. Nachdem Sie den Fahrschein gelöst haben, gehen Sie langsam den Gang herunter und suchen einen Sitz, der Ihren Anforderungen entspricht: freie Plätze links und rechts und direkt gegenüber. Sie entdecken einen, streichen Ihren Rock glatt und setzen sich hin. Aber schon an der nächsten Bushaltestelle kommt die Gefahr in der Form eines Mannes mittleren Alters ins Spiel, der sich auf den gegenüberliegenden Platz setzt. Den ungeschriebenen Gesetzen städtischer Etikette folgend, sehen Sie beide in unterschiedliche Richtungen und vermeiden Blickkontakt. Unter größten Anstrengungen gelingt Ihnen dies für ein paar Minuten. Aber so wie eine Zunge fast automatisch das Loch in einem Backenzahn erforscht, so richtet sich Ihr Blick wieder auf den Fremden. Und da sind sie wieder – groteske sexuelle Gedanken über den Fremden kreisen in Ihrem Kopf. Es erschreckt Sie immer wieder aufs Neue, wie schnell die Gedanken Macht über Sie gewinnen. Bilder verbotener sexueller Akte blitzen vor Ihrem inneren Auge auf und lassen Ihren Magen rebellieren. Sie versuchen, sie mit Gebeten, die Sie auswendig gelernt haben, zu bekämpfen, aber es hat keinen Zweck. Es ist jetzt sinnlos, Ihren Blick abzuwenden, die bizarre Show ist, wenn sie einmal begonnen hat, durch nichts mehr zu stoppen. Als religiöser Mensch empfinden Sie tiefe Abscheu angesichts der Verwerflichkeit der sexuellen Handlungen, zu denen Sie sich in Ihrer Vorstellung mit diesem fremden Mann hinter seiner Zeitung hinreißen lassen. Und es wird noch schlimmer. Die sexuellen Vorstellungen verwandeln sich in gewalttätige. In Ihrer Phantasie lassen Sie ein Beil auf den nichts ahnenden Mann niedersausen. Sie schließen die Augen, aber das ändert nichts an der Klarheit der Bilder des schrecklichen Blutbads, das Sie angerichtet haben. Mittlerweile sind Sie in voller Panik und versuchen krampfhaft, sich davon zu überzeugen, dass Sie so etwas niemals tun würden. Völlig geschwächt drücken sie den Klingelknopf, um dem Fahrer zu signalisieren, dass Sie an der nächsten Haltestelle aussteigen wollen. Sie wissen, dass das die einzige Chance ist, Ihren fürchterlichen Phantasien zu entrinnen.

Besser geht es Ihnen erst, als Sie auf dem Bürgersteig stehen, kilometerweit entfernt von Ihrem eigentlichen Ziel. Enttäuscht und erschöpft sagen Sie sich, dass Sie es irgendwann einmal wieder versuchen werden, jetzt aber nach Hause zurückkehren und um Vergebung beten wollen.

Dies sind Einblicke in das Innenleben dreier Menschen mit einer Zwangsstörung – Menschen, die unter Gedanken und Impulsen leiden, über die sie keine Kontrolle haben. Diese Menschen sind nicht verrückt; sie leiden an einer Störung, die ihr Leben beherrscht. Unsere Bemühungen, die Zwangsstörung zu verstehen und wirksame Behandlungsmethoden – u. a. verhaltenstherapeutische und medikamentöse – zu entwickeln, stecken noch in den Anfängen.

Als wir 1983 unser Zentrum für die Behandlung von Zwangsstörungen am Massachusetts General Hospital eröffneten, hatten Dr. Michael Jenike, Dr. William Minichiello und ich zusammen erst knapp 50 Zwangspatienten behandelt; in der Zwischenzeit sind es über 1000 gewesen und jede Woche kommen viele neue Patienten zu uns. Von Kollegen hören wir, dass der gleiche Trend auch in den anderen Behandlungszentren für Zwangspatienten zu beobachten ist.

Der Grund für diesen dramatischen Anstieg ist in der explosionsartigen Zunahme des öffentlichen Interesses an der Zwangsstörung zu sehen. In Fernsehen und Radio, Zeitungen und Zeitschriften, überall finden sich heute in regelmäßigen Abständen Berichte über die Zwangsstörung. Früher konnte man nur in psychiatrischen Lehrbüchern etwas über sie erfahren, heute gehört sie zum Allgemeinwissen.

Mittlerweile erkennen wir auch, dass berühmte Persönlichkeiten aus der Vergangenheit, die man immer als exzentrisch bezeichnet hat, in Wirklichkeit an einer Zwangsstörung litten. Eine dieser Persönlichkeiten war Samuel Johnson, der bekannte englische Schriftsteller des 18. Jahrhunderts. Er soll viele merkwürdige Gewohnheiten gehabt haben, unter anderem hat er Räume immer nach einem festgelegten Ritual betreten und verlassen, wobei er stets eine bestimmte Anzahl von Schritten gemacht und die Schwelle stets mit demselben Fuß überschritten hat. Eine der anderen zahlreichen Marotten des literarischen Genies bestand darin, dass er erst das rechte und dann das linke Bein vor sich ausstreckte, und zwar so lange, bis er es «richtig» machte. Einige seiner Zeitgenossen sahen sein Leiden als eine Art Epilepsie an, während Sir Joshua Reynolds besser verstand, was in seinem Freund vor sich ging, wenn dieser von seinen lästigen Gedanken heimgesucht wurde und bestimmte Rituale ausführte, um sich dieser Gedanken zu entledigen :

> Die Handlungen oder Angewohnheiten von Dr. Johnson werden zu Unrecht als Krämpfe bezeichnet. So wie jeder andere konnte er völlig ruhig dasitzen, wenn er dazu aufgefordert wurde. Meiner Ansicht nach geschah es aus der Gewohnheit heraus, die er sich angeeignet hatte, *seine Gedanken von gewissen unglücklichen Handlungen begleiten zu lassen, und diese Handlungen, so will mir scheinen, dienen teilweise dem Zweck, einen Teil seines vorherigen Benehmens zu verurteilen.* Sobald er nicht in ein Gespräch vertieft war, ergriffen diese Gedanken unausweichlich von ihm Besitz.[2]

Ein weiteres bekanntes Opfer der Zwangsstörung war Howard Hughes, Millionär, Playboy, Pilot und Filmproduzent in Hollywood. Die extreme Zurückgezogenheit seiner späten Jahre schreiben wir heute der Tatsache zu, dass er unter Zwangsgedanken und -handlungen litt.[3] Seine Symptome

---

2 Boswell, *The Life of Samuel Johnson,* 1968.

3 Drosnin, *Citizen Hughes,* 1985.

verschlimmerten sich im Laufe der Zeit immer mehr. Irgendwann trank er nur noch reines Quellwasser, um sich vor einer «Verseuchung» zu schützen; eine mögliche Verseuchung durch Wasser beim Waschen war da schon kein Problem mehr für ihn, da er sich kaum noch wusch. In seinem Hotelzimmer standen alle Gegenstände auf einem immer größer werdenden Kreis von Papiertüchern und Zeitungen, um sie vor Kontakt mit dem Boden oder dem Tisch und damit vor einer Verseuchung zu bewahren.

Eine weitere Sicherheitsvorkehrung, die Hughes traf, bestand in der Abfassung peinlich genauer Anweisungen, in denen festgelegt wurde, wie seine Bediensteten vorgehen mussten, um unverseuchte Mahlzeiten vorzubereiten. Darunter befand sich beispielsweise eine drei eng beschriebene Seiten lange Abhandlung mit dem Titel «Spezialvorkehrungen für den Umgang mit Dosenobst». Angesichts solcher Maßnahmen überrascht es nicht, dass Hughes meist nicht mehr als eine Mahlzeit am Tag zu sich nahm und manchmal auch tagelang überhaupt nichts aß.

In einem verzweifelten Kreuzzug gegen die Gefahr einer Ansteckung verbrannte Hughes bis auf die letzte Faser sämtliche seiner Kleidungsstücke, als ihm das Gerücht zu Ohren kam, dass eine Freundin, die er Jahre zuvor gehabt hatte, an einer Geschlechtskrankheit litt. Anzüge und Hemden, Hosen und Krawatten, alles war für ihn hochgefährliches Material, dem jetzt das gleiche Los widerfuhr wie den Hexen des Mittelalters, die man auf dem Scheiterhaufen den Flammentod sterben ließ, um dadurch den Teufel, der in ihnen steckte, zu vertreiben.

Paradoxerweise konnte Hughes nichts fortwerfen, was seinem eigenen Körper entstammte. Er schnitt sich nicht die Fingernägel und ließ sein Haar wachsen. Seine Ausscheidungen – Urin, Kot, alles musste aufbewahrt, gehortet werden. Seinen Urin lagerte er in abgedeckten Gläsern. Alles, was irgendwie mit der Außenwelt in Berührung gekommen war, und sei es nur in Hughes' Vorstellung, wurde sofort weggeworfen; aber von dem, was von ihm selbst stammte, durfte nichts verschwinden.

Howard Hughes, einst in Amerika ein Symbol für Gesundheit und Energie, war zu einem Mann geworden, den niemand mehr verstand und der anderen nur noch ein Bild des Jammers bot, weil er – wie wir heute wissen – völlig in den Klauen der Zwangsstörung steckte. Sein einst klarer Verstand wurde mit der Außenwelt nur noch durch die Mattscheibe des Fernsehens konfrontiert, wobei auch hier sein Blick ständig alles nach irgendwelchen Verseuchungen und Verschmutzungen absuchte.

Natürlich sind die meisten Fälle von Zwangshandlungen und Zwangsgedanken nicht so schlimm wie der von Howard Hughes. Aber sein selbst auferlegtes Gefangenendasein zeigt, wie diese Störung das Leben der Betroffenen und ihrer Angehörigen zerstören kann, wenn sie nicht behandelt wird. Der Ausprägungsgrad der Störung ist dabei von Fall zu Fall sehr unterschiedlich. Manche Leute haben zwar große Angst vor Keimen und Krankheitserregern, sind aber in der Lage, zur Arbeit zu gehen und normalen Kontakt zu ihren Mitmenschen zu pflegen. Andere sind wie Hughes stark gehandicapt durch ihre Symptome, können ihre Wohnung nicht mehr verlassen und kein normales Leben führen.

In den meisten Zeitschriften- und Zeitungsartikeln über die Zwangsstörung werden nur die am häufigsten auftretenden Formen der Störung beschrieben, z.B. die Symptome, die in den ersten beiden Fallbeschreibungen genannt wurden, mit denen dieses Kapitel begann. Waschrituale und Furcht vor Verseuchung wie im Fall von Howard Hughes sind Symptome einer der beiden am häufigsten vorkommenden und am besten bekannten Formen der Zwangsstörung. Bei der anderen dieser beiden Formen kommt es zu zwanghaften Kontrollritualen. Ich selbst beschreibe Zwangspatienten anderen gegenüber, die noch nichts von der Störung gehört haben, meist als «Leute, die sich immer waschen müssen oder nicht aufhören können, Türschlösser zu kontrollieren». Aber es gibt noch viele andere Arten von Zwängen, die zwar nicht so bekannt, aber für die Betroffenen nicht weniger schlimm sind.

Viele Betroffene sind vielleicht noch gar nicht auf den Gedanken gekommen, dass sie unter einer Zwangsstörung leiden könnten, weil ihr Problem nichts mit Händewaschen oder Türschlössern zu tun hat. Stattdessen haben sie Angst davor, scharfe Gegenstände in die Hand zu nehmen oder sich zu einem Ladendiebstahl hinreißen zu lassen. Oder ihnen drängen sich wie der oben beschriebenen Frau Gedanken mit sexuellen oder gewalttätigen Inhalten auf. Manche müssen immer wieder Personen aus ihrer Umgebung fragen, ob alles in Ordnung ist, und wieder andere können nichts wegwerfen.

Wenn Sie eines dieser selteneren Probleme haben oder irgendeine andere Form von Zwangsgedanken oder Zwangshandlungen, werden Sie den Testteil dieses Buches nützlich finden, weil dort detailliert alle Formen der Zwangsstörung beschrieben werden, die wir bislang kennen. Am Ende dieses Kapitels werden Sie eine Vorstellung davon haben, ob Sie unter einer Zwangsstörung leiden. Spätere Kapitel werden Sie dann damit vertraut machen, wie Sie sich verhaltenstherapeutische Methoden zunutze machen können, um Ihre Zwangssymptome selbst in den Griff zu bekommen.

Was ist eine Zwangsstörung?

Ein besorgter Zwangspatient fasste mich einmal am Arm und sagte, er müsse mich etwas Wichtiges fragen. Als wir allein waren, sagte er mir, er habe gerade einen Zeitungsartikel über Zwänge gelesen, der ihn schockiert habe. Mit ängstlichem Blick sah er mich an. «Stimmt es, Doktor? Sind Zwangsgedanken und Zwangshandlungen wirklich eine psychische Störung?»

Nachdem er sich etwas beruhigt hatte, sagte ich ihm, dass die Antwort Ja lautet, dass wir Zwangsgedanken und -handlungen zu den psychischen Störungen rechnen. «Aber», so fuhr ich fort, «zu diesen gehören auch übergroße Ängste vor Hunden, Höhen oder Flugzeugen. Und die Zwangsstörung (oder das Zwangssyndrom) bildet in Büchern, die psychiatrische Diagnosen enthalten, eine gemeinsame Gruppe mit diesen Phobien. Bei allen diesen Störungen treten starke Ängste auf und werden bestimmte Schwierigkeiten ausgelöst.»

«Dann stimmt es also», sagte er geknickt, «ich bin wirklich verrückt.»

Schließlich konnte ich ihn davon überzeugen, dass die Zwangsstörung zwar zu den psychischen Störungen gerechnet wird, weil Verhalten, Gedanken und Gefühle betroffen sind, dass das aber nicht hieß, dass er verrückt war oder zu werden drohte. Für die meisten Menschen bedeutet «verrückt zu sein» dasselbe wie eine Psychose oder ein gestörtes Verhältnis zur Realität zu haben. Menschen mit einer Zwangsstörung haben aber in allen Bereichen ihres Lebens, die nicht von ihren speziellen Ängsten betroffen sind, ein völlig normales Verhältnis zur Realität. Ich habe niemals erlebt, dass ein Zwangspatient psychotisch geworden wäre.

Es versetzt mich immer wieder in Erstaunen, wie viele Menschen mit Zwangssymptomen ihre Probleme vor ihren engsten Familienangehörigen – sogar vor ihrem Ehepartner – geheimhalten, weil sie fürchten, für verrückt gehalten zu werden. Anscheinend erreichen es viele Personen, die eine Zwangsstörung haben, irgendwie, dass niemand etwas merkt. Manch einer ihrer Ehepartner wundert sich vielleicht darüber, dass sie bestimmte Kleidungsstücke nicht mehr tragen wollen, bestimmte Geräte nicht benutzen oder das Haus an bestimmten Tagen nicht verlassen, wäre aber völlig überrascht, würde er erfahren, welche Rituale hinter verschlossenen Türen ausgeführt werden, wenn niemand zu Hause ist.

Wenn Betroffene schließlich den Schritt wagen, sich anderen Menschen anzuvertrauen, sind sie im Allgemeinen positiv überrascht über deren Reaktionen. Meist stoßen sie auf Verständnis und Hilfsbereitschaft. Ein Mann äußerte mir gegenüber, dass er jetzt, da er von den schlimmen Zwängen seiner Frau erfahren habe, viele ihrer Eigenarten besser verstehen könne. Er war nicht verärgert, sondern eher erstaunt, dass sie ihr Leiden fast zehn Jahre lang vor ihm verbergen konnte, und wollte ihr gern helfen, etwas dagegen zu unternehmen. Beispiele wie dieses haben mich zu der Überzeugung gebracht, dass das Stigma, psychisch gestört zu sein, oft nur im Kopf des Betroffenen besteht und sonst nirgends.

Nachdem nun geklärt ist, dass die Zwangsstörung zu den psychischen Störungen gerechnet wird, wollen wir uns genauer mit ihren wichtigsten Erscheinungsformen befassen. Die Diagnose Zwangsstörung wird dann gestellt, wenn entweder Zwangsgedanken oder Zwangshandlungen auftreten, unter denen die betroffene Person leidet und die für sie mit Einschränkungen im Privat- oder Berufsleben verbunden sind.[4] Jemand mit einer Zwangsstörung leidet also entweder unter Zwangsgedanken, d. h. Gedanken und Vorstellungen, die sich ihm gegen seinen Willen aufdrängen, oder unter Zwangshandlungen, d. h. dem Zwang, bestimmte Handlungen zu vollziehen.

In der psychiatrischen Terminologie werden Zwangsgedanken definiert als «wiederholt auftretende und andauernde Gedanken, Impulse oder Vorstellungen, die zumindest zeitweise als störend und sinnlos empfunden werden und die ein deutliches Maß an Angst oder Leiden verursachen»[5]. Diese Gedanken, Impulse und Vorstellungen gehen deutlich über ein normales Maß an Besorgnis angesichts realer Probleme hinaus.

Zwangsgedanken rauben den Betroffenen viel Kraft. Da unser Gehirn einen großen Teil unser verfügbaren Energien verbraucht, ist es kein Wunder, dass man oft ziemlich erschöpft ist, wenn man den ganzen Tag lang solche Gedanken hat. In allen Kulturen, in denen bislang Untersuchungen zu Zwangsgedanken gemacht wurden, drehen sich diese vor allem um die Themen Sauberkeit, Ordnung, Aggression, Sexualität und Religion.

---

4 *Diagnostic and Statistical Manual of Mental Disorders,* 4th ed., 1994.

5 Ebenda.

In Abgrenzung zu Zwangsgedanken werden Zwangs*handlungen* als wiederholt auftretende Verhaltensweisen (z. B. Händewaschen, Ordnen, Kontrollieren) oder geistige Handlungen (z. B. Beten, Zählen, stilles Vor-sich-Hinsagen von Wörtern) definiert, zu denen sich die Person als Reaktion auf einen Zwangsgedanken gezwungen fühlt oder die nach ganz bestimmten, streng einzuhaltenden Regeln ausgeführt werden. Das Verhalten soll inneres Unbehagen abschwächen oder verhindern oder bestimmte gefürchtete Ereignisse oder Situationen verändern oder vermeiden helfen; es besteht jedoch entweder keine realistische Beziehung zwischen der Handlung und den beabsichtigten Wirkungen oder die Handlung ist völlig übertrieben.[6]

Zwangshandlungen, zu deren am weitesten verbreiteten Formen Waschrituale, Kontrollhandlungen zur Vermeidung von Katastrophen und Wiederholzwänge gehören, sind Verhaltensweisen, zu denen sich der Ausführende gedrängt oder gezwungen fühlt. Es ist, als wäre eine Macht in ihm, die ihn bestimmte Dinge tun lässt – sich die Hände zu waschen oder nach Hause zu fahren und nachzusehen, ob die Tür verschlossen ist. Früher glaubte man deshalb auch, dass der Teufel in die Opfer dieser Störung gefahren sei und sie zwinge, ihre verwunderlichen Rituale auszuführen. Diese Anschauung hat sich teilweise bis zum heutigen Tag gehalten. Noch vor kurzem hatten wir einen Patienten, der seine Zwänge durch einen Exorzismus loswerden wollte. Dieser Mann war zu der Überzeugung gekommen, dass seine Handlungen unter dem Einfluss bösartiger Dämonen standen. Er stieß schließlich auf eine religiöse Vereinigung, die ihn in seinem Glauben bestätigte und ihm Bücher gab, in denen zu lesen war, dass dies häufig passiere.

Definitionsgemäß werden zwanghaftes Essen, Spielen und Sexualverhalten nicht der Zwangsstörung zugerechnet, da solche Handlungen für die Betroffenen mit einem gewissen Vergnügen verbunden sind. Alle Personen, die unter einer Zwangsstörung leiden, *hassen* die Handlungen und Gedanken, die so sehr Besitz von ihnen ergriffen haben.

Einmal abgesehen von den Lehrbuchdefinitionen der Zwänge – was für Auswirkungen haben sie für diejenigen, die darunter leiden? Was geht in ihnen vor? Die kurzen Fallbeschreibungen am Anfang des Kapitels haben Ihnen vielleicht schon einen Eindruck verschafft. Die meisten Leute, die eine Zwangsstörung haben, leiden – im Gegensatz zu der Frau im dritten Beispiel – sowohl unter Zwangsgedanken als auch unter Zwangshandlun-

---

6 Ebenda.

gen und viele sagen mir, sie fühlten sich oft wie in einer Spirale aus Gedanken und Handlungen, aus der sie nicht entkommen können. Beispielsweise entsteht in ihrem Kopf plötzlich der Gedanke: «Ich bin verseucht» oder «Ich habe jemanden verletzt». Als Folge dieses Gedankens fühlen sie sich zu einer Wasch- oder Kontrollhandlung oder zum Vollzug irgendeines anderen Rituals gezwungen. Da diese Handlungen sie jedoch nie zufrieden stellen können, dreht sich die Spirale aus Zwangsgedanken und Zwangshandlungen immer weiter. Das Ganze kann mehrere Stunden in Anspruch nehmen. Die Psychiaterin Judith Rapoport, die sich intensiv mit psychischen Zwängen befasst hat, beschreibt diese Zwangsspirale in ihrem Buch *Der Junge, der sich immer waschen musste* als regelrechte Attacke, die dazu führt, dass die Betroffenen keine klare Sicht der Realität mehr haben.[7]

Patienten schildern ihr Gefangensein in dieser Spirale auf unterschiedliche Weise. Ein Betroffener starrt stundenlang den Lichtschalter an und obwohl er sieht, dass er auf Aus steht, ist er, je länger er ihn anstarrt, immer weniger davon überzeugt, dass das Licht wirklich aus ist. Deshalb knipst er es immer wieder an und aus, um endlich die beruhigende Sicherheit zu bekommen, die sich nicht einstellen will. Eine andere Patientin glaubt, sich beim Hantieren mit einer Schere geschnitten zu haben. Ihr Blick wandert unentwegt über ihre Haut und sie findet zwar keine Wunde, ist sich aber, selbst nachdem eine Stunde vergangen ist, immer noch nicht sicher, ob sie wirklich unverletzt ist. Sie fährt ins Krankenhaus und lässt sich untersuchen, aber auch nachdem man ihr dort gesagt hat, es gebe keine Wunde, ist sie nicht zufrieden und kontrolliert bis spät in die Nacht hinein ihre Haut.

Andere Menschen, wie die Patientin mit den sexuellen Vorstellungen im dritten Fallbeispiel, geraten in eine andere Art von Spirale hinein. Bei ihnen ist die Tendenz zu Zwangshandlungen nur schwach ausgeprägt, sie sagen höchstens einmal ein Gebet auf oder suchen Trost bei anderen – dafür geraten sie in einen Teufelskreis aus Zwangsgedanken und der *Vermeidung bestimmter Situationen*. Sie versuchen, allen Auslösern ihrer Zwangsgedanken aus dem Weg zu gehen, die Gedanken werden aber immer stärker, je länger sie die betreffenden Situationen meiden. Wenn sie es dann doch einmal wagen, sich der Situation auszusetzen, treten die Gedanken mit so überwältigender Stärke auf, dass sie sofort wieder zu ihrem Vermeidungsverhalten zurückkehren. Und so dreht sich die Spirale aus Zwangsgedanken und Vermeidung immer weiter.

---

7 Rapoport, *The Boy who couldn't stop washing,* 1989, p. 21.

Wer selbst nicht unter solchen Symptomen leidet, kann sich keine Vorstellung von der Macht dieser Zwänge machen. Für die Betroffenen ist es nicht leicht, «einfach damit aufzuhören», wie andere es oft von ihnen verlangen. Normalerweise weiß der Betroffene, dass seine Gedanken und Rituale sinnlos sind, aber in dem Moment, in dem er in der Zwangsspirale gefangen ist, meint er, sein Leben oder seine Gesundheit hingen von den Ritualen ab, und kann nichts dagegen tun.

Dieses Buch wird Sie als Betroffenen in die Lage versetzen, Ihre eigenen Zwangsspiralen mit Hilfe einer systematischen und bewährten Methode zu unterbrechen.

Wie oft kommt die Zwangsstörung vor?

Bis vor kurzem gab es Psychiater und Psychologen, die in ihrer gesamten beruflichen Laufbahn keinen einzigen klassischen Fall von Zwangshandlungen und Zwangsgedanken zu Gesicht bekamen. Und während man früher meinte, dass die Zwangsstörung eine relativ seltene psychische Störung ist, weiß man aus neueren Repräsentativ-Umfragen, dass etwa zwei bis drei von hundert Erwachsenen im Laufe ihres Lebens mindestens einmal unter Zwangssymptomen leiden. Auch unter Kindern und Jugendlichen ist die Zwangsstörung weit verbreitet, es hängt somit nicht vom Alter ab, ob man eine Zwangsstörung bekommen kann. Lassen Sie es sich also ein Trost sein, dass Sie nicht allein dastehen mit Ihrem Problem – allein in den Vereinigten Staaten leiden ungefähr siebeneinhalb Millionen Menschen wenigstens einmal in ihrem Leben unter psychischen Zwängen. Und wenn man andere verwandte Störungen hinzurechnet, verdoppelt sich diese Zahl wahrscheinlich noch einmal.

Als Folge des gestiegenen Bekanntheitsgrad der Zwangsstörung können Betroffene heute ihre Störung früher identifizieren und sich in Behandlung begeben. Während Patienten in der Vergangenheit oft länger als zehn Jahre gewartet haben, ehe sie sich um Hilfe bemühten, lassen sich inzwischen viele bereits in den ersten Monaten nach Auftreten der Symptome behandeln. Aus diesem Grund haben wir heute mehr leichte Fälle in Behandlung als in den ersten Jahren; diesen Trend beobachten auch Kollegen in anderen Behandlungszentren für Zwangspatienten.

Was weiß man über die Ursachen der Zwangsstörung?

Die meisten Patienten wollen wissen, was ihre Zwänge verursacht hat. Viele fragen, ob ihr Stoffwechsel aus dem Gleichgewicht geraten ist. Andere wollen wissen, ob sie ihre Störung selbst durch Marihuanarauchen oder durch vieles Grübeln herbeigeführt haben. Die einfachste Antwort, die wir zum jetzigen Zeitpunkt geben können, ist, dass wir zwar nichts Genaues über die Ursachen der Zwangsstörung wissen, dass uns aber die Forschung einige Anhaltspunkte für bestimmte Annahmen geliefert hat.[8]

Wir sind ziemlich sicher, dass die Zwangsstörung teilweise genetisch bedingt ist – wenn bei eineiigen Zwillingen einer der beiden Zwangssymptome hat, ist wahrscheinlich auch der andere betroffen, und zwar auch dann, wenn die beiden getrennt aufgewachsen sind. Es besteht auch eine genetische Verbindung zu einer Reihe anderer Störungen, u. a. Agoraphobie, Depression und Tourettestörung; bei Verwandten von Personen mit Zwangssymptomen treten diese Beschwerden häufiger auf als beim Durchschnitt der Bevölkerung.

Patienten, die mich danach fragen, ob sie eine Stoffwechselstörung haben, haben meist etwas über Serotonin gelesen. Dies ist einer von vielen Neurotransmittern: Substanzen im Gehirn, die es unseren Nervenzellen ermöglichen, untereinander Informationen auszutauschen. Wir wissen, dass alle Medikamente, die wirksam gegen Zwangssymptome sind, den Serotoninspiegel im Gehirn beeinflussen. Aus diesem Grunde spielt das Serotonin mit hoher Wahrscheinlichkeit eine Rolle bei der Zwangsstörung. Aber das ist noch nicht die ganze Wahrheit.

Es gibt höchstwahrscheinlich weitere Faktoren, die einen Einfluss darauf haben, ob jemand eine Zwangsstörung bekommt. Wie haben beispielsweise unter Einsatz moderner Untersuchungsapparate die Gehirne von Personen mit und ohne Zwangsstörung miteinander verglichen und festgestellt, dass es sowohl hinsichtlich der Funktionsweise als auch der Größe einzelner Hirnteile Unterschiede zwischen den beiden Gruppen gibt.[9] Was diese Un-

---

8 Einen vollständigen Überblick über alle vermuteten Ursachen der Zwangsstörung, einschließlich neuerer Theoreien über die Bedeutung von Streptokokken-Infektionen in der Kindheit, finden Sie in der neuesten Ausgabe des von meinen Mitarbeitern und mir gemeinsam herausgegebenen Lehrbuches über die Zwangsstörung (Jenike, Baer und Minichiello, 1998).

9 Bei der Positronenemissionstomographie werden kleine Mengen harmloser radioaktiver Substanzen eingesetzt, um sichtbar zu machen, welche Hirnteile

terschiede genau zu bedeuten haben, können wir noch nicht sagen, aber sie geben uns Hinweise für weitere Forschung auf diesem Gebiet.

Einige Patienten befürchten, durch den Genuss von Marihuana in ihrer Studienzeit selbst zu ihren jetzigen Problemen beigetragen zu haben. Für diese Theorie gibt es allerdings keine wissenschaftlichen Belege, sie führt nur dazu, dass die Betroffenen noch stärker unter ihren Problemen leiden.

Eltern von Zwangspatienten wird manchmal der Vorwurf gemacht, durch eine zu strenge Sauberkeitserziehung die Störung verursacht zu haben. Auch diese Behauptung ist unbewiesen. In einer Untersuchung zu diesem Thema fand man keinerlei Zusammenhang zwischen der Sauberkeitserziehung und dem späteren Auftreten einer Zwangsstörung. Möglicherweise bestehen jedoch andere Zusammenhänge zu frühen Lebenserfahrungen; manche Forscher glauben, dass vielleicht eine übermäßig harte Bestrafung von Fehlern Menschen anfällig für die Neigung zu zwanghaften Zweifeln und Kontrollritualen macht.[10] Auch die Beobachtung von Zwangsritualen bei einem Elternteil oder einer Schwester oder einem Bruder führt wahrscheinlich dazu, dass diese Gewohnheiten in einem gewissen Ausmaß gelernt werden. Die meisten Forscher stimmen jedoch darin überein, dass eine Person nur dann eine Zwangsstörung entwickelt, wenn sie die genetische Veranlagung dazu hat.

Im Allgemeinen treten Zwangssymptome erstmalig in der späten Jugend oder im frühen Erwachsenenalter, etwa bis zum 25. Lebensjahr, auf, häufig unter dem Einfluss besonderer Belastungen. Sehr selten kommt es vor, dass Personen im späten Lebensalter eine Zwangsstörung entwickeln, hiervon ausgenommen sind Zwangssymptome, die in Zusammenhang mit schweren Depressionen stehen (s. Kapitel 2). Ebenfalls selten ergeben sich Zwangssymptome in Folge einer Krankheit oder einer Verletzung.

Aber unabhängig davon, wodurch die Zwangsstörung letztendlich verursacht wird, das Wichtigste ist, dass wir sie heute mit Medikamenten oder Verhaltenstherapie behandeln können. Die meisten Betroffenen, deren Zwänge unbehandelt bleiben, haben ihr ganzes Leben hindurch mit mehr oder weniger starken Symptomen zu kämpfen. Auch wenn es zwischendurch Zeiten gibt, in denen die Symptome etwas abflauen und der Betroffene ein normales Leben führen kann, so sind sie doch nie ganz aus

---

an unterschiedlichen Aktivitäten mehr und welche weniger beteiligt sind. Die Magnetresonanztomographie und die Computertomographie sind Verfahren, die uns detailgetreue Bilder von Teilen des Gehirns liefern.

10 Rachman & Hodgson, *Obsessions and Compulsions*, 1980.

der Welt geschafft. Manche Personen erleben Zeiten, in denen die Symptome verschwinden, nur um später erneut aufzutreten. Und einige Menschen müssen erleben, wie ihre Symptome nach und nach immer schlimmer werden.[11] Aber vergessen Sie nicht, dass diese Aussichten nur dann gelten, wenn die Störung *nicht* behandelt wird – wie Sie noch erfahren werden, sind die Aussichten sehr viel günstiger, wenn eine angemessene Behandlung erfolgt.

Welche verschiedenen Formen der Zwangsstörung gibt es?

Anders als die Opfer anderer psychischer Störungen leiden Zwangspatienten an einer sehr großen Spannbreite von Symptomen. Demgegenüber treten beispielsweise bei allen Personen mit einer Panikstörung mehr oder weniger die gleichen Beschwerden auf: Herzrasen, die Angst, verrückt zu werden, die Angst, die Beherrschung zu verlieren, Atemnot oder Benommenheit. Auch Patienten mit Depressionen erleben in etwa die gleichen Symptome: Veränderungen der Schlafdauer und des Appetits, Traurigkeit, Schuldgefühle, Weinen und Selbstmordgedanken. Bei der Zwangsstörung verhält es sich dagegen so, dass die Symptome des einen Patienten völlig anders aussehen können als die des anderen. Die Unterschiede sind so groß, dass wir die Symptome verschiedenen Kategorien zuordnen. Die Betroffenen haben oft mehrere Symptome, aber meist fallen alle Symptome einer Person unter dieselbe Kategorie.

Die Symptome der häufigsten Form der Zwangsstörung sind Angst vor Verseuchung und Waschrituale, die allein oder in Verbindung mit anderen Symptomen vorkommen können. Die zweithäufigste Form ist mit Kontrollzwängen verbunden, bei denen die Patienten befürchten, etwas falsch gemacht zu haben und ihre Handlungen immer wieder überprüfen, um sich davon zu überzeugen, dass alles in Ordnung ist. Kontrollzwänge können ebenfalls allein oder gemeinsam mit anderen Symptomen auftreten. Auch eines von verschiedenen anderen weniger häufigen Symptomen kann das Hauptproblem darstellen, z. B. abergläubische Ängste und Rituale, Wiederholzwänge oder zwanghafte Langsamkeit, und es gibt auch Personen, die ausschließlich unter zwanghaften Vorstellungen oder Gedanken leiden.

---

11 Rasmussen & Eisen, «Epidemiology and Clinical Features of Obsessive-Compulsive Disorders», 1990.

Manchmal erscheinen die Unterschiede zwischen den verschiedenen Patientengruppen so groß, dass die Betroffenen nur schwer glauben können, dass sie alle die gleiche Störung haben. Ein Mann, der an unserem Gesprächskreis für Zwangspatienten teilnahm, sagte mir, die verschiedenen Patientengruppen dort seien zu der Auffassung gekommen, sie hätten so wenig miteinander gemein, dass von den «Waschleuten» den «Kontrollierleuten» und den «Abergläubischen» sogar einmal erwogen worden war, jeweils eigene Treffen in getrennten Räumen abzuhalten. Mit der Zeit erkannten die Patienten jedoch auch die Gemeinsamkeiten zwischen ihren Problemen. Sie leiden alle unter unkontrollierbaren Gedanken und Impulsen und sind deshalb in der Lage, einander zu unterstützen und Ratschläge zu geben.

Es folgen nun Beschreibungen der wichtigsten Formen der Zwangsstörung sowie einige Fallbeispiele. Die verschiedenen Formen der Zwangsstörung müssen mit unterschiedlichen verhaltenstherapeutischen Methoden behandelt werden und unterscheiden sich auch dahin gehend, wie gut die Betroffenen auf Verhaltenstherapie ansprechen (worauf in Kapitel 2 noch näher eingegangen wird). Die Zahl der Symptome, unter denen die Einzelnen leiden, ist, wie gesagt, von Fall zu Fall verschieden; manche haben nur eines oder zwei, andere dagegen leiden unter vielen Symptomen.

Waschzwänge und Angst vor Verseuchung

Die Angst vor Kontakt mit Schmutz und Krankheitserregern geht bei manchen Leuten so weit, dass sie jahrzehntelang mehr als zwölf Stunden am Tag mit Händewaschen beschäftigt sind. Oft werden weite Bereiche des Hauses oder der Umgebung gemieden, damit man nicht mit Bazillen oder Schmutzpartikeln in Berührung kommt. Wenn Sie Verseuchungsängste haben, befürchten Sie möglicherweise auch, andere anzustecken. Zwanghafte Ängste vor einer Infektion mit Aids, oft mit endlosem Waschen verbunden, haben stark zugenommen. Die im Folgenden geschilderten Beispiele veranschaulichen, welche verschiedenen Formen die Angst vor Verseuchung und Waschzwänge annehmen können.

Frau J., eine Frau mittleren Alters, wusch sich etwa hundertmal am Tag die Hände und verbrauchte jede Woche sieben Rollen Papiertücher. Sie fasste niemals etwas an, das möglicherweise vorher von jemandem berührt worden war, der inzwischen gestorben war. Sie lebte auch ständig in der Angst vor einer Verseuchung durch irgendwelche «Bazillen». Als Folge dieser beiden Ängste – vor dem Tod und vor Krankheitserregern – konnte Frau J. zahlreiche Dinge in ihrem Haus nicht mehr berühren, unter anderem Geld, Türklinken, Lichtschalter, Schuhe und Küchenutensilien. Sie konnte nicht einmal mehr auf einem Sessel sitzen, auf dem einmal ein mittlerweile verstorbener Mensch gesessen hatte. Frau J. hatte ihre Familie dazu gebracht, ihr alle Aufgaben abzunehmen, die mit der Berührung und Benutzung bestimmter Dinge verbunden waren, die sie nicht mehr berühren konnte. Ihre Zwänge machten sie immer mehr zur Gefangenen im eigenen Haus und mit der Zeit wurde sie immer deprimierter.

Frau P. war Lehrerin; sie hatte aber mittlerweile einen zweiten Beruf, nämlich den, sich vor Aids- und Krebserregern zu schützen. Als sie das erste Mal zu mir kam, hatten ihre Probleme bereits so große Ausmaße angenommen, dass sie nicht mehr in der Lage war, Lebensmittel ins Haus zu bringen – und das seit sechs Monaten. Fünf Stunden am Tag verbrachte sie mit Händewaschen und Duschen. Wenn eine Kassiererin im Geschäft «irgendwie krank» aussah, stelle sie sich an einer anderen Kasse an. Sie hatte aufgehört, ihre Wäsche zu waschen, weil sie aufgrund ihrer Ängste den Vorgang immer endlose Male wiederholen musste, wenn sie einmal damit begonnen hatte. Sie versuchte es zu vermeiden, anderen die Hand zu geben oder jemanden im Vorübergehen zu streifen, und in ihrem Schrank hingen «saubere» Sachen – solche, die sie nur in der Wohnung getragen hatte – streng getrennt von «schmutzigen», die sie draußen angehabt hatte.

Frau P. sagte mir, sie sei nicht sicher, ob sie durch die Berührung mit verseuchten Gegenständen wirklich Krebs oder Aids bekommen könnte. Jedenfalls konnte sie es nicht mit Sicherheit ausschließen und für alle Fälle wollte sie deshalb mit den Ritualen weitermachen.

Wer unter solchen Problemen leidet, wäscht sich vielleicht so lange die Hände, bis sie rot und rissig sind. Vielleicht belässt er es nicht bei den Händen, sondern schrubbt auch seine Unterarme bis hinauf zu den Ellbogen ab. Eine unserer Patientinnen zog sich schwere Verätzungen an den Händen zu, weil sie eine Mixtur aus Wäschebleiche, Ammoniak und anderen Desinfektionsmitteln zum Händewaschen benutzte.

Wenn Sie unter Waschzwängen leiden, waschen Sie sich vielleicht jedes Mal die Hände, wenn Sie sicher sind, etwas Verseuchtes angefasst zu haben, oder vielleicht auch jedes Mal, wenn Sie nur *möglicherweise* mit verseuchtem Material in Berührung gekommen sind. Vielleicht waschen Sie sich mehrere Male die Hände, wenn Sie jemandem die Hand gegeben haben, von dem Sie glauben, dass er krank sei, wenn Sie von draußen hereinkommen (noch ehe Sie irgendetwas im Haus anfassen), nach sexuellen Kontakten, nach der Berührung rohen Fleischs oder anderer ungekochter Lebensmittel oder wenn Sie Ihre Genitalien berührt haben oder sogar nach jedem Naseputzen. Diese Waschrituale unterscheiden sich von normalem Waschen. Wenn Sie eine Zwangsstörung haben, können Sie sich hunderte Male am Tag die Hände waschen und trotzdem das Gefühl haben, dass sie nicht sauber sind.

Wenn Sie meinen, dass auch andere Bereiche Ihres Körpers verseucht sind, duschen oder baden Sie möglicherweise viele Stunden lang. Vielleicht führen Sie ein ganz bestimmtes Waschritual durch, wobei festgelegt ist, wie oft und in welcher Abfolge Sie die einzelnen Körperpartien waschen müssen. Jede Unterbrechung dieses Rituals kann dazu führen, dass Sie sich nicht richtig sauber fühlen und möglicherweise wieder von vorn anfangen müssen.

Kontrollrituale und zwanghafte Unsicherheit

Wer von Kontrollzwängen betroffen ist, hat das Problem, dass er nie sicher ist, ob er nicht vielleicht einen gefährlichen Fehler begangen hat – deshalb überprüft er die Lage immer wieder, um Sicherheit zu erlangen. Dutzende von Malen kehrt er vielleicht nach Haus zurück, um sich davon zu überzeugen, dass die Herdflamme auch wirklich aus und die Tür abgeschlossen ist. Aber selbst wenn er vor der abgeschlossenen Tür steht, stellt sich bei ihm nicht das Gefühl ein, dass sie wirklich verschlossen ist; er sieht, dass sie zu ist, kann aber seinen Sinnen nicht trauen. Das Auf- und Abschließen der Tür zieht sich über eine halbe Stunde hin und erst, wenn er am Ende seiner Kräfte ist, gelingt es ihm, sich loszureißen. Vielleicht bittet er auch häufig andere, ihm zu bestätigen, dass alles in Ordnung ist. Das Ausmaß, das solche zwanghaften Zweifel annehmen können, verdeutlichen die beiden folgenden Fallbeispiele.

Herr T. war ein Lehrer, der immer wieder von der quälenden Vorstellung befallen wurde, er hätte ein Kind aus seiner Klasse verletzt. Die Bilder, die sich ihm aufdrängten, waren erschreckend deutlich: Er hatte Szenen vor Augen, in denen er den Kopf eines Jungen auf den Boden schmetterte oder einen anderen mit bloßen Händen erwürgte. Er hätte solche Dinge in Wirklichkeit niemals getan und diese Gedanken riefen große Ängste in ihm hervor. Seit 20 Jahren kämpfte er schon mit seinen Zwangsvorstellungen, fürchtete sich vor jedem neuen Schuljahr und erwartete stets sehnsüchtig die nächsten Ferien.

Herr T. wurde ein Experte im Erfinden immer neuer und möglichst unauffälliger Methoden, um die Unversehrtheit der Kinder in seiner Klasse zu überprüfen. Durch einen Anruf bei den Eltern eines Schülers, der wegen einer Erkältung zu Hause geblieben war, konnte er sich vorübergehend davon überzeugen, dass er das Kind nicht umgebracht hatte. Mit Kreide zog er zwischen sich und den Kindern einen Strich auf den Boden, den er nicht überschritt, um später sicher sein zu können, dass er nicht über einen ahnungslosen Schüler hergefallen war. Aber alle diese Maßnahmen wirkten immer nur kurzfristig; die Angst war meist schnell wieder da, manchmal während des Schuljahres und manchmal sogar die ganzen Sommerferien über.

Herr B. war früher gern Auto gefahren; als ich ihn kennen lernte, fürchtete er es aber wie nichts anderes. Er litt unter der zwanghaften Vorstellung, auf der Fahrt einen Unfall zu verursachen, ohne es zu bemerken. Wenn er über eine holperige Stelle auf der Fahrbahn fuhr, dachte er sofort, er habe einen Fußgänger angefahren. Er stellte sich vor, wie das Opfer verletzt auf der Straße liegen und die Polizei nach dem Fahrer fahnden würde. In Panik wendete er dann seinen Wagen und fuhr zu der Stelle zurück, an der sich der «Unfall» ereignet hatte. Aber eine einzige Überprüfung konnte ihn nie zufrieden stellen – vielleicht hatte sich das Opfer ja noch an den Straßenrand schleppen können – besser noch einmal umdrehen und genau nachsehen. Gefangen in einer sich immer schneller drehenden Spirale, wie ein Hund, der in einem von vornherein verlorenen Rennen seinem eigenen Schwanz hinterherjagt, musste er immer und immer wieder überprüfen, ob seine Befürchtungen nicht doch schreckliche Realität waren. Und wenn er sich schließlich gezwungen hatte, aus diesem Teufelskreis auszubrechen, fand er zu Hause keinen Frieden; auch seine Frau, die verzweifelt versuchte, ihn zu beschwichtigen, schaffte es nicht, ihn davon zu überzeugen, dass nichts passiert war. Die ganze Nacht saß er vor dem Fernseher, um zu sehen, ob die Nachricht einer Unfallflucht gemeldet würde. Um sein zermartertes Gewissen zu beruhigen, rief er manchmal sogar die Polizei an, um ein Verbrechen zu gestehen, das er natürlich nie begangen hatte.

Herr B. hatte noch andere Kontrollgewohnheiten. Darunter war der häufig vorkommende Drang, Türschlösser, Fenster und Elektrostecker zu überprüfen. Er hatte auch Angst, durch unvorsichtigen Umgang mit elektrischen Geräten ein Feuer zu verursachen. Einmal rief er, nachdem er bei uns gewesen war, immer und immer wieder unsere Sekretärin an und fragte, ob es, nachdem er die Kanne der Kaffeemaschine auf die Platte zurückgestellt hatte, einen Brand gegeben habe.

Wenn Sie Kontrollzwänge haben, fragen Sie beispielsweise im Laufe einer Unterhaltung Ihren Gesprächspartner immer wieder, ob Sie ihn vielleicht beleidigt hätten; oder Sie befürchten, dass Sie sich, ohne es zu merken, verletzt haben. Sie vermeiden den Umgang mit Messern und Scheren oder halten Abstand zu Fensterscheiben – aus Angst, Sie könnten in eine hineinfallen. Wenn es einmal nicht möglich ist, sich von einem dieser Dinge fernzuhalten, untersuchen Sie danach wahrscheinlich gründlich Ihren Körper, um sicherzugehen, dass Sie unverletzt sind. Aber auch wenn Sie stundenlang vergeblich nach einer Wunde gesucht haben, sind Sie immer noch nicht davon überzeugt, wirklich unversehrt zu sein. Es kann so weit kommen, dass Sie mehrere Male in der Woche zum Arzt gehen oder in der Praxis anrufen, um sich bestätigen zu lassen, dass Sie nichts haben.

Vielleicht gehen Sie auch wie Herr B. die Zeitungen durch und hören Fernseh- und Rundfunknachrichten, um zu erfahren, ob die Katastrophe, die Sie befürchten, verursacht zu haben, tatsächlich eingetreten ist. Ein Patient, der Angst hatte, einen Fußgänger überfahren zu haben, als er mit seinem Wagen über ein Schlagloch fuhr, rief anonym bei der Polizei an, um zu fragen, ob ein Unfall mit Fahrerflucht gemeldet worden war. Eine Frau, die bei mir in Behandlung war, hatte auf einem Campingplatz eine Tablette verloren und rief daraufhin immer wieder bei der Platzaufsicht an, um sich zu erkundigen, ob sich ein Kind mit der Tablette vergiftet hatte.

Oder es fällt Ihnen schwer, zu lesen, zu schreiben oder einfache Berechnungen anzustellen, weil Sie immer wieder kontrollieren müssen, ob Sie keinen Fehler gemacht haben. Eine Frau musste ihren Beruf als Buchhalterin aufgeben, weil sie Zahlenkolumnen immer wieder addieren musste und sich dann immer noch nicht sicher war, keinen Fehler gemacht zu haben.

Wiederhol- und Zählzwänge

Wer von Wiederholzwängen betroffen ist, muss bestimmte einfache Dinge, z. B. ein Zimmer zu betreten, eine Körperstelle zu waschen oder die Haare zu kämmen, immer eine bestimmte Anzahl von Malen durchführen. Solange er die Dinge nicht so oft gemacht hat, «wie es sein muss», kann er sich nicht wohlfühlen. Wenn er die Regeln, die ihm vorschreiben, was er wie oft zu wiederholen hat, nicht strikt einhält, fürchtet er vielleicht, dass er oder einer seiner Angehörigen das Opfer einer furchtbaren Katastrophe wird.

Als Gegenmittel gegen seine abergläubischen Befürchtungen entwickelte Herr K. ein kompliziertes System aus Wiederhol- und Zählgewohnheiten. Alle Regeln dieses Systems mussten strikt befolgt werden, wenn er sich nicht ins Unglück stürzen wollte. Beim Hinabgehen der Treppe musste er genau dreimal «Gott im Himmel» sagen, um sich vor Ungemach zu schützen. Seine Zigaretten musste er auf eine ganz bestimmte, immer gleiche Art und Weise ausdrücken und wenn er duschte, musste jeder Teil seines Körpers eine festgesetzte Anzahl von Malen gesäubert werden, stets in der gleichen«Reihenfolge. Wurde diese Abfolge unterbrochen, musste er noch einmal von vorn anfangen. Nach Benutzung der Toilette musste er stets dreizehnmal die Spülung betätigen. Die gelegentlichen Überschwemmungen des Badezimmers nahm er dabei als das geringere Übel in Kauf, seine Familie war da allerdings anderer Auffassung ...

Wenn Sie wie Herr K. von dem zwanghaften Drang, Dinge wieder und wieder zu tun, betroffen sind, sind Sie vielleicht stundenlang mit dem Lesen einer einzigen Buchseite beschäftigt, weil Sie sichergehen wollen, auch wirklich alles zu verstehen, was Sie lesen. Aber weil Sie so abgelenkt sind durch Ihre Gedanken und Zweifel, geraten Sie in einen Teufelskreis und müssen dieselbe Stelle immer und immer wieder lesen. Vielleicht können Sie den Text *gerade wegen* Ihrer Zwangsgedanken nicht verstehen. Ein Patient berichtete mir, dass er immer darauf achtete, ob einzelne Buchstaben auf der Seite völlig regelmäßig waren; einmal wanderte sein Blick immer wieder zu einem bestimmten *t* zurück, bei dem, wie er festgestellt hatte, an der Spitze ein winziges Stück fehlte.

Vielleicht haben Sie auch Schwierigkeiten mit dem Schreiben und suchen stundenlang nach dem *einen* richtigen Wort oder der *einen* richtigen Formulierung. Ein Patient arbeitete schon jahrelang an einer Hausarbeit für die Universität, weil er in seinem Bemühen, die richtigen Worte zu finden, die ersten Zeilen immer wieder neu schrieb. Möglicherweise zerreißen Sie immer wieder den Scheck, den Sie gerade geschrieben haben, weil Sie finden, dass Ihre Handschrift nicht gut genug ist. Oder es fällt Ihnen schwer, so einfache Dinge zu tun wie Briefumschläge zu beschriften oder Dankespostkarten zu schreiben.

Anstatt Wiederholzwänge zu haben, sind Sie vielleicht auch von dem Drang besessen, Dinge wie Decken- oder Fußbodenfliesen zu zählen. Ein Patient hatte tatsächlich die fixe Idee, wissen zu müssen, aus wie vielen Sandkörnern der Strand bestand, und eines Tages beschloss er, sie alle zu zählen. Sie wissen wahrscheinlich nicht, *warum* Sie diese Dinge zählen; alles, was Sie wissen, ist, dass Sie sich nicht wohl fühlen, sobald Sie damit aufhören, und dass Ihre Augen immer wieder zu den Gegenständen zurückkehren, um erneut mit dem Zählen zu beginnen. Ihr Zählzwang kann sich auf alle möglichen Dinge richten – von Büchern im Regal bis zu Nägeln in der Wand.

Zwanghafte Langsamkeit

Jedes Zwangssymptom verlangsamt das Leben des Betroffenen, da die Rituale viel Zeit verschlingen. Aber bei einer kleinen Gruppe von Patienten ist die Langsamkeit selbst das Problem; sie brauchen oft Stunden für die einfachsten Dinge, etwa eine Mahlzeit einzunehmen oder sich anzukleiden.

Bei Herrn B. äußerte sich die Zwangsstörung in einer qualvollen Langsamkeit bei den alltäglichsten Verrichtungen: Das Ankleiden zog sich bis in den frühen Nachmittag hinein, das Zähneputzen dauerte mindestens eine Stunde. Warum war er so langsam? Es gab mehrere Gründe. Jede Handlung war wie eine Zeremonie und musste auf eine ganz bestimmte umständliche Art und Weise vollzogen werden; sobald ihm ein Fehler unterlief, musste Herr B. wieder von vorn beginnen. Für das Haarekämmen hatte er beispielsweise den Kopf in zehn Bereiche aufgegliedert und jeder einzelne musste zehnmal gekämmt werden. Zwanghafte Gedanken und Befürchtungen drangen immer wieder in sein Bewusstsein ein und störten ihn in seiner Konzentration, wodurch oft der Ablauf eines Rituals unterbrochen wurde. Wenn dies geschah, mussten Handlungen, die schon fast abgeschlossen waren, von Anfang an wiederholt werden.

Eines Abends betrat Herr B. um sieben Uhr ein Restaurant, in dem er eine Stunde später mit jemandem verabredet war. Dieses Mal wollte er ganz sicher gehen, gut vorbereitet zu sein und genügend Zeit zu haben. Er ging zur Toilette, um sich die Hände zu waschen und die Haare zu kämmen. Ohne es zu merken, ging er dabei langsam zur Ausführung seiner Rituale über. Als er schließlich lange nach Mitternacht wieder den Speisesaal betrat, musste er zu seinem Erstaunen feststellen, dass seine Verabredung nicht auf ihn gewartet hatte!

Es bedurfte starker Nerven, Herrn J. beim Sprechen zuzuhören. Oft dauerte es Minuten, bis er einen einzigen Satz herausgebracht hatte. Als Zuhörer rutschte man immer ungeduldiger auf seinem Sitz hin und her und konnte nur schwer der Versuchung widerstehen, das nächste Wort zu sagen, obwohl man wusste, dass man Herrn J. dadurch verletzen würde. Bei ihm musste ... jedes ... Wort ... sorgfältigst ... gewählt ... sein ... und ... entsprechend ... seiner ... Definition ... im ... Wörterbuch ... verwendet ... und ... erst ... dann ... ausgesprochen ... werden, ... wenn ... der ... hundertprozentig ... richtige ... Zeitpunkt ... da ... war. Seine ganze Lebensführung war von dieser Langsamkeit durchdrungen. Zum Abendessen brauchte er Stunden. Zum Zusammenrechnen einer Zahlenreihe einen halben Tag. Oft kam es vor, dass andere Familienmitglieder verzweifelt gegen die Tür des Badezimmers trommelten, in dem Herr J. seit drei Stunden verschwunden war.

Abergläubische Zwangsgedanken und Zwangshandlungen

Der Aberglaube kann bei Zwangspatienten solche Dimensionen annehmen, dass er alles andere in ihrem Leben überschattet. Abergläubische Ängste drehen sich meist um alles, was mit dem Tod und seinen Symbolen zu tun hat. Wer von einem solchen zwanghaften Aberglauben betroffen ist, sieht ständig irgendwelche Zusammenhänge zu gefürchteten Ereignissen – d. h., er assoziiert bestimmte Dinge mit kommendem Unglück und vermeidet dann diese Dinge (oder Aktivitäten, Orte usw.), um dem Unglück zu entgehen. Eine Frau, die zu uns zur Behandlung kam, konnte beispielsweise keine Kleidungsstücke mehr anziehen, die sie getragen hatte, wenn ein Leichenwagen an ihr vorbeigefahren war:

Am Anfang waren Frau N.s Ängste noch auf direkte Todessymbole beschränkt: Jedes Mal wenn sie an einem Friedhof oder einem Leichenwagen vorbeikam, lastete den Rest des Tages ein Fluch auf ihr und sie kehrte nach Hause zurück. Wie es häufig bei Zwangspatienten geschieht, wurden ihre Ängste im Laufe der Zeit abstrakter und hatten oft nur noch indirekt etwas mit dem Tod zu tun. Sie befürchtete z. B. oft, etwas Schlechtes über eine verstorbene Person gesagt zu haben. Dabei machte es für sie keinen großen Unterschied, ob es sich bei dieser Person um einen toten Diktator oder ihren eigenen Großvater handelte. In beiden Fällen hatte sie sich vielleicht den Zorn des Toten zugezogen und musste nun damit rechnen, dafür bestraft zu werden.

Auch die Kleidungsstücke, die Frau N. an einem Tag anhatte, an dem sie etwas Schlechtes über einen Toten sagte, konnten ihr ihrer Meinung nach Unglück bringen und wurden nicht mehr getragen; es ging sogar so weit, dass sie einen Laden, in dem sie an einem solchen Tag eingekauft hatte, von da an nicht mehr betrat. In mein Büro zu gelangen wurde für sie zum Kampf, nachdem sie eines Tages auf dem Weg zu mir an einem Skelett vorbeigekommen war, welches zu Lehrzwecken verwendet wurde. Da dieses Skelett einen toten Menschen repräsentierte, musste sie sich zwingen, alle «schlechten» Gedanken darüber aus ihrem Kopf zu verbannen. Wenn ihr dies misslang, musste sofort alles, was sie sich für den Tag vorgenommen hatte, abgesagt werden.

Wenn Sie zwanghafte abergläubische Gedanken haben, ist es für Sie vielleicht sehr beängstigend, sich an einer bestimmten Stelle nicht so oft gewaschen zu haben oder ein bestimmtes Gebet nicht so oft aufgesagt zu haben, wie es Ihrer Glückszahl entspricht. Oder Sie haben eine Unglückszahl und vermeiden es, Dinge die entsprechende Anzahl von Malen zu wiederholen und dann damit aufzuhören. Ein Patient musste z. B. immer viermal seine Zigarette ausdrücken und nicht dreimal (eine seiner Unglückszahlen) und wenn er seinen Fernseher ausschaltete, durfte nie der Sender mit der Nummer 13 eingestellt sein.

Vielleicht glauben Sie, dass bestimmte Uhrzeiten Ihnen Unglück bringen und bewegen beispielsweise nicht eine Muskelfaser, solange der Zeiger der Uhr auf der dreizehnten Minute steht. Oder etwas sträubt sich in Ihnen, einen Artikel zu kaufen, dessen Preis Ihre Unglückszahl enthält. Eine Frau, die ich in Behandlung hatte, musste einmal ihr Mittagessen zurückgehen lassen, weil es genau 13 Krabben enthielt. Möglicherweise sind Sie außerstande, an einem Tag aus dem Haus zu gehen, dessen Datum Ihre persönliche Unglückszahl enthält. Wenn Sie solche Zwangsgedanken haben, befürchten Sie wahrscheinlich, es könnte sich eine Katastrophe ereignen, wenn Sie einmal von Ihrer persönlichen Zahlenlehre abweichen.

Manchmal sind abergläubische Ängste auch an bestimmte Farben gebunden. Für eine Patientin war beispielsweise Schwarz die Farbe des Todes und sie befürchtete, durch das Tragen schwarzer Kleidungsstücke ihren Tod heraufzubeschwören. Ein anderer Mann assoziierte Rot immer sofort mit Blut und Tod und lehnte es ab, etwas Rotes anzuziehen oder mit roter Tinte zu schreiben.

Der Unterschied zwischen den abergläubischen Ängsten von Zwangspatienten und dem Aberglauben anderer Personen liegt in der Stärke der Überzeugungen. Außer den eben beschriebenen Ängsten vor bestimmten Farben oder Zahlen fürchten Sie sich vielleicht auch davor, an einem Friedhof vorbeizugehen oder einem Leichenwagen oder einer schwarzen Katze zu begegnen. Eine Patientin vermied es, in einem bestimmten Kaufhaus einzukaufen, da die Form der Fensterscheiben Sie einmal an ein Kruzifix erinnert hatte. Von da an trug sie auch keine Kleidung mehr, die sie vorher in dem Kaufhaus erstanden hatte. Eine andere Patientin entwickelte sogar abergläubisch Ängste aufgrund von Träumen. Eines Nachts träumte sie von einer Orange. Am folgenden Tag vermied sie es nicht nur, Orangen zu essen oder mit irgendetwas Orangefarbenem in Berührung zu kommen, sondern achtete sogar darauf, das Wort «Orange» nicht zu benutzen.

Sammel- und Hortzwänge

Wir alle heben Dinge auf, an die wir bestimmte sentimentale Erinnerungen knüpfen oder die wir eines Tage wieder benötigen könnten. Aber Menschen, die einen Sammelzwang haben, können nicht zwischen solchen Dingen und wertlosem, unnützen Zeug unterscheiden. Sie sind sich nie sicher, ob beispielsweise ein Fetzen Papier nicht doch von großem Wert für sie sein (oder irgendwann einmal werden) könnte – zur Lösung dieses Problems werfen sie einfach nichts weg und heben alles auf.

Herr S. trug in seinem Portemonnaie und seinen Hosentaschen mehr Aufzeichnungen und Notizen mit sich herum, als andere Leute in ihrem Aktenschrank haben. Sein Portemonnaie war mittlerweile über fünf Zentimeter dick und passte kaum noch in seine Hosentasche. Er hatte Angst, irgendetwas fortzuwerfen, weil er glaubte, es könnte irgendwann einmal für ihn wichtig sein. Sein Zimmer hätte jeden Archäologen in Entzücken versetzt; dort stapelten sich ganze Jahrgänge von Zeitungen, Lebensmittelverpakkungen, Notizzettel, die an irgendwelche längst vergessene Treffen erinnerten, und abgerissene Kinoeintrittskarten. Hin und wieder musste sich Herr S. einen Weg durch dieses Chaos freiräumen, um zum Bett zu gelangen.

Vielleicht können Sie wie Herr S. keine Zeitungen oder Papierfetzen fortwerfen. Oder Sie haben den Drang, große Mengen irgendwelcher Dinge wie z. B. Handtücher zu horten. Einer unserer Patienten musste ständig irgendwelche Dinge aus Mülleimern holen und kam eines Tages mit einer unterwegs gefundenen Radkappe in der Hand zur Therapie. Es ist wichtig, zwischen solchen Zwängen und dem normalen Aufbewahren von Gegenständen, die einem wichtig sind, zu unterscheiden; wer eine Zwangsstörung hat, für den sind die Dinge, die er sammelt und hortet, *nicht wirklich* wertvoll.

Ihre Zwangsgedanken und Ängste können dazu führen, dass die Räume, in denen Sie wohnen, bis oben hin mit alten Zeitungen, Aufzeichnungen, Dosen, Papiertüchern, Verpackungen und leeren Flaschen angefüllt sind. Nichts davon können Sie wegwerfen, da Sie meinen, Sie könnten es eines Tages noch einmal benötigen. Manche Personen – wie Howard Hughes – heben sogar ihren Kot und ihren Urin auf. Eine Frau fotografierte alles, was sie wegwerfen oder die Toilette herunterspülen wollte; anstelle der Dinge selbst, sammelte sie dann die Fotos, die sie von ihnen gemacht hatte.

Zwangsgedanken ohne Zwangshandlungen

Manche Patienten leiden unter aggressiven, sexuellen oder religiösen Zwangsgedanken, die sich ihnen aufdrängen. Obwohl sie keine Rituale ausführen, können diese Gedanken solche Ausmaße annehmen, dass sie bestimmten beruflichen oder privaten Aktivitäten nicht mehr nachgehen können. Und sogar harmlose Handlungen wie das Tätscheln eines Kindes können, wie das folgende Beispiel zeigt, für sie zu einem Ding der Unmöglichkeit werden.

Herr P. war ein älterer Herr, bei dem sich die Überzeugung festgesetzt hatte, ein Kinderschänder zu sein. In Wirklichkeit geschahen diese Übergriffe auf Kinder aber nur in seinem Kopf. Herr P. hatte eindeutig eine Zwangsstörung und konnte sich nicht von dem Gedanken freimachen, er habe einen Nachbarsjungen sexuell misshandelt. In seiner Verzweiflung wandte er sich an die Eltern des Kindes, seine Frau, seinen Rabbi und sogar an den Jungen selbst und alle sagten ihm das Gleiche: Es wäre nichts vorgefallen. Aber weil er sich davon nicht überzeugen ließ, hatte er diese Gedanken nun schon über fünf Jahre lang mit sich herumgeschleppt.

Wie viele andere Betroffene mit gewalttätigen oder sexuellen Zwangsgedanken war auch Herr P. ein tiefreligiöser Mensch. Er empfand großen Abscheu vor diesen Gedanken und verbrachte Stunden des Tages damit, die Umstände seiner vermeintlichen Taten zu rekonstruieren. Trotz dieser nervenraubenden geistigen und emotionalen Anstrengungen, wusste er nie sicher, ob er sich nicht doch an dem Jungen vergangen hatte.

Vielleicht haben Sie wie Herr P. Zwangsgedanken mit sexuellem Inhalt, die Sie in Panik versetzen, und vielleicht verbringen auch Sie Stunden damit, sich zuzureden, dass das, was Sie sich vorstellen, in der Realität nicht stattgefunden hat. *Aber wenn Sie eine Zwangsstörung haben, geben Sie solchen Impulsen niemals nach.*

Ihre zwanghaften Gedanken, Vorstellungen oder Impulse können sich entweder auf Personen des anderen Geschlechts beziehen oder die Form von Zweifeln annehmen wie: «Bin ich homosexuell?», obwohl sie keinerlei homosexuelle Handlungen vollziehen. Einer unserer Patienten, ein glücklicher Ehemann und Vater, der angab, keine unbefriedigten sexuellen Bedürfnisse zu haben, wurde ständig von der zwanghaften Vorstellung heimgesucht, er könnte plötzlich homosexuell werden und Annäherungsversuche an Männer machen. Er gab an, sich niemals sexuell zu Männern hingezogen gefühlt und nie homosexuelle Kontakte gehabt zu haben.

Anstelle von sexuellen Gedanken können Sie auch von der Angst besessen sein, blasphemische oder frevlerische Dinge zu denken und dafür bestraft zu werden. Eine Frau hatte wiederholt die Vorstellung, mit Jesus sexuell zu verkehren, und da sie sehr fromm war, fand sie diese Vorstellung abstoßend und sündhaft. Andere zermartern sich stundenlang den Kopf, ob sie vielleicht etwas Gotteslästerliches gesagt oder getan haben. Meist sind diese Patienten sehr religiös.

Ein Mann machte sich ständig Sorgen darüber, ob er sich moralisch richtig verhielt. Er konnte weder die Wörter «Teufel» oder «Satan» aussprechen noch irgendwelche anderen Wörter mit den gleichen Anfangsbuchstaben. Andere Patienten quälen sich mit dem Gedanken, gelogen oder unabsichtlich einen Betrug begangen zu haben.

Vielleicht sind Sie von dem Gedanken besessen, sich bestimmte unwichtige Dinge merken zu müssen, wie die Kennzeichen der Autos, die vor Ihrem Haus parken, Namen von Fernsehquizkandidaten oder die Telefonnummer eines Arztes, bei dem Sie vor Jahren einmal in Behandlung waren. Sie verbringen Stunden damit zu versuchen, sich irgendwelche Dinge ins Gedächtnis zu rufen, und Sie finden keine Ruhe, ehe es Ihnen gelingt. Sie befürchten entweder, dass Ihnen oder einer Ihnen nahe stehenden Person etwas Schreckliches zustößt, wenn Sie sich nicht erinnern können, oder Sie fühlen sich einfach sehr unwohl, solange Ihnen das Gesuchte nicht einfällt.

Ein Mann trug ständig ein Notizbuch mit sich herum, in das er Sprüche von Autoaufklebern und T-Shirts eintrug, um sie jederzeit präsent zu haben. Andernfalls hätte er stundenlang sein Gedächtnis danach durchforsten müssen.

Welche Probleme werden oft mit der Zwangsstörung verwechselt?

Im Folgenden soll auf die Unterschiede zwischen der Zwangsstörung und anderen Problemen eingegangen werden, welche oft mit ihr verwechselt werden. Es ist wichtig, dass Sie genau wissen, was eine Zwangsstörung ist und was nicht, denn die Behandlungsmethoden, die Sie in diesem Buch kennen lernen werden, haben sich zwar bewährt, aber eben nur bei Patienten mit einer Zwangsstörung. Bei anderen Problemen sind sie u. U. wirkungslos.

Normale Befürchtungen und Rituale

Jeder von uns macht sich manchmal Sorgen oder fühlt sich gedrängt, bestimmte Dinge zu tun. Wir sehen nach, ob wir unser Portmonee dabeihaben, wenn wir das Haus verlassen. Wir waschen uns die Hände, wenn wir das Gefühl haben, dass sie nicht sauber sind. Aber diese normalen Zweifel und Gewohnheiten stören uns nicht besonders; sie behindern uns nicht in unserem Alltag. Erst wenn diese Probleme so große Ausmaße annehmen, dass sie eine schwere Belastung darstellen oder unsere Lebensführung beeinträchtigen, wird eine Zwangsstörung diagnostiziert. Obwohl der Unterschied zwischen der Zwangsstörung und gewöhnlichen Impulsen und Gedanken oft gar nicht so groß ist, kann er, wie die folgenden Beispiele zeigen, darüber entscheiden, ob eine Person mit ihrem Leben zurechtkommt oder nicht.

Ein Mann benutzt eine sehr schmutzige öffentliche Toilette, fühlt sich unsauber und wäscht sich mit reiflich Seife gründlich die Hände. Nachdem er die Seife abgespült hat, ist er erleichtert und verlässt die Toilette. Ein anderer Mann wird das Gefühl von Unsauberkeit nicht los, wie lange er auch schrubbt und spült. Er wäscht sich die Hände so lange, bis sie rauh und blutig werden, aber es bleibt das Gefühl, dass sie voller Bazillen und Keime sind. Vorstellungen von Krankheit und körperlichem Verfall drängen sich ihm auf und lassen ihn nicht mehr los. Dieser Mann hat eine Zwangsstörung.

Ein Mann hat sich von seiner Freundin getrennt. Er versucht, sich abzulenken, aber er muss immer wieder an sie denken. Wohin er auch geht, stets begleiten ihn die Gedanken an sie, an die schöne gemeinsame Zeit und an das schmerzvolle Ende. Zum Glück werden die Gedanken im Laufe der Zeit weniger und verblassen langsam. Ein anderer Mann leidet auch unter belastenden Gedanken, bei ihm handelt es sich jedoch um unerträgliche Vorstellungen perverser sexueller Vergehen an seiner kleinen Tochter. Die Wunden dieses Mannes, der eine Zwangsstörung hat, heilt die Zeit nicht, im Gegenteil – seine abwegigen Gedanken werden immer stärker und drängen immer häufiger in sein Bewusstsein ein, ob er bei seiner Familie oder bei der Arbeit ist. Sie rufen qualvolle Schuldgefühle und zermürbende Selbstzweifel in ihm hervor.

In vielen amerikanischen Bürohochhäusern wird man vergeblich ein 13. Stockwerk suchen. Viele Menschen würden nur ungern auf dieser Etage arbeiten und auch mögliche Kunden könnten durch die Zahl 13 abgeschreckt werden. «Wie dumm!» könnte man meinen, aber warum soll man irgendetwas riskieren, wenn sich das Problem so einfach lösen lässt, indem man das 13. Stockwerk zum 14. macht. Vergleichen Sie nun diese «normale» Furcht vor der Zahl 13 mit der einer jungen Frau mit einer Zwangsstörung, die am 13. eines Monats keinen Schritt vor die Tür setzt. Für sie ist schon das Verlassen des Hauses oder das Erledigen einer wichtigen Angelegenheit an einem Tag, dessen Datum eine 3 enthält, eine Herausforderung des Schicksals – besser, sie bleibt auch an diesen Tagen ganz zu Hause. Sie hat auch den Drang stehen zu bleiben, wenn der Zeiger der Uhr die Zahl 3 überschreitet, und sie kann keine Fernsehsendung sehen, die auf einem Kanal läuft, der diese Unglückszahl enthält. Sobald sie gegen ihre abergläubischen Regeln verstößt, meint sie, wird das Schicksal an einem ihrer Angehörigen Rache nehmen.

Obwohl es, rein äußerlich gesehen, viele Unterschiede zwischen den drei Zwangspatienten aus diesen Beispielen gibt, so teilen sie doch wichtige Gemeinsamkeiten miteinander: Bei allen dreien kommt es zu Gedanken, Impulsen und zwanghaften Handlungen, die sie nicht unter Kontrolle haben und von denen sie auf eine Art und Weise beherrscht werden, wie sie es nicht wollen. Dies sind die Hauptmerkmale der Zwangsstörung.

Vor einigen Jahren rief mich eine Journalistin von einer Frauenzeitschrift an, die von mir etwas über die Zwangsstörung erfahren wollte. Sie hatte gehört, dass jemand, der nach einer Trennung unentwegt an seinen früheren Partner bzw. seine frühere Partnerin denken muss, eine Zwangsstörung hat und deshalb z. B. ständig zum Haus des geliebten Menschen fährt oder ihn mit Telefonanrufen belästigt. Für die Journalistin war es überraschend zu hören, dass es sich bei einem solchen Verhalten keinesfalls um eine Zwangsstörung handeln muss. Ich sagte ihr, dass hinter diesem Verhalten ganz unterschiedliche Probleme stehen könnten, angefangen bei normalen Verlustgefühlen bis hin zu einer schweren Persönlichkeitsstörung.

Zwanghafte Persönlichkeitsstörung

Ein anderes Problem, das häufig mit der Zwangsstörung verwechselt wird, ist die «Zwanghafte Persönlichkeitsstörung». Häufig wird das Adjektiv «zwanghaft» benutzt, um besonders pünktliche und ordentliche Personen zu beschreiben, obwohl Pünktlichkeit und Ordentlichkeit an sich ja keine schlechten Eigenschaften sind. Die meisten aller als zwanghaft bezeichneten Personen haben keine Zwangsstörung. Wenn sie aber Persönlichkeitseigenschaften wie Perfektionismus, Geiz oder Zurückgezogenheit besitzen, die sich ungünstig auf ihr Leben und ihre Beziehungen zu anderen Menschen auswirken, haben sie möglicherweise eine zwanghafte Persönlichkeitsstörung.

Unter dem ständigen Zögern und Zaudern eines solchen Menschen können sowohl seine eheliche Beziehung als auch seine Leistungsfähigkeit im Beruf stark leiden. Wichtige Termine für abzuliefernde Kalkulationen oder Berichte verstreichen und er beschäftigt sich immer noch mit der Sammlung von Unterlagen und Daten, statt sich mit den eigenen quälend hohen Ansprüchen an jede Formulierung und jede Zahl auseinander zu setzen. Seine Fixierung auf Details und sein Perfektionismus lassen ihn den Wald vor Bäumen nicht sehen und bei den Überstunden, die er macht, um seinen Bericht anzufertigen, handelt es sich doch nur um vergeudete Zeit, denn alles, was er am Ende vorzuweisen hat, ist ein leeres Blatt Papier.

Es gibt deutliche Unterschiede zwischen solchen Menschen, die wir zwanghaft nennen, und Menschen, die eine Zwangsstörung haben. Die Tabelle auf Seite 47 enthält eine Übersicht über zwanghafte Eigenschaften mit jeweils einer kurzen Erläuterung.

Jedes Mal, wenn ich diese Liste bei meinen Vorträgen dem Publikum präsentiere, bezeugen die meisten Zuhörer durch Kopfnicken, dass ihnen zumindest einige dieser Symptome wohl bekannt sind. Aber nur eine Person, die mindestens fünf dieser Eigenschaften besitzt und bei der diese die Lebensführung beeinträchtigen, erhält von uns die Diagnose «Zwanghafte Persönlichkeitsstörung».

Obwohl einige der oben aufgeführten Persönlichkeitseigenschaften manchmal auch bei Personen mit einer Zwangsstörung vorkommen, ist es wichtig zu betonen, dass diese Eigenschaften wenig mit den im ersten Kapitel beschriebenen Zwangsgedanken mit aggressiven oder sexuellen Inhalten oder den Wasch- oder Kontrollzwängen zu tun haben. Es ist nicht unerheblich, diese Unterscheidung zu treffen, da zwanghafte Persönlichkeiten möglicherweise ganz anders behandelt werden müssen als ein Patient mit einer Zwangsstörung.

Promiskuität, Drogenmissbrauch, zwanghaft-übermäßiges Essen und krankhaftes Spielen

Oft werden Verhaltensweisen wie Promiskuität[12], Drogenmissbrauch, zwanghaft-übermäßiges Essen und Spielen mit der Zwangsstörung verwechselt. Menschen mit solchen Problemen handeln wie unter Zwang: Sie verspüren einen starken Drang zum Vollzug von Handlungen, die letztendlich selbstschädigend sind und die sie – wie sie uns sagen – nicht vollziehen

---

12 Heutzutage spricht man oft von «Sexsucht». Dies ist keine psychiatrische Diagnose, sondern bezeichnet das subjektive Empfinden der Betroffenen. (Die fachlich korrekte Diagnose nach dem DSM-IV lautet «Sexuelle Störung, nicht anderweitig bezeichnet», und wird wie folgt beschrieben: «Leiden unter einem Muster sexueller Beziehungen, bei dem wechselnde Partnerschaften mit anderen eingegangen werden. Der Betroffene hat das Gefühl, seine Partner wie Objekte zu benutzen.») Inzwischen gibt es – zumindest in den USA – Gruppenangebote für diese Personen und Therapeuten, die sich auf ihre Behandlung spezialisiert haben.

Merkmale der Zwanghaften Persönlichkeitsstörung[13]

Übermäßige Beschäftigung mit unbedeutenden Einzelheiten oder Regeln

Die Person ist so stark auf nebensächliche Einzelheiten oder Regeln konzentriert, dass sie den Überblick über das Ganze verliert.

Perfektionismus, der die Leistungsfähigkeit beeinträchtigt

Die Person ist gelähmt durch ihren Anspruch, dass alle Arbeiten hundertprozentig korrekt erledigt werden müssen, und neigt deshalb dazu, Dinge aufzuschieben oder unvollendet zu lassen.

Übermäßiger Arbeitseifer

Die Person könnte als arbeitssüchtig, als *Workoholic* bezeichnet werden.

Übertriebene Gewissenhaftigkeit und Unbeweglichkeit in moralisch-ethischen Fragen

Die Person neigt zu Entweder-oder-Denken bzw. zu Schwarz-weiß-Sehen in Fragen der Moral.

Unfähigkeit, sich von abgenutzten oder wertlosen Gegenständen zu trennen

Die Person hebt Dinge auf, die weder von materiellem noch von persönlichem Wert sind.

Beharren darauf, dass andere alles genauso machen wie er bzw. sie selbst

Die Person duldet nicht, dass Familienangehörige, Freunde oder Kollegen Dinge auf ihre eigene Art und Weise tun.

Mangel an Großzügigkeit

Die Person ist geizig im Umgang mit Geld.

Unbeweglichkeit und Starrsinn

Die Person zeigt sich im Umgang mit anderen unflexibel.

[13] Nach dem Diagnostischen und Statistischen Manual Psychischer Störungen (DSM-IV).

wollen. Es gibt jedoch ein einfaches Kriterium, nach dem man solche zwanghaften Handlungen von einer echten Zwangsstörung unterscheidet. Bei all den hier genannten Problemen zieht der Betroffene ein gewisses Vergnügen aus seinem Verhalten. Sexuelle Handlungen, Essen, Drogenkonsum und Spielen verschaffen der Person zumindest zum Zeitpunkt des Verhaltens selbst einen gewissen Genuss, auch wenn sie es später bereut, ihrem Drang nachgegeben zu haben. Die zwanghaften Handlungen der Person, die eine Zwangsstörung hat, verursachen dieser jedoch *niemals* angenehme Gefühle. Sie sind höchstens mit dem Nachlassen unangenehmer Gefühle verbunden, auf jeden Fall jedoch hassen die Betroffenen ihr eigenes Tun. Deshalb gilt traditionsgemäß, dass ein zwanghaftes Verhalten, das der Person Genuss verschafft, nicht der Zwangsstörung zugerechnet wird.

Ein weiterer Unterschied ist, dass Menschen mit Drogen- oder Spielproblemen ihren zerstörerischen Impulsen nachgeben, während Zwangspatienten zwar *befürchten*, etwas Verwerfliches zu tun, es aber nie dazu kommt.

Wir können noch nicht sagen, ob die gleichen Medikamente und verhaltenstherapeutischen Methoden, mit denen die Zwangsstörung wirksam behandelt werden kann, auch bei den hier genannten Problemen etwas ausrichten können. Zwar mögen zukünftige Forschungsbemühungen ergeben, dass es sich dabei um Probleme aus dem Spektrum der Zwangsstörung handelt und dass unsere Unterscheidung eine künstliche war, in diesem Buch werden wir uns mit diesen Formen zwanghaften Verhaltens jedoch nicht weiter beschäftigen.

Wahnideen

Eine Wahnidee ist eine Überzeugung ohne realen Gehalt, an deren Richtigkeit die Person jedoch keinen Zweifel hegt. Wahnideen, wie die Überzeugung, dass das FBI hinter einem her ist oder dass das eigene Telefon von Kommunisten abgehört wird, treten häufig bei paranoiden Störungen und Schizophrenie auf. Menschen mit solchen Wahnideen benötigen normalerweise eine medikamentöse Behandlung durch einen Psychiater. Es ist relativ leicht, diese Ideen von den klassischen Zwangsgedanken eines Zwangspatienten zu unterscheiden, denn dieser ist nicht völlig von der Richtigkeit seiner Gedanken überzeugt.

Andere Wahnideen sind dagegen nicht so leicht von klassischen Zwangsgedanken zu unterscheiden. Einer meiner Patienten glaubte, ganz sicher zu wissen, dass eine bestimmte Frau aus seiner Stadt in ihn verliebt sei. Seit fünf Jahren war er von ihrer Liebe zu ihm überzeugt. Jedes Mal, wenn sie ihm sagte, dass sie kein Interesse an ihm habe, wurde seine Gewissheit noch stärker, dass sie ihn doch liebte. Als seine Eltern ihm den Rat gaben, sie zu vergessen, war dies der Beweis für ihn, dass die Frau auch sie in den Plan einbezogen hatte, die Unnahbare zu spielen und sich dadurch interessant zu machen. Und als er schließlich wegen Belästigung verhaftet wurde, zeigte ihm das nur, dass sie ihre Liebe unbedingt geheimhalten wollte und deshalb die ganze Stadt zum Narren hielt.

Die trotz aller gegenläufigen Beweise unerschütterliche Überzeugung, dass eine andere Person in einen verliebt sei, wird Erotomanie genannt, Liebeswahn. Das Phänomen wird nicht der Zwangsstörung zugerechnet. Es lässt sich nicht mit den gleichen Methoden wie Zwangshandlungen und Zwangsgedanken behandeln und macht eine medikamentöse Therapie durch einen Psychiater erforderlich.

Manchmal kann sich auch Eifersucht zu einem Wahn steigern. Eine Frau glaubte fest, dass ihr Freund eine Affäre hatte. Trotz gegenteiliger Beteuerungen vonseiten ihres Freundes, Angehöriger und Bekannter wurde ihre Überzeugung immer stärker und sie glaubte, alle hätten sich gegen sie verschworen. Es waren keine normalen Eifersuchtsgefühle mehr, unter denen sie litt. Tag und Nacht dachte sie an diese – nur in ihrem Kopf stattfindende – Liebesgeschichte ihres Freundes mit einer anderen Frau und ließ sich durch nichts davon überzeugen, dass sie im Irrtum war. Ihre Wahnideen drohten, ihre Beziehung und ihr ganzes Leben zu ruinieren, für sie waren es jedoch keine Wahnvorstellungen, sondern Realität. Dieses Phänomen nennen wir Eifersuchtswahn.

Oft ist es sehr schwierig, wahnhafte Vorstellungen und Gedanken von Zwangsvorstellungen und Zwangsgedanken zu unterscheiden. Wir müssen jedoch diese Unterscheidung treffen, da Wahnvorstellungen normalerweise nicht mit den Methoden zu beeinflussen sind, mit denen wir Zwangssymptome behandeln.

Zwangshandlungen und Zwangsgedanken in Verbindung mit anderen Störungen

Zwanghafte Gedanken und Impulse können bei einer Reihe von psychischen Störungen auftauchen, beispielsweise bei Schizophrenie, schweren Depressionen und organischen Hirnfunktionsstörungen. In den Fällen, in denen Zwänge auf solche anderen Grundstörungen zurückzuführen sind, stellen wir nicht die Diagnose einer Zwangsstörung.

Hauptsymptome der Schizophrenie sind (visuelle oder akustische) Halluzinationen und Einschränkungen im sozialen Bereich. Zu den weiteren Symptomen, die häufig auftreten, gehört Paranoia, Verfolgungswahn.

Organische Hirnfunktionsstörungen können durch Kopfverletzungen, Leiden wie die Alzheimersche Krankheit oder durch Alkohol- oder Drogenkonsum verursacht werden. Manche der von diesen Störungen betroffenen Menschen verspüren den Drang, ein und dieselbe Handlung immer wieder auszuführen, können aber keine Gründe dafür angeben. Diese Handlungen unterscheiden sich in der Regel dahin gehend von klassischen Zwangssymptomen, dass Zwangspatienten ihre Wiederholrituale mit dem Ziel ausführen, sich oder ihre Angehörigen vor Schaden oder negativen Gefühlen zu bewahren.

Zu den Hauptsymptomen schwerer Depressionen gehören Traurigkeit, Veränderungen der Schlafdauer und des Appetits, Schuldgefühle, Weinen und Selbstmordgedanken. Oft haben Depressive störende – oder zwanghafte – Gedanken, die sich um Fehler, die sie gemacht haben, um ihre Wertlosigkeit oder um Selbstmord drehen; diese Gedanken sind jedoch Teil ihrer Depressionen und anders geartet als die Gedanken, unter denen derjenige leidet, der eine Zwangsstörung hat.

Welche Störungen sind mit der Zwangsstörung verwandt?

Die verstärkten Forschungsbemühungen auf dem Gebiet der Zwangsstörung in den letzten Jahren haben eine Reihe von pharmakologischen und genetischen Studien hervorgebracht, die zeigen, dass zahlreiche Verhaltensauffälligkeiten mit der Zwangsstörung verwandt sind. Personen, die unter Trichotillomanie leiden, reißen sich so lange Haare aus, bis kahle Stellen entstehen. Durch das Haareausreißen erreichen sie eine vorübergehende Spannungsminderung. Oft zupfen sie auch Wimpern und Augenbrauenhärchen aus. Ein Mann hatte einen derartig starken Drang, mit den Fingern oder einer Pinzette Haare aus seinen Koteletten auszureißen oder sie anzuflämmen, dass er nicht nur Spiegel, sondern auch Fensterscheiben und polierte Metallflächen vermied, da er befürchtete, beim Anblick seines Spiegelbildes sofort seinem Drang nachgeben zu müssen, sogar in der Öffentlichkeit; dies war ihm bereits einmal passiert, als er einen spiegelblanken Toaster betrachtet hatte, und ein anderes Mal, als er an einer gläsernen Ladenfront vorbeigekommen war. Sich glatt zu rasieren verschaffte ihm nur eine vorübergehende Erleichterung und er sagte mir, er würde erwägen, sich die Hände abzuschlagen, wenn dadurch das Problem gelöst wäre.

Trichotillomanie ist viel weiter verbreitet, als man früher annahm, da die Betroffenen erst jetzt infolge der zunehmenden Bekanntheit der Störung anfangen, sich zu melden und um Therapie zu ersuchen. Früher wurden Patienten mit dieser Störung meist von Dermatologen behandelt, mittlerweile suchen aber viele von ihnen einen Psychiater oder einen Psychologen auf. Trichotillomanie scheint sich teilweise durch die gleichen Medikamente beeinflussen zu lassen wie die Zwangsstörung und in vielen Fällen ist, wie in Kapitel 7 beschrieben, auch Verhaltenstherapie eine wirksame Behandlungsmethode.

Bei der Tourettestörung handelt es sich um ein neurologisches Problem, das gekennzeichnet ist durch obszöne Äußerungen, Ausstoßen von Tiergeräuschen und Zuckungen oder Tics. Ein Patient mit diese Störung erschreckte einmal unsere nichts ahnende Sekretärin, als er eine zwanglose Unterhaltung plötzlich durch eine Kette von Obszönitäten und Tiergeräuschen unterbrach; die Sekretärin saß noch sprachlos und mit weit geöffneten Augen da, als der Patient schon wieder schlagartig zu normalem Sprechen zurückgefunden hatte. Die meisten Tourettepatienten haben auch Zwangssymptome. Und andererseits haben viele Patienten, deren Hauptproblem eine Zwangsstörung ist, Tics, die denen ähnlich sind, die bei der Tourettestörung auftreten. Gelegentlich kann es Schwierigkeiten bereiten, zwischen den beiden Störungen zu unterscheiden, hierauf wird noch einmal ausführlich in Kapitel 7 eingegangen. Die Unterscheidung ist sehr wichtig, da sie auf unterschiedliche Medikamente ansprechen. Erste Studien zeigen, dass ein bestimmtes verhaltenstherapeutisches Vorgehen (das so genannte *habit reversal,* s. Kapitel 7) Patienten mit einer Tourettestörung helfen kann.

Manche Patienten sind fest davon überzeugt, eine schlimme Krankheit zu haben. Wie viele Herzuntersuchungen ohne Befund sie auch hinter sich haben, sie sind nicht davon abzubringen, dass sie schwer herzkrank sind. Andere lassen sich durch nichts in ihrer Überzeugung erschüttern, dass ihr Inneres längst von Krebs zerfressen ist. Die Grenze zwischen Patienten mit diesen Problemen und Zwangspatienten, die befürchten, krank zu werden, ist nicht einfach zu ziehen. Während letztere allerdings die Sorge haben, erkranken *zu können*, sind erstere davon überzeugt, bereits krank *zu sein*. Ihre unrealistische Überzeugung, an einer Krankheit zu leiden, nennen wir Krankheitswahn oder Hypochondrie und auch dieses Problem wird ausführlicher in Kapitel 7 behandelt werden. Andere Patienten wiederum lassen sich durch nichts von der Überzeugung abbringen, durch irgendein äußeres Merkmal furchtbar entstellt zu sein. Viele dieser Patienten wenden sich an einen plastischen Chirurgen, um ihr «abstoßendes Äußeres» korrigieren zu lassen. Weitere Betrachtungen zu diesem Problem, das wir heute «körperdysmorphe Störung» nennen, finden sich ebenfalls in Kapitel 7.

Zu den weiteren Verhaltensauffälligkeiten, die mit der Zwangsstörung verwandt sind, gehört die Angewohnheit, die eigene Haut zu beschädigen. Die Betroffenen geraten in einen Kreislauf, in dem sie sich selbst kleine Verletzungen zufügen müssen und sich dann weiter mit den Wunden beschäftigen. Oft vermeiden es diese Patienten, sich so zu kleiden, dass die betroffenen Stellen zu sehen sind, und oft kommt es zu Entzündungen der Haut. Personen mit dieser Störung scheinen von den gleichen Medikamenten und verhaltenstherapeutischen Methoden zu profitieren, die bei Zwangspatienten Besserung bringen.

Obwohl sich alle hier aufgeführten Probleme von den klassischen Zwangsgedanken und -handlungen unterscheiden, sind sie wahrscheinlich dem Gesamtspektrum der Zwangsstörungen zuzuordnen.

Nachdem Sie dieses Kapitel gelesen haben, sollten Sie nun wissen, ob Sie möglicherweise eine Zwangsstörung haben. Wenn Sie meinen, eines der anderen, nicht zum Spektrum der Zwangsstörungen zählenden Probleme zu haben, sollten Sie sobald wie möglich einen Klinischen Psychologen oder einen Psychiater aufsuchen, um sich Klarheit zu verschaffen. Wenn Sie allerdings vermuten, Zwangssymptome im eigentlichen Sinn zu haben, werden die folgenden Kapitel Ihnen dabei helfen, diese Symptome genauer einzuschätzen und in den Griff zu bekommen.

2. Kapitel

Die Behandlung der Zwangsstörung

Es gibt keine unheilbar Kranken, sondern nur Krankheiten, für die der Mensch bisher keine Heilmethode gefunden hat.

Bernard Baruch (1870-1965)

Gibt es eine erfolgreiche Behandlungsmethode für die Zwangsstörung? Vor 30 Jahren noch hätte diese Frage mit Nein beantwortet werden müssen. Obwohl vereinzelt Berichte über erfolgreiche Behandlungsversuche vorlagen, führte keine Methode zu einheitlichen positiven Ergebnissen. Mit der Entwicklung wirksamer medikamentöser und verhaltenstherapeutischer Behandlungsmethoden haben sich die Aussichten eines Zwangspatienten in den vergangenen Jahren jedoch drastisch gebessert, womit Baruchs Bemerkung wieder einmal bestätigt wäre. Mittlerweile können wir die große Mehrheit unserer Zwangspatienten mit Erfolg behandeln.

Um die Wirksamkeit der Behandlungsmethoden korrekt einzuschätzen, dürfen wir nicht unberücksichtigt lassen, dass die Ausprägung der Zwangssymptome auch ohne Therapie gewissen Schwankungen unterliegt. Obwohl Zwangspatienten, die sich nicht in Behandlung befinden, nur selten alle ihre Symptome verlieren, erleben doch viele über kurz oder lang zumindest ein zeitweiliges Nachlassen ihrer Zwänge.[14] Deshalb können für uns nur solche Behandlungsmethoden als wirksam angesehen werden, von denen nachweislich mindestens 50 Prozent aller Patienten profitieren, die innerhalb kurzer Zeit wirken und die zu bleibenden Besserungen führen.

Die Forschungsstudien, die ich im weiteren Verlauf des Kapitels vorstellen werde, beziehen sich überwiegend auf die Behandlung erwachsener Zwangspatienten. Ähnliche verhaltenstherapeutische Methoden und Medikamente schlagen jedoch anscheinend auch bei Kindern und Jugendlichen an, wie in Kapitel 5 weiter ausgeführt wird.

---

14 Rasmussen & Tsuang, «Epidemiology and Clinical Features of Obsessive-Compulsive Disorder», 1986.

Die verhaltenstherapeutische Behandlung der Zwangsstörung

Die Verhaltenstherapie ist eine Form der Psychotherapie, die Lerngesetze anwendet, um Patienten dabei zu helfen, mit spezifischen Problemen fertig zu werden. Während die traditionelle Psychotherapie Problemverhalten als Ausdruck unbewusster Konflikte sieht, bringen wir in der Verhaltenstherapie Patienten bei, wie sie ihre Probleme direkt angehen können.

Aus unseren Theorien darüber, wie Menschen Verhaltensweisen erlernen und verlernen, können wir z. B. ableiten, dass jemand, der große Angst vor Höhen hat, diese Angst besiegen kann, indem er zuerst lernt, sich zu entspannen und seine irrationalen Gedanken über Höhen abzubauen. Dazu fängt er am besten mit einem einfachen Ziel an, wie z. B. auf einen Küchenstuhl zu steigen. Nach einer gewissen Zeit wird er spüren, dass seine Angst nachlässt. Nach mehreren solchen Erfolgen würde er sich nach und nach immer schwierigeren Situationen aussetzen und so schließlich dahin gelangen, angstfrei aus dem Fenster des obersten Stockwerks eines Wolkenkratzers zu schauen oder eine Flugreise zu machen.

Auf der Grundlage dieses Prinzips wurden gegen Ende der 50er Jahre hochwirksame verhaltenstherapeutische Methoden entwickelt, mit denen Patienten mit Phobien oder anderen Ängsten behandelt werden konnten. Die Verhaltenstherapie erwies sich als so erfolgreich, dass sie zu einer Revolutionierung der Behandlung dieser Probleme führte, für die es bis dahin keine wirksame Therapie gegeben hatte, und heute ist sie bei diesen Ängsten das Mittel der Wahl.

Die Anwendung derselben Methoden bei Zwangspatienten erbrachte jedoch anfangs nur enttäuschende Ergebnisse. Einen Durchbruch erzielte dann im Jahr 1966 der britische Psychiater Victor Meyer, der die Krankenschwestern einer psychiatrischen Station anwies, Patienten mit Zwängen aktiv daran zu hindern, ihre Rituale rund um die Uhr auszuüben. Unter dieser Behandlung kam es bei 14 seiner 15 Patienten erstmalig zu einer raschen Besserung, die bei den meisten von ihnen auch von Dauer war.

Die Behandlung nach diesem Muster ist zum Standardverfahren der Verhaltenstherapie bei Zwangspatienten geworden. Die wirksamen Bestandteile dieses Vorgehens sind die Reizkonfrontation (Exposition, *exposure*), d. h., sich der Angst erzeugenden Situation auszusetzen, und die Reaktionsverhinderung (*response prevention)*, d. h., die Ausführung einer Zwangshandlung zu unterlassen. Diesen beiden Begriffen werden Sie auf den folgenden Seiten immer wieder begegnen. Und da ein großer Teil dieses Buches davon handelt, wie Sie diese einfachen Prinzipien auf Ihr spezielles Problem anwenden können, ist es wichtig, dass Sie genau wissen, was damit gemeint ist.

Reizkonfrontation und Reaktionsverhinderung

Wenn Sie zu mir in die Therapie kämen und unter einem Waschzwang litten, ausgelöst durch die Angst vor «Krebs erregenden Keimen», läge es klar auf der Hand, wie wir Reizkonfrontation mit Reaktionsverhinderung anwenden würden. Die Reizkonfrontation bestünde darin, Sie mit Ihrer Meinung nach verseuchten Dingen in Berührung zu bringen, beispielsweise mit einer Zeitschrift oder einem Stuhl im Wartebereich einer Krebsklinik. Ich würde Sie ermutigen, so lange wie möglich in Kontakt mit dem «verseuchten» Objekt zu bleiben *(Reizkonfrontation)* und sich danach etwa eine bis zwei Stunden lang nicht die Hände zu waschen oder unter die Dusche zu gehen *(Reaktionsverhinderung)*.

Die gleichen Prinzipien würden wir uns ebenfalls zunutze machen, wenn Sie andere Formen von Zwangshandlungen ausführen würden, auch wenn die konkrete Umsetzung nicht immer ganz so offensichtlich ist. Wenn Sie beispielsweise unter dem Zwang litten, Strecken, die Sie mit dem Auto hinter sich gebracht haben, noch einmal abzufahren, um sicherzustellen, dass Sie niemanden überfahren haben, würde ich Sie auf Autofahrten begleiten und Sie ermutigen, das zu tun, was in Ihnen immer die Angst hervorruft, jemanden überfahren zu haben, z. B. Ihren Wagen über eine holperige Straße zu lenken oder an Fußgängern auf der Straße vorbeizufahren *(Reizkonfrontation)*. Und dabei würde ich Sie auffordern, dem Drang zu widerstehen, ständig in den Rückspiegel zu sehen oder kehrtzumachen, um nach Unfallopfern zu suchen *(Reaktionsverhinderung)*.

Das Grundprinzip der Behandlung von Zwängen durch Reizkonfrontation und Reaktionsverhinderung lässt sich etwas vereinfacht in folgende Sätze kleiden:

1. Setzen Sie sich so häufig wie möglich den Dingen aus, vor denen Sie sich fürchten.
2. Wenn Sie das Gefühl haben, etwas vermeiden zu müssen, vermeiden Sie es *nicht*.
3. Wenn Sie das Gefühl haben, ein bestimmtes Ritual ausführen zu müssen, tun Sie es *nicht*.

4. Üben Sie diese drei Dinge so ausgiebig wie möglich.

Die Punkte 1 und 2 betreffen die Reizkonfrontation, der Punkt 3 die Reaktionsverhinderung.

Die meisten «neuen» Ideen sind in Wirklichkeit Neuauflagen ganz alter Gedanken. Der große französische Neurologe Pierre Janet behandelte seine Patienten bereits am Ende des 19. Jahrhunderts mit einem Verfahren, das dem modernen verhaltenstherapeutischen Vorgehen sehr ähnlich ist.

> Der Anleiter, der Therapeut, gibt dem Patienten so genau wie möglich vor, was er zu tun hat. Er zerlegt die Handlung in kleine Einheiten, wenn dies notwendig sein sollte, um dem Patienten schnell und leicht erreichbare Ziele zu setzen. Während er die Anordnung, die Handlung, d. h. die Exposition, auszuführen, ständig wiederholt, hilft er dem Patienten auch durch ermutigenden Zuspruch bei jedem Anzeichen eines Erfolges, und sei er noch so unbedeutend, denn durch diese Ermutigungen erkennt der Patient die kleinen Fortschritte, die er gemacht hat, und schöpft neue Hoffnung, indem er sich vor Augen führt, welche Erfolge die Zukunft noch für ihn bereithält. Andere Patienten brauchen strenge Anweisungen oder sogar Drohungen und ein Patient teilte ihm [Janet] mit: «Wenn ich nicht ständig gezwungen werde, Dinge zu tun, die mich große Überwindung kosten, mache ich keine Fortschritte. Ich brauche eine strenge Hand!»[15]

Diese Beschreibung der Behandlung von Zwängen durch die direkte Beeinflussung des Verhaltens ist immer noch aktuell und die Expositionstherapie, wie sie von Janet eingeführt wurde, ist fast 100 Jahre später nach wie vor die wichtigste Behandlungsform von Zwangsgedanken und Zwangshandlungen. Leider fiel diese effektive Therapiemethode schon kurz nachdem sie von Janet vorgestellt worden war in Ungnade, als Europa in den Bann der neuen psychoanalytischen Theorie von Freud geriet. Die Therapeuten interessierten sich nun mehr für die verborgenen Bedeutungen von Zwängen und Janets wirkungsvolle Methode blieb jahrzehntelang ungenutzt, bis sie schließlich von Meyer zu neuem Leben erweckt wurde.

---

15 Isaac Marks, «Review of Behavioral Psychotherapy, I: Obsessive-Compulsive Disorders», 1981.

Habituation: Der Wirkmechanismus hinter Reizkonfrontation mit Reaktionsverhinderung

Haben Sie schon einmal Freunde besucht, die in der Nähe eines Flughafens oder eines Bahnhofs wohnen? Dann werden Sie sich wahrscheinlich gefragt haben, wie diese den ständigen Lärm ertragen können. Ihre Freunde scheinen diesen Lärm allerdings kaum zu bemerken. Oder haben Sie schon einmal am Morgen Ihre Füße in ein Paar enge Schuhe gequetscht und am Abend festgestellt, vergessen zu haben, dass Sie überhaupt Schuhe tragen? Wenn Sie eines dieser Erlebnisse gehabt haben, dann konnten Sie aus erster Hand Erfahrung mit einem Prozess machen, den wir «Habituation» nennen. Habituation leitet sich ab aus dem lateinischen Wort *habitus* (Gewohnheit) und bedeutet soviel wie «sich an etwas gewöhnen an, sich durch mehrmaligen Gebrauch oder Umgang mit etwas vertraut machen». In anderen Worten bedeutet dies, dass sich unser Körper nach einer gewissen Vertrautheit mit einer Situation, die anfangs eine starke emotionale Reaktion ausgelöst hat, an diese Situation gewöhnt oder sie ignoriert.

Habituation ist der Schlüssel zum Verständnis unserer Methode des Abbaus von Zwangsgedanken und Zwangshandlungen. Aus unserer wissenschaftlichen und praktischen Arbeit mit Hunderten von Patienten wissen wir, dass die Zwänge fast immer nachlassen, wenn der Betroffene kontinuierlich Konfrontationsübungen, d. h. Übungen mit Reizkonfrontation und Reaktionsverhinderung, durchführt. Wie schnell sich jedoch eine Besserung einstellt, ist von Patient zu Patient verschieden. Der Drang des einen zur Ausführung zwanghafter Handlungen lässt schon nach der ersten Übungsstunde nach, während der andere erst nach zwei Wochen harter Arbeit Fortschritte macht. An diesen Unterschieden kann man nichts ändern, man muss sie so akzeptieren, wie man individuelle Unterschiede hinsichtlich Haarfarbe oder Körpergröße hinnimmt. Was zählt, ist, dass Ihre Zwänge schließlich abnehmen werden, wenn Sie regelmäßig Ihre Übungen machen.

Habituation funktioniert nicht nur bei der Therapie von Zwängen, sondern auch in vielen anderen Bereichen unseres Lebens. So hatten die meisten von uns als Kind Angst vor der Dunkelheit. Wir fürchteten uns, schrieen oder weinten und Gedanken an den Schwarzen Mann oder an Geister und Gespenster unter unserem Bett versetzten uns in Angst und Schrecken. Und vielleicht wollten wir deshalb, dass unsere Eltern das Licht anließen oder uns in ihr Bett kriechen ließen.

Wenn wir – und unsere Eltern – durchhielten und wir im Dunkeln schliefen, verloren sich jedoch im Laufe der Monate unsere Ängste und

Gedanken an den Schwarzen Mann. Dadurch, dass wir also unser *Verhalten* änderten (im dunklen Zimmer blieben), beeinflussten wir indirekt auch unsere *Gedanken* (an Geister und Gespenster) und unsere *Gefühle* (Angst). Den letzten Satz sollten Sie noch einmal lesen; er beschreibt genau das, was bei einer erfolgreichen Verhaltenstherapie geschieht.

Forschungsarbeiten zur Verhaltenstherapie der Zwangsstörung

Auf der ganzen Welt wurden in den vergangenen zwanzig Jahren Untersuchungen durchgeführt, die zeigen, dass die Methode der Reizkonfrontation mit Reaktionsverhinderung etwa drei Viertel der Patienten in die Lage versetzt, Ihre Symptome in den Griff zu bekommen. In diesen Studien trat auch zutage, dass etwa 80 Prozent aller Patienten in der Lage sind, die erforderlichen Übungen auszuführen; bei dem Rest der Patienten scheitert dies an übergroßen Ängsten.

Während die ersten Untersuchungen noch überwiegend an Patienten durchgeführt worden waren, die sich in stationärer Behandlung befanden, sind mittlerweile auch zahlreiche Erfahrungen mit der Verhaltenstherapie außerhalb von Krankenhäusern gesammelt worden. Neuere Untersuchungen, die an ambulant behandelten Patienten durchgeführt wurden, haben ausgezeichnete Ergebnisse erbracht. Außerdem haben einige europäische Studien gezeigt, dass Patienten die Methode auch *allein* anwenden können, und zwar mit dem gleichen Erfolg wie Patienten, die gemeinsam mit einem Therapeuten Konfrontationsübungen durchführen. Auf diese Forschungsarbeiten greift dieses Buch zurück und zeigt Ihnen, wie Sie sich in Eigenregie, unterstützt durch einen Helfer – ein Mitglied Ihrer Familie oder einen Freund, der Sie bei den Übungen unterstützt –, die verhaltenstherapeutischen Methoden zunutze machen können

Mögliche Nebenwirkungen der Verhaltenstherapie sind nicht bekannt und in der Regel ist ein einmal erzielter Behandlungserfolg bei Zwangshandlungen von Bestand. Untersuchungen zeigen, dass in einem Zeitraum von sieben Jahren nach Abschluss der Therapie beinahe alle Patienten entweder ihre einmal gemachten Fortschritte beibehalten oder noch weitere Fortschritte machen.[16] Einige Patienten in diesen Studien brauchten zwischendurch die eine oder andere Auffrischungsbehandlung, um auf ihrem

---

16 Baer & Minichiello, «Behavior Therapy for Obsessive-Compulsive Disorder», 1998.

Stand zu bleiben. In keinem Fall kam es aber zum Auftreten neuer Symptome anstelle der erfolgreich behandelten alten.

Die Effektivitätsstudien haben auch zur Identifizierung zweier Probleme geführt, die manchmal einem Behandlungserfolg im Weg stehen. Diese beiden Faktoren – der Glaube an die Richtigkeit der Zwangsgedanken und schwere Depressionen – behindern eine Besserung durch verhaltenstherapeutische Methoden, da sie die Wahrscheinlichkeit verringern, dass der Patient genügend Konfrontationsübungen macht, um Fortschritte zu erzielen. Dadurch wird der Habituationsprozess behindert, in dem, wie Sie wissen, der Sinn dieser Übungen liegt.

Überzeugtheit von der Richtigkeit der Zwangsgedanken

Wenn Sie *stets* davon überzeugt sind, dass Ihre Zwangsgedanken richtig sind und Ihre Zwangshandlungen notwendig, um irgendein Unglück zu verhindern, wird die Verhaltenstherapie bei Ihnen wahrscheinlich keine durchschlagende Wirkung zeigen. Sollte Ihre Selbsteinschätzung in Kapitel 3 ergeben, dass Sie dieses Problem haben, wäre es gut, Sie würden einen Psychiater konsultieren, um zu sehen, ob ein Medikament Ihnen dabei helfen kann, Ihre Gedanken zu beeinflussen, ehe Sie es mit Verhaltenstherapie versuchen.

Mit dem Glauben an die Richtigkeit von Zwangsgedanken meine ich nicht das Stimmenhören, das mit der Zwangsstörung nichts zu tun hat. Menschen, die unter einer Zwangsstörung leiden, wissen immer, dass ihre Gedanken Produkte ihres eigenen Geistes sind. Wenn Sie meinen, dass die Stimmen anderer Leute zu Ihnen sprechen oder Sie beherrschen, sollten Sie so bald wie möglich einen qualifizierten Psychiater oder Psychologen aufsuchen, um sich helfen zu lassen.

Zum Glück ist die große Mehrheit der Zwangspatienten nicht wirklich von der Richtigkeit ihrer Zwangsgedanken überzeugt, außer dann, wenn sie gerade in der Spirale aus zwanghaften Gedanken und Handlungen und ihren Ängsten gefangen sind. Dies ist die Regel – und nur die Betroffenen, die *immer* von der Richtigkeit ihrer Zwangsgedanken überzeugt sind, haben das, was wir Überbewertungen *(overvalued beliefs)* nennen und was für die Behandlung zum Problem werden kann. Das folgende Beispiele ist typisch für die Mehrheit der Zwangspatienten, die nicht wirklich an die Richtigkeit ihrer eigenen Zwangsgedanken glauben.

Frau A. fürchtete sich vor Krankheitserregern. Sie vermied es, Dinge zu berühren oder Lebensmittel zu essen, die von jemandem berührt worden waren, der Krebs- oder Aids-«Bazillen» an sich hatte. Wenn sie nicht gerade in den Klauen ihrer zwanghaften Ängste war, konnte sie ganz vernünftig und ruhig über ihre Befürchtungen sprechen; dann sagte sie mir, dass sie wusste, dass sie sich nicht mit Krebs oder Aids anstecken konnte, indem sie jemanden berührte, der wiederum jemanden berührt hatte, der an einer der beiden Krankheiten litt. Sie hatte viel über dieses Thema gelesen und war überzeugt davon, dass alle wissenschaftlichen Erkenntnisse in diese Richtung deuteten.

Aber sobald sie Lebensmittel nach Hause brachte, die von einer «krank aussehenden» Kassiererin berührt worden waren, zeigte sich das Paradox ihrer Zwangsgedanken: Frau A. glaubte zwar nicht, dass sie von den «Bazillen» krank werden konnte, war sich aber auch nicht sicher, ob dies ganz ausgeschlossen war. In dieser für sie furchterregenden Situation gewann der Drang Macht über sie, das Berühren der eingekauften Sachen zu vermeiden und – falls dies misslang – die Teile ihres Körpers und ihrer Kleidung zu waschen und zu desinfizieren, die mit dem Einkauf in Kontakt gekommen waren.

Die meisten Zwangspatienten passen in dieses Muster: Sie glauben nicht wirklich, bestimmt zu erkranken oder von einem Unglück ereilt zu werden, sind aber auch nicht ganz davon überzeugt, nicht in Gefahr zu sein. Anders war es bei der Frau aus dem nächsten Beispiel, die sich durch nichts und niemanden von ihrer Meinung abbringen ließ, durch die Berührung bestimmter Dinge Krebs zu bekommen.

Für Frau M. waren die Krebs erregenden Keime überall: an der Türklinke, die ein Krebskranker berührt hatte, auf dem Sitz, auf dem jemand mit Krebs gesessen hatte, usw. Wie so häufig bei Zwangspatienten begann es mit einigen wenigen Ängsten, die sich aber schnell ausweiteten. Anfangs konnte sie nur Dinge nicht anfassen, die ihre kurz zuvor an Krebs verstorbene Mutter berührt hatte, und als ich Frau M. zum ersten Mal begegnete, konnte sie schon seit einigen Monaten nicht mehr in ihrer Wohnung leben, da sie befürchtete, diese sei mit Krebserregern verseucht. Sie hatte ihre Arbeit aufgeben müssen und arbeitete für Kost und Unterkunft als Putzhilfe und Babysitter. Im Gespräch mit ihr wurde schnell klar, dass sie zwar sehr unter den Veränderungen in ihrem Leben litt, aber wirklich felsenfest davon überzeugt war, sich durch die Berührung «verseuchter» Gegenstände eine Krebserkrankung zuzuziehen. Sie war sich nicht sicher, wie viel Zeit bis zum Ausbruch der Krankheit vergehen würde; sie meinte, es könnten ein, zehn oder auch dreißig Jahre vergehen, bis der Krebs zum Vorschein kommen würde. Deshalb wären ihre Ängste auch dann, wenn sie sich dazu bereit erklärt hätte, «verseuchte» Gegenstände zu berühren, und in den folgenden Tagen und Wochen nicht krank geworden wäre, in unverminderter Stärke bestehen geblieben. Früher oder später wäre die Krankheit ja doch über sie gekommen.

Schwere Depressionen

In Kapitel 3 werden Sie einige Fragen beantworten, bei denen es darum geht, inwieweit Sie unter einer depressiven Verstimmung leiden. Es ist ganz normal, dass Sie in gewissem Ausmaß traurig oder deprimiert sind, wenn Sie Zwänge haben, die für Sie mit Einschränkungen im Berufs- und Privatleben verbunden sind. Aber wenn sich herausstellen sollte, dass Sie von *schweren* Depressionen befallen sind, sollten Sie möglichst bald einen qualifizierten Psychiater oder Psychologen aufsuchen (oder sich von Ihrem Hausarzt an einen überweisen lassen) und erst danach versuchen, Ihre Zwangsstörung verhaltenstherapeutisch anzugehen. Aus zwei Gründen ist es wichtig, bei einer Depression professionelle Hilfe zu erhalten.

An erster Stelle steht die offenkundige Tatsache, dass Menschen, die an schweren Depressionen leiden, ein Leben unter schwierigen, unzulänglichen Bedingungen führen müssen und nicht selten selbstmordgefährdet sind. Und zum zweiten ist die Chance, dass ihre Zwangsstörung auf Verhaltenstherapie anspricht, geringer, solange sie schwer depressiv sind – Depressive bringen nur in seltenen Fällen die Energie auf, die nötig ist, um die Konfrontationsübungen durchzuführen, und wenn sie es versuchen, werden sie oft feststellen müssen, dass der Erfolg ausbleibt, da der Habituationsprozess bei schwer depressiven Patienten anscheinend anders verläuft als bei anderen.

Das nächste Fallbeispiel handelt von einer depressiven Zwangspatientin, die erfolgreich behandelt werden konnte, nachdem zuvor etwas gegen ihre Depression unternommen wurde.

Wie Millionen anderer älterer Mitbürger saß sie täglich vor dem Fernsehbildschirm und sah sich eine Serie und Unterhaltungsshow nach der anderen an. Aber etwas war bei Frau M. anders: Sie hatte den Zwang, die Namen aller Schauspieler und Kandidaten aus den Sendungen, die sie sah, aufzuschreiben und zu behalten. Sollte sie einen dieser Namen vergessen, so meinte sie, würde ihr oder einem ihrer Angehörigen etwas Furchtbares zustoßen.

Frau M.s Probleme hatten ein Jahr zuvor begonnen. Nach dem Tod ihrer Mutter, der den traurigen Höhepunkt einer ganzen Reihe von Todesfällen im Familien- und Freundeskreis innerhalb kurzer Zeit darstellte, war sie schwer depressiv geworden. Zuerst traten die klassischen Anzeichen einer Depression auf: Appetit- und Schlaflosigkeit, gedrückte Stimmung und Gedanken an den Tod. Nach einigen Wochen fielen Frau M.s Kindern jedoch einige seltsame neue Gewohnheiten und Rituale an ihrer Mutter auf. Sie trug nun stets eine Einkaufstasche voller Zettel mit sich herum. Auf diesen Zetteln hatte sie Dinge notiert wie die Namen und Geburtstage von Freunden und Verwandten oder Kennzeichen von Autos, die in ihrer Straße geparkt hatten.

Als Frau M. in unser Behandlungszentrum kam, um sich helfen zu lassen, war ihr von ihrem Hausarzt eine niedrige Dosis eines Antidepressivums (Desipramin) verordnet worden. Als wir diese Dosis etwas erhöhten, klangen ihre Depressionen ab und sie sagte mir, sie befürchte nun nicht mehr das Eintreten einer Katastrophe, wenn sie die aufgeschriebenen Namen und Zahlen vergessen würde. Sie erklärte sich bereit, mit mir zusammen verhaltenstherapeutisch zu arbeiten, um ihre Rituale loszuwerden. Zu Hause arbeitete sie mit Unterstützung ihres Sohnes daran, sich von ihrer Zettelsammlung zu trennen, und begann fernzusehen, ohne sich irgendwelche Notizen zu machen. Und schon nach drei Sitzungen erklärten Frau M. und ihr Sohn übereinstimmend, dass sie große Fortschritte gemacht hatte.

Wie lange dauert eine Verhaltenstherapie?

Die meisten Patienten haben ein berechtigtes Interesse daran, zu wissen, wie lange die Verhaltenstherapie bei ihnen dauern wird. Ob Sie nun versuchen, Ihre Symptome allein unter Kontrolle zu bekommen, oder ob Sie mit einen Verhaltenstherapeuten zusammenarbeiten – die Antwort hängt von zwei Faktoren ab: erstens, wie intensiv Sie die Konfrontationsübungen betreiben, und zweitens, wie schwer Ihre Zwangssymptome sind.

John Hurley, ein Verhaltenstherapeut in unserem Zentrum, sagte mir: «Ich bin dies oft von Patienten gefragt worden und deshalb bin ich einmal meine Unterlagen durchgegangen, um ihnen eine Antwort darauf geben zu können. Ich stellte fest, dass die Behandlungen durchschnittlich sechs Monate dauern: Am Anfang finden die Sitzungen einmal in der Woche, dann alle zwei Wochen und zum Schluss einmal im Monat statt. Aber ich muss meinen Patienten auch sagen, dass dies nur gilt, wenn sie entschlossen und motiviert sind, hart zu arbeiten. Weniger motivierte Patienten benötigen eine längere Behandlung und machen weniger Fortschritte. Wichtig ist, ob sie bereit sind, Zeit und Mühe zu investieren und die erforderlichen Übungen zu machen.»

Unabhängig davon, ob Sie mit einem Verhaltenstherapeuten, einem Familienangehörigen oder allein arbeiten, der Erfolg der Verhaltenstherapie hängt entscheidend davon ab, mit welcher Konsequenz und Ausdauer Sie an die Sache herangehen.

Beseitigt die Verhaltenstherapie alle meine Zwangssymptome?

Wahrscheinlich nicht. Obgleich sich Ihre zwanghaften Gedanken und Verhaltensweisen durch die verhaltenstherapeutische Behandlung zwar wahrscheinlich deutlich abschwächen werden und Sie dann auch in Ihrem Privat- und Berufsleben wieder besser zurechtkommen, werden wohl einige wenige Rituale und Zwangsgedanken bestehen bleiben.

Um dies etwas zu verdeutlichen, lassen Sie mich sagen, dass unsere Patienten, auch wenn sie durch die Verhaltenstherapie nicht völlig geheilt werden, doch in der Regel von den Fortschritten, die sie machen, begeistert sind, da ihre Symptome nun nicht mehr ihre Beziehungen zu anderen Menschen oder ihre Leistungsfähigkeit im Beruf beeinträchtigen. Zwar mögen sie sich immer noch mehr Gedanken über irgendwelche Krankheitserreger machen als andere oder sich des öfteren fragen, ob die Tür wirklich verschlossen ist, oder nicht an einem Freitag, den 13. heiraten wollen, aber diese Probleme beherrschen nicht mehr ihr gesamtes Leben.

Kann Verhaltenstherapie meinem Kind helfen?

Oft wenden sich Eltern von Kindern mit einer Zwangsstörung an mich und wollen wissen, ob ihr Kind von einer verhaltenstherapeutischen Behandlung profitieren könne. Zwar sind die meisten der Patienten unseres Behandlungszentrums Erwachsene, aber im Laufe der Jahre habe ich auch zahlreiche Kinder und Jugendliche behandelt. Und während es immer noch nicht viele wissenschaftliche Erkenntnisse auf dem Gebiet der Verhaltenstherapie bei Kindern gibt, konnte ich doch erleben, dass bei uns viele Kinder und Jugendliche ihre Zwänge durch Verhaltenstherapie in den Griff bekommen haben.

Drei wichtige Bedingungen für eine erfolgreiche Behandlung von Kindern und Jugendlichen haben wir ausgemacht. Zum ersten müssen sich die Eltern konstruktiv und engagiert an der Therapie beteiligen. Manchmal erscheinen mir die Eltern besorgter als das Kind, das behandelt werden soll; auf jeden Fall müssen sie bereit sein, ihr Kind entschlossen, aber ruhig und liebevoll bei der Durchführung der Konfrontationsübungen zu unterstützen. Zum zweiten muss das Kind auch selbst wirklich eine Besserung wollen. Da das Kind aktiv an der Behandlung beteiligt ist, muss es das Prinzip, nach dem diese funktioniert, verstanden haben, an seine Wirksamkeit glauben und bereit sein, es in die Tat umzusetzen. Und schließlich sollte das Kind eine gute Beziehung zu seinen Eltern haben. In den Fällen, in denen diese drei Bedingungen gegeben waren, haben wir gute Erfolge bei der Behandlung von Kindern und Jugendlichen mit einer Zwangsstörung erzielt.

Insgesamt konnten wir etwa die Hälfte der Kinder und Jugendlichen, die zu uns kamen, erfolgreich behandeln. Bei vielen haben wir einen Rückgang der Symptome um 70 Prozent oder mehr erreicht. Die meisten Kinder, die an uns überwiesen werden, werden bereits medikamentös behandelt und die Kombination aus Verhaltenstherapie und Medikamenten scheint bei vielen Kindern zu guten Ergebnissen zu führen. [17]

Prognose für verschiedene Formen der Zwangsstörung

Weil Zwangssymptome so unterschiedlich sind, muss jeder Patient das konkrete verhaltenstherapeutische Vorgehen seinem speziellen Problem anpassen. Am unproblematischsten ist dies bei der Behandlung von Waschzwängen. Auf diese beziehen sich die meisten Untersuchungen, die durchgeführt wurden – mit dem Ergebnis, dass Waschrituale sehr gut durch Verhaltenstherapie zu beeinflussen sind. Wenn Sie unter Waschzwängen leiden, werden die in Kapitel 5 beschriebenen Reizkonfrontations- und Reaktions-

---

17 In den vergangenen zehn Jahren haben Dr. John March, ein führender Kinderpsychiater, und seine Mitarbeiter ein bemerkenswert wirksames Behandlungsprogramm für Kinder und Jugendliche entwickelt, die unter Zwängen leiden. Auch ihr Ansatz hebt die Bedeutung von Reizkonfrontation und Reaktionsverhinderung hervor; darüber hinaus haben sie jedoch sehr schöne Möglichkeiten gefunden, Kindern und Jugendlichen diese Gedanken so zu vermitteln, dass es verständlich und motivierend für sie ist (March & Mulle, *OCD in Children and Adolescents*, 1998).

verhinderungsmethoden Sie und Ihren Helfer mit hoher Wahrscheinlichkeit in die Lage versetzen, diese Zwänge in den Griff zu bekommen.

Die Behandlung von Kontrollzwängen durch Verhaltenstherapie ist etwas schwieriger, vor allem, weil Sie Ihre Rituale hauptsächlich dann ausführen, wenn Sie allein und zu Hause sind, mit anderen Worten: wenn Sie ganz allein für Ihre Handlungen verantwortlich sind. Dies macht es dem Therapeuten oder Helfer etwas schwieriger, Sie zu unterstützen, und Sie müssen einen großen Teil der Übungen allein machen. Wenn Ihnen dies gelingt, werden Sie wahrscheinlich Ihre Kontrollzwänge deutlich abschwächen können und bald wieder in der Lage sein, ein relativ normales Leben zu führen; Unsicherheitsgefühle können jedoch hin und wieder noch einmal auftauchen.

Andere Formen von Zwängen wie abergläubische Befürchtungen oder Sammelrituale sind nicht so intensiv erforscht worden wie Wasch- und Kontrollzwänge. Wenn Sie aber mit einem Helfer zusammenarbeiten, was bei diesen Problemen besonders wichtig ist, und so vorgehen, wie es in Kapitel 5 empfohlen wird, sollten Sie in der Lage sein, Besserungen zu erzielen. So wie bei Kontrollzwängen kann es sein, dass ein Teil Ihrer Zwänge bestehen bleibt.

Die Behandlung zwanghafter Langsamkeit ist recht schwierig und kompliziert. Den meisten Patienten mit diesem Problem kann unserer Erfahrung nach am besten durch eine Kombination aus Verhaltenstherapie und Medikamenten geholfen werden. Wenn sich Ihr Problem in gewissen Grenzen hält, schaffen Sie es vielleicht, es mit den in Kapitel 5 beschriebenen Methoden und mit Unterstützung eines Mitmenschen in den Griff zu bekommen. Sind Sie allerdings *sehr* langsam oder erstreckt sich die Langsamkeit auf *sehr* viele Bereiche Ihres Lebens, dann sollten Sie mit einem Verhaltenstherapeuten und einem Psychiater, der Ihnen ein Medikament verschreiben wird, zusammenarbeiten.

Zwangsgedanken *ohne* Zwangshandlungen galten noch vor einigen Jahren als die Form der Zwangsstörung, die am schwierigsten mit verhaltenstherapeutischen Methoden zu behandeln ist, da sie nicht mit beobachtbarem Verhalten einhergeht, an dem man mit Reizkonfrontation und Reaktionsverhinderung arbeiten könnte. Zum Glück konnten wir jedoch im zurückliegenden Jahrzehnt effektive nicht medikamentöse Verfahren zur Behandlung dieser Problematik entwickeln. Wenn Sie Situationen vermeiden, die diese Zwangsgedanken auslösen, sollten Sie sich diesen Situationen aussetzen, ohne ihre (mentalen) Rituale auszuführen, so wie ich es in Kapitel 4 beschreibe.

Wenn Sie keine Situationen vermeiden, die diese Gedanken in Gang setzen, können Sie vom Einsatz von Reizkonfrontation per Tonaufnahme oder von neuen kognitiven Techniken profitieren (beide Möglichkeiten beschreibe ich in Kapitel 5).

Die medikamentöse Behandlung der Zwangsstörung

Bis zu Beginn der siebziger Jahre waren Psychopharmaka, mit denen wir Ängste und Depressionen relativ effektiv behandeln konnten, bei Zwangsgedanken und Zwangshandlungen wenig erfolgreich. Inzwischen sind jedoch eine Reihe neuer Antidepressiva auf den Markt gekommen, mit denen Zwangssymptome innerhalb eines Zeitraums von drei Monaten wirksam behandelt werden können. Alle diese neuen Medikamente wirken sich auf den Serotoninspiegel im Gehirn aus. Das Serotonin, ein Neurotransmitter (Botenstoff zwischen Nervenzellen), wurde bereits in Kapitel 1 kurz erwähnt und wird noch einmal in Kapitel 8 ausführlich zur Sprache kommen.

Das erste dieser «Antikompulsiva» (gegen Kompulsionen – Zwangshandlungen – wirksame Mittel) war Clomipramin (Anafranil)[18], das bereits seit einer Reihe von Jahren in den meisten Länden erhältlich ist und in den Vereinigten Staaten im Jahr 1990 von der staatlichen Gesundheitsbehörde offiziell als erstes Medikament gegen Zwangsstörungen zugelassen wurde. Forschungsarbeiten, die an unserem Behandlungszentrum und in anderen Einrichtungen durchgeführt wurden, haben gezeigt, dass Clomipramin bei den meisten Patienten ein sehr wirksames Medikament gegen Zwangssymptome ist.

Im vergangenen Jahrzehnt haben sich auch verschiedene andere Arzneimittel in der Behandlung von Zwangsgedanken und Zwangshandlungen bewährt. Zu diesen Medikamenten gehören Fluoxetin (Fluctin), Fluvoxamin (Fevarin, Floxyfral), Sertralin (Zoloft, Gladem), Paroxetin (Tagonis) und Citalopram (Seropram, Cipramil).

Wenn diese neuen Medikamente so effektiv sind, warum hat dann die Verhaltenstherapie überhaupt noch einen so hohen Stellenwert in der Behandlung von Zwangspatienten? Es gibt drei wichtige Gründe. Erstens ist bei etwa 20 bis 30 Prozent aller Patienten eine medikamentöse Behandlung

---

18 A. d. Ü.: In Klammern jeweils der Markenname, unter dem das Medikament im deutschsprachigen Raum vertrieben wird.

nicht möglich, entweder weil sie schwanger sind oder bei ihnen zu starke Nebenwirkungen auftreten oder weil sie keine Medikamente nehmen wollen. Diese Patienten müssen mit Verhaltenstherapie behandelt werden. Zweitens stellt sich bei etwa 25 Prozent derjenigen Patienten, die Medikamente bekommen, keine durchgreifende Besserung ein. Drittens führen die Medikamente zwar bei den meisten Zwangspatienten zu merklichen Verbesserungen, jedoch bleiben auch bei diesen Patienten etwa 30 bis 50 Prozent der Symptome bestehen. In den meisten Fällen sind die Patienten schon sehr glücklich über die Fortschritte, die sie durch die Medikamente gemacht haben, es zeigt sich aber, dass ihre Symptome durch den zusätzlichen Einsatz von Verhaltenstherapie noch weiter abgeschwächt werden können. Es soll allerdings auch nicht verschwiegen werden, dass bei fast jedem Patienten – egal, wie er behandelt wird – einige Symptome fortbestehen.

Wir machen in unserem Behandlungszentrum die Erfahrung, dass bei den meisten Patienten ein kombinierter Ansatz aus Verhaltenstherapie (in Regie eines Psychologen) und medikamentöser Behandlung (durchgeführt von einen Psychiater) erfolgreich ist. Manche Patienten behandeln wir auch ausschließlich mit Verhaltenstherapie und erzielen dabei oft großartige Ergebnisse. Die Entscheidung, Medikamente oder Verhaltenstherapie einzusetzen, ist bei uns also keine Entweder-oder-Frage. Die Verwendung von Medikamenten zur Behandlung von Zwängen ist so weit verbreitet und so wichtig, dass Kapitel 8 ganz diesem Thema gewidmet ist.

Es folgt das Beispiel eines Patienten, dessen Zwänge im Laufe einer verhaltenstherapeutischen Behandlung deutlich nachließen, nachdem er vorher bereits durch Medikamente gewisse Fortschritte gemacht hatte.

Herr J. litt unter großen Ängsten vor Verseuchung durch Glaswolle und Benzin. Als ich ihm das erste Mal begegnete, nahm er bereits seit zwei Jahren Fluvoxamin und seine zwanghaften Gedanken hatten etwas abgenommen; allerdings vermied er nach wie vor die meisten Situationen, in denen er mit den gefürchteten Substanzen in Berührung kommen konnte: Er ging nicht auf den Dachboden, tankte seinen Wagen nicht selbst, trug keine Kleidung, die möglicherweise «verseucht» war, und vermied es, seine Kinder zu berühren, wenn er das Gefühl hatte, mit gefährlichen Substanzen in Berührung gekommen zu sein. Herr J. war sehr motiviert, verhaltenstherapeutisch zu arbeiten, aber weil er drei Stunden von unserem Zentrum entfernt wohnte, sah ich ihn nur einmal im Monat und er führte die Konfrontationsübungen zu Hause mit Unterstützung seiner Frau durch. Nach nur fünf Behandlungsterminen hatte er große Fortschritte gemacht und vermied nun keine oder fast keine Situationen mehr. Auch im darauf folgenden Jahr machte er weitere Fortschritte.

Die meisten Verhaltenstherapeuten und Psychiater sehen heute in einer Kombination aus Verhaltenstherapie und Medikamenten einen effektiven Ansatz zur Behandlung vieler Patienten – Erwachsener, Kinder und Jugendlicher – mit mittelschweren bis schweren Zwangssymptomen. Ich versichere meinen Patienten immer, dass die Einnahme antidepressiver oder angstlösender Medikamente sich nicht nachteilig auf ihre verhaltenstherapeutische Behandlung auswirken wird, sondern dass diese Medikamente, sofern sie überhaupt einen Einfluss auf den Verlauf der Verhaltenstherapie haben, ihnen höchstens helfen werden, schneller und besser voranzukommen.

Unseren Erfahrungen zufolge kommen Patienten mit nicht besonders schweren Wasch- und Kontrollzwängen auch mit Verhaltenstherapie allein sehr gut zurecht. Einer unser Patienten hatte beispielsweise zwanghafte Ängste vor Aids und vermied deshalb viele Situationen. Er hat es geschafft, seine Angst allein mit Verhaltenstherapie in den Griff zu bekommen und den erzielten Erfolg mittlerweile mehr als ein Jahr zu halten. Im Allgemeinen gilt aber, dass Sie, wenn Sie mehr als vier Stunden am Tag Zwangshandlungen ausführen oder unter schweren Depressionen oder großen Ängsten leiden, wohl von einer medikamentösen Behandlung zusätzlich zu einer Verhaltenstherapie sehr profitieren können.

Andere Formen der Behandlung der Zwangsstörung

Traditionelle Psychotherapie

Die meisten Menschen denken bei dem Wort «Psychotherapie» zuerst an traditionelle Ansätze (auch bekannt als verbale Therapieformen oder Einsichtstherapien). Einer dieser Ansätze ist die klassische Psychoanalyse nach Freud, bei der die Patienten über ihre Kindheitserlebnisse und ihre Träume sprechen. Zwar gewähren uns die traditionellen Psychotherapieformen interessante Einblicke in viele emotionale Probleme, jedoch gibt es bislang keine wissenschaftlichen Studien, die ihre Wirksamkeit bei Zwangsgedanken und Zwangshandlungen belegen würden. Sie richten zwar keine Schäden an, tragen aber wenig zur Abschwächung von Zwangssymptomen bei.[19]

Da die Zwänge so große Macht über die Betroffenen haben, sind sich heute die meisten Therapeuten einig, dass die Behandlung direkt darauf gerichtet sein muss, die zwanghaften Gedanken und Handlungen zu verändern. Bloß über die Symptome und ihre Geschichte zu reden ändert diese anscheinend nicht. In unserer Einrichtung sehen wir in einer traditionellen Psychotherapie keine wirksame Behandlung der Zwangsstörung. Erst *nachdem* unsere Patienten ihre Zwangsgedanken und Zwangshandlungen unter Kontrolle haben, überweisen wir sie manchmal wegen anderer Probleme an traditionell arbeitende Psychotherapeuten.

Die Theorien Freuds lehren uns, dass Menschen manchmal Rituale ausführen, ohne sich der Gründe ihres Tuns bewusst zu sein. Die von ihm entwickelte Methode erwies sich jedoch nicht als effektiv in der Behandlung von Zwangssymptomen. Und mindestens einmal in der Woche kommt ein neuer Patient zu uns, dessen Zwangssymptomatik sich trotz vieler Jahre intensiver psychoanalytischer Behandlung nicht gebessert, sondern sogar noch verschlimmert hat.

Als es noch keine anderen effektiven Behandlungsmöglichkeiten der Zwangsstörung gab – bis spät in die sechziger Jahre hinein –, war die Psychoanalyse die am häufigsten gewählte Therapieform. Damals hieß die Zwangsstörung noch Zwangs*neurose* und galt als die neurotische Störung mit der schlechtesten Prognose – mit anderen Worten: Sie war nicht behandelbar. Dank der Entwicklung hochwirksamer verhaltenstherapeutischer und medikamentöser Behandlungsmethoden haben sich die Aussichten von Zwangspatienten im Verlaufe der letzten 20 bis 30 Jahre jedoch zum Glück deutlich verbessert.

Elektrokrampftherapie

Die Elektrokrampftherapie wird seit langem schon in der Behandlung schwerer Depressionen angewandt. Patienten, die in ihrem Alltagsleben nicht zurechtkommen oder selbstmordgefährdet sind und bei denen Anti-

---

19 Demgegenüber kann dieser Ansatz hilfreich in der Behandlung der Zwanghaften Persönlichkeitsstörung sein, die in Kapitel 1 beschrieben worden ist (siehe dazu Jenike, «Psychotherapy of Obsessive-Compulsive Disorder», in Jenike et al., *Obsessive-Compulsive Disorders: Practical Management,* 3rd ed., 1998).

depressiva oder andere Behandlungsmethoden nicht anschlagen, erhalten oft schmerzlose elektrische Schocks im Schläfenbereich. Diese Behandlung wird mehrere Male an verschiedenen Tagen wiederholt, bis die Depression nachlässt.

Obwohl diese Behandlungsform etwas beängstigend klingt, ist sie sicher, und ihre einzigen Nebenwirkungen bestehen in einem Verlust von Erinnerungen an Dinge, die sich direkt vor der Durchführung der Therapie ereignet haben. Dieser Gedächtnisverlust ist jedoch nur vorübergehend. Nach und nach kehren die Erinnerungen zurück – und vor allem hat diese Therapie schon vielen Patienten mit schweren Depressionen, die sich andernfalls vielleicht umgebracht hätten, geholfen, in ihr normales Leben zurückzufinden.

Weil die Behandlung mit Elektroschocks ein wirksames Mittel bei schweren Depressionen ist, haben viele Psychiater versucht, auch hartnäckige Zwangssymptome mit Elektroschocks zu behandeln. Einige Einzelfallstudien berichten auch von erfolgreichen Elektrokrampftherapien bei Zwangspatienten, jedoch stellte sich in der großen Mehrheit der Forschungsarbeiten zu diesem Thema heraus, dass Elektroschocks im Allgemeinen keine effektive Behandlungsmethode der Zwangsstörung sind.[20] Wir haben in unserem Zentrum Dutzende von Patienten gesehen, die, obgleich sie zwischen fünf- und hundertmal mit Elektroschocks behandelt worden waren, keine Besserung ihrer Symptome erfahren hatten. Der Erfolg der Elektrokrampftherapie bei einer kleinen Zahl von Zwangspatienten ist wahrscheinlich darauf zurückzuführen, dass die Schocks eine Linderung der Depressionen bewirken, die oft mit Zwangsgedanken und -handlungen einhergehen.

Cingulotomie

Das Cingulum ist ein aus Nervenfasern bestehender Teil des Gehirns, der die Bereiche des Gehirns miteinander verbindet, die für Gefühle und Handlungen zuständig sind. Seit Anfang der 50er Jahre haben Hirnchirurgen die Erfahrung gemacht, dass Zwangssymptome durch kleine Ein-

---

20 Jenike, «Somatic Treatments», in Jenike et al., *Obsessive-Compulsive Disorders,* 1st ed., 1986.

schnitte in das Cingulum – durch eine Cingulotomie[21] – abgeschwächt werden können.[22]

Um zu einer Einschätzung des Wertes dieser Operationen zu kommen, untersuchten wir gemeinsam mit Thomas Ballantine und Robert Martuza, zwei Neurochirurgen vom Massachusetts General Hospital, welche Resultate bei den wenigen Patienten des General Hospital mit einer sehr schweren Zwangsstörung erzielt wurden, bei denen eine Cingulotomie durchgeführt wurde. Wir stellten fest, dass die Operation bei einem Großteil dieser schwer betroffenen Patienten, denen durch andere Methoden nicht geholfen werden konnte, zu Besserungen geführt hat.[23] In der Folge erhoben wir in Zusammenarbeit mit dem inzwischen verstorbenen Dr. Ballantine, mit Dr. Martuza sowie in jüngster Zeit mit Dr. Rees Cosgrove genaue Daten zur Krankengeschichte aller Zwangspatienten, bei denen eine Cingulotomie-Operatione durchgeführt wurde, nachdem alle anderen Behandlungsversuche gescheitert waren. Wir untersuchten diese Patienten zunächst, bevor sie sich dem Eingriff unterzogen: Erstens, um sicherzustellen, dass sie tatsächlich an einer Zwangsstörung litten; zweitens, um sicherzustellen, dass sie auch wirklich angemessen behandelt worden waren, und zwar sowohl verhaltenstherapeutisch als auch medikamentös; und drittens, um uns ein genaues Bild vom Typ und vom Schweregrad ihrer Symptomatik vor der Operation zu machen. Nach dem Eingriff führten wir weiterhin ungefähr zweimal im Jahr Nachfolgeuntersuchungen bei den 18 Patienten durch und erkundigten uns eingehend – entweder telefonisch oder im persönlichen Gespräch – nach ihrem Wohlergehen, um mögliche Veränderungen in Bezug auf die Symptomatik oder die Lebensqualität festzustellen. Auch dieses Mal konnten wir feststellen, dass die am General Hospital in Massachusetts durchgeführten Cingulotomien bei einem Viertel bis der Hälfte der Patien-

21 Die Cingulotomie ist nicht die einzige Form von Hirnchirurgie, die bei Patienten mit einer Zwangsstörung bisher zur Anwendung gekommen ist. Auch an anderen Teilen des Gehirns dieser Patienten sind Eingriffe vorgenommen worden. Das hier Gesagte trifft auch auf diese Operationen – z. B. Capsulotomien – zu. Zusammengenommen bezeichnet man diese Operationen auch als *limbic system surgery* (Chirurgie des Limbischen Systems).

22 Jenike et al., «Neurosurgical Treatment of Obsessive-Compulsive Disorder», in Jenike et al., *Obsessive-Compulsive Disorders,* 3rd ed., 1998.

23 Jenike, «Somatic Treatments», 1986.

ten zu deutlichen Verbesserungen geführt hatten, ohne dass es zu irgendwelchen ernsten Nebenwirkungen gekommen wäre.[24]

Es ist nicht verwunderlich, dass die meisten Leute vor jeder Art von Hirnchirurgie zurückschrecken. Viele haben noch Bilder von Patienten vor Augen, bei denen in den 50er Jahren eine Lobotomie durchgeführt worden war. Diese Patienten waren durch die Operationen oft emotions- und willenlos geworden und diese Folgen wurden in Berichten über Einzelschicksale der Öffentlichkeit bekannt gemacht.

Heutzutage wird bei den Cingulotomie-Eingriffen mit computergesteuerten Apparaten gearbeitet und es werden nur kleinste Nervenfaserbündel durchtrennt. Dadurch führen diese Operationen, wie wir in genauen Untersuchungen vieler Patienten feststellen konnten, nicht zu Veränderungen der Persönlichkeit des Operierten. Bei einigen Patienten kommt es nach dem Eingriff zu behandelbaren epileptischen Anfällen und nur selten zu ernsteren Komplikationen.

Natürlich ist jeder chirurgische Eingriff mit einem gewissen Risiko verbunden und die Cingulotomie wird immer nur ein letzter Ausweg sein, wenn keine andere Behandlung hilft. Jeder Patient sollte es zuerst mit Verhaltenstherapie und allen verfügbaren Medikamenten versuchen, ehe er die Möglichkeit einer Gehirnoperation auch nur in Erwägung zieht. Wenn jedoch alle Behandlungsmethoden ausprobiert wurden und versagt haben und der Betroffene durch seine Zwänge praktisch völlig lahm gelegt ist, sollte er ein Gespräch mit einem Arzt über die Möglichkeit einer Cingulotomie nicht scheuen.

Der folgende Fall ist ein Beispiel für eine erfolgreich durchgeführte Cingulotomie-Operation.

Herr J. hatte in den zurückliegenden fünf Jahren seines Lebens ununterbrochen unter Zwangsgedanken jeglicher Art gelitten. Gedanken und Vorstellungen mit gewalttätigem oder sexuellem Inhalt, Zahlenketten, Versuche, sich Namen und Telefonnummern zu merken – all dies kreiste gleichzeitig in seinem Kopf herum und ließ ihm keine Ruhe. Aufgrund seiner aufdringlichen, unerbittlichen Gedanken war er arbeitsunfähig und oft nicht einmal in der Lage, ein Gespräch zu führen. Er äußerte mir gegenüber, dass

---

24 Baer, L., Rauch, S. L., Ballantine, H. T., Martuza, R., Cosgrove, R., Cassem, E., Manzo, P. A., Dimino, C., Jenike, M. A., «Cingulotomy for Intractable Obsessive-Compulsive Disorder: Prospective Long-term Follow-up of 18 Patients». *Archives of General Psychiatry,* 1995; 52(5): 384-392.

er an einen Punkt gelangt sei, an dem er ernsthaft in Erwägung ziehe, sich das Leben zu nehmen. Seine Zwangsstörung bestand ausschließlich aus Zwangsgedanken, Zwangshandlungen führte er nicht aus.

Herr J. hatte einen weiten Weg zurückgelegt, um nach Massachusetts zu kommen und sich in unserer Klinik untersuchen zu lassen. Das Ziel dieser Untersuchung bestand darin, festzustellen, ob bei ihm eine Cingulotomie die richtige Behandlung sei. Jeder Cingulotomie, die an unserem Krankenhaus durchgeführt wird, muss ein Ausschuss von mehreren Ärzten zustimmen, der zu dem Entschluss kommen muss, dass die Operation angemessen ist und gute Aussichten auf Erfolg hat.

In meinem Gespräch mit Herrn J. verfolgte ich zwei Absichten: Zum einen musste ich Sicherheit darüber erlangen, dass er wirklich eine Zwangsstörung hatte. Dies war nicht schwierig: Herr J. hatte die schlimmste Zwangsstörung ohne Zwangshandlungen, die mir je begegnet ist, und die Inhalte seiner Zwangsgedanken und -vorstellungen waren typisch für Zwangspatienten. Zum zweiten musste ich mich davon überzeugen, dass er bereits alle angemessenen Behandlungsmethoden ausprobiert hatte. Ich sah seine Krankenunterlagen durch und stellte fest, dass sein Arzt es mit allen Medikamenten versucht hatte, die bei Zwängen als erfolgversprechend gelten, dass jedoch keines davon zu irgendeiner Besserung geführt hatte. Ich konnte sehen, dass er jedes Medikament lang genug und in ausreichender Dosis erhalten hatte. Auch einige Behandlungen mit Elektrokrampftherapie hatten seine Zwangsgedanken nicht beeinflussen können. Herr J. war zwar nie von einem Therapeuten mit Verhaltenstherapie behandelt worden, hatte aber eine Selbstbehandlung versucht. Dabei war es ihm aber absolut nicht gelungen, seine Gedanken in den Griff zu bekommen oder sich abzulenken. Ich wusste, dass Verhaltenstherapie bei Zwangspatienten ohne Zwangshandlungen die geringsten Erfolgsaussichten hat, vor allem nicht bei jemandem, der so stark unter Zwangsgedanken leidet wie Herr J.

Ich teilte dem Cingulotomie-Ausschuss mit, dass Herr J. wirklich eine Zwangsstörung habe und dass alle Standardbehandlungen außer Cingulotomie bei ihm ohne Erfolg zur Anwendung gekommen waren. Am nächsten Tag gab der Ausschuss grünes Licht für den Eingriff und zwei Tage später wurde Herr J. operiert. Die Operation verlief glatt und schon nach zwei Tagen war Herr J. wieder auf den Beinen, ohne über irgendwelche Nebenwirkungen zu klagen.

Als ich Herrn J. neulich einmal anrief, um zu hören, wie es ihm in den sechs Monaten seit der Operation ergangen war, schien er wie ausgewechselt. Er sagte mir, dass seine Gedanken etwa zwei Monate nach der Operation begonnen hatten zu verschwinden. In den vergangen drei Monaten hatte er überhaupt keine Zwangsgedanken gehabt und auch seine depressiven Verstimmungen waren wie weggeblasen. «Es ist wie ein Wunder», fuhr er fort, «ich kann wieder arbeiten und mein Leben genießen. Ich hoffe nur, dass die Gedanken nie mehr zurückkommen.» Weder Herr J. selbst noch seine Angehörigen oder Freunde bemerkten irgendwelche negativen Veränderungen seiner Persönlichkeit, alle waren der Meinung, dass er wieder zu seinem alten Selbst zurückgefunden hatte.

Bei den meisten Patienten dauert es länger als bei Herrn J., bis eine Wirkung eintritt. Und die meisten müssen sich zwei oder drei Cingulotomieoperationen unterziehen, ehe sich ein Erfolg einstellt. Der Fall von Herrn J. zeigt jedoch auf eindrucksvolle Weise, welche durchschlagende Wirkung eine Cingulotomie haben kann, wenn alle anderen Behandlungsformen versagt haben.

Grundsätze der Verhaltenstherapie

Sie wissen jetzt, dass Verhaltenstherapie die einzige bewährte Methode zur Behandlung von starken Zwängen ist, die keine Nebenwirkungen hat. Sie ist auch die einzige Methode, die Sie in Eigenregie anwenden können. Der größte Teil dieses Buches widmet sich der Beschreibung des verhaltenstherapeutischen Vorgehens. In Kapitel 8 wird darauf eingegangen, wie sich Medikamente sinnvoll zur Ergänzung einer verhaltenstherapeutischen Behandlung einsetzen lassen.

Wir wollen uns nun mit den Grundsätzen der Verhaltenstherapie befassen. Die konkrete Umsetzung dieser Grundsätze zur Beeinflussung von Zwangsgedanken und Zwangshandlungen unterscheidet sich nicht unerheblich von Fall zu Fall; um diese Unterschiede geht es in Kapitel 5. Im Augenblick wollen wir uns aber auf diejenigen Prinzipien konzentrieren, die der Behandlung *aller* Zwangssymptome zugrunde liegen.

Sie können Ihr Verhalten kontrollieren – nicht aber Ihre Impulse oder Gedanken

Wir wollen es klar definieren: Ein Verhalten ist eine Handlung, die ein anderer Mensch an Ihnen beobachten kann. Einen Herdschalter herumzudrehen ist ein Verhalten. Einen Wasserhahn zu berühren ist ein Verhalten. Impulse und Gedanken werden dagegen nur von der Person erlebt, die sie hat. Das Gefühl, sich die Hände waschen zu müssen, ist ein Impuls (ein Drang, ein Bedürfnis). Die Sorge, Ihre Hände könnten voller Krankheitserreger sein, ist ein Gedanke. Gedanken und Gefühle können zwar sehr deutlich spürbar sein und viele sehen in ihnen ein faszinierendes Gesprächsthema, man kann sie aber nicht direkt kontrollieren. Wir versuchen es zwar – und durch Übung können wir unseren Einfluss auf sie vergrößern –, aber es gibt niemanden, der seine Gefühle und Gedanken immer unter Kontrolle hat.

Sich diesen Punkt klar zu machen bedeutet für viele meiner Patienten schon eine große Erleichterung. Endlich erkennen sie, dass sie – oft jahrelang – vergeblich darum gekämpft haben, etwas in den Griff zu bekommen, was einfach nicht in den Griff zu bekommen ist. Sobald sie erfahren, dass sie einzig und allein für die Kontrolle ihres *Verhaltens* verantwortlich sind, ist eine große Last von ihren Schultern genommen. Sie müssen sich nicht mehr als Versager fühlen, wenn es ihnen nicht gelingt, ihre zwanghaften Gedanken und Impulse unter Kontrolle zu bekommen. Sie müssen allein die Verantwortung dafür übernehmen, eine zwanghafte Handlung nicht auszuführen oder eine gefürchtete Situation nicht zu vermeiden.

Ich erkläre meinen Patienten, dass, wenn ich ihnen die Aufgabe mit nach Hause gebe, die Herdplatte nur einmal abzustellen, ohne zurückzugehen und sie zu kontrollieren, die Aufgabe aus nichts anderem besteht. Die Aufgabe gilt dann als erfolgreich erledigt, wenn der Patient den Herd nur einmal und ohne sich später noch mal zu vergewissern abgestellt hat, unabhängig von den Gefühlen oder Gedanken, die er dabei hatte. Ich gebe meinen Patienten nicht auf, ihre Gefühle, Gedanken oder Impulse während der Übung zu kontrollieren – wie könnte ich? Sie werden in einem gewissen Ausmaß zwanghafte Gedanken und unangenehme Gefühle haben, ob Sie dagegen angehen oder nicht. Aber wenn es Ihnen nur gelingt, Ihr Verhalten unter Kontrolle zu bekommen, haben Sie bereits viel erreicht. Und wenn Sie diesen Prozess wiederholen und Ihr Verhalten nach und nach immer besser in den Griff bekommen, werden schließlich auch Ihre unerwünschten Impulse und Gedanken zurückgehen.

Die folgenden Aussagen drücken das Prinzip, um das es geht, noch einmal in prägnanter Form aus. Vielleicht möchten Sie sie sich auf eine Karteikarte schreiben, auf die Sie immer zurückgreifen können, wenn Sie Ihre Übungen machen. Wenn Sie diese Aussagen im Hinterkopf behalten, können Sie sich viele Frustrationen und Enttäuschungen ersparen.

1. Man kann nicht immer seine Gedanken unter Kontrolle haben.
2. Man kann nicht immer seine Gefühle unter Kontrolle haben.
3. Aber man kann immer sein Verhalten unter Kontrolle haben.
4. Wenn man sein Verhalten verändert, werden sich auch die Gedanken und Gefühle verändern.

Sie können Ihrem Drang zu einer Zwangshandlung widerstehen – Sie haben nur das Gefühl, es nicht zu können

Obwohl der Drang zur Ausführung einer Zwangshandlung sehr stark sein kann, habe ich noch keinen Patienten gesehen, der diesem Drang nicht widerstehen konnte – vorausgesetzt, er war motiviert und wurde ausreichend unterstützt und ermutigt.[25] Wir können immer unser Verhalten kontrollieren, und wenn wir – im Extremfall – unsere Hände zusammenbinden oder uns auf sie setzen müssten, um uns davon abzuhalten, ein Türschloss zu überprüfen oder uns zu waschen. Wenn Patienten sagen, Sie könnten ihrem Drang nicht widerstehen, meinen sie damit meist eher: «Ich bin nicht bereit, mich dem Stress auszusetzen, den es für mich bedeutet, die Handlung zu unterlassen» oder «Ich will die Ängste nicht haben, die geweckt werden, wenn ich meinem Impuls nicht nachgebe.»

Allein sich dies bewusst zu machen bedeutet manchmal schon eine Offenbarung für meine Patienten. Zuerst sagen sie oft Dinge wie: «Ich *muss* das Schloss kontrollieren» oder «Ich *muss* mir die Hände waschen.» Ich verbessere sie dann sofort und bringe sie dazu, sich genauer auszudrücken: «Ich *habe das Gefühl*, das Schloss kontrollieren zu müssen» und «Ich *habe das Gefühl,* mir die Hände waschen zu müssen.» Haben Patienten sich die-

---

25 Sollten Sie – auch wenn Sie sich noch so sehr bemühen – es einfach nicht schaffen, Ihrem Drang zu widerstehen, könnte es sich bei Ihren Symptomen eher um Tics als um Zwänge handeln. In diesem Fall hilft Ihnen vielleicht ein in Kapitel 7 beschriebenes Vorgehen (das so genannte *habit reversal* oder systematische Abgewöhnen).

sen Unterschied einmal klar gemacht, begreifen sie auch, dass sie ihr Verhalten immer in den Griff bekommen können, vorausgesetzt, sie geben sich genug Mühe und bekommen die Unterstützung, die sie benötigen.

Probieren Sie es selbst aus. Beobachten Sie einmal, wie oft am Tag Sie sagen: «Das kann ich nicht.» Und überlegen Sie, wie oft Sie wirklich meinen, was Sie da sagen. Häufig meinen wir eigentlich etwas anderes, wenn wir sagen: «Das kann ich nicht», aber da wir dazu tendieren, selbst zu glauben, was wir uns und anderen sagen, ist es wichtig, sich genau auszudrücken. Versuchen Sie, das nächste Mal, wenn Sie sagen wollen: «Das kann ich nicht», etwas Zutreffenderes zu finden – z. B.: «Es wäre für mich sehr unangenehm, wenn ich das jetzt tun würde.»

Zwangsgedanken, Impulse und Zwangshandlungen lassen nicht gleichzeitig nach

Nur unser Verhalten können wir direkt unter Kontrolle bringen und wenn uns dies gelingt, verändern sich auch unsere Gedanken und Gefühle – so viel wissen wir nun. Aber verändern sich unsere Gedanken und Gefühle gleichzeitig mit unserem Verhalten? Wahrscheinlich nicht. Wie die Grafik zeigt, verändern sich normalerweise zuerst unsere Verhaltensweisen, dann unsere Gefühle und dann unsere Gedanken.

Typische Veränderungen von Zwängen in der Verhaltenstherapie

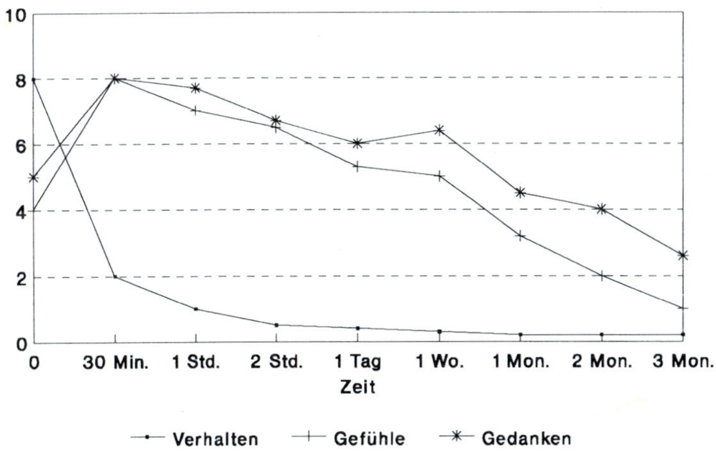

Vielleicht möchten Sie diese Grafik fotokopieren und als Erinnerungsstütze zur Hand nehmen, wenn Sie Ihre Übungen machen. Meiner Meinung nach zeigt diese Grafik deutlich, warum so wenige Betroffene in der Lage sind, ihre Zwangsstörung ohne Anleitung von außen in den Griff zu bekommen. Zu Beginn der Behandlung werden Sie vermutlich eine Zunahme Ihrer unerwünschten Impulse und Gedanken erleben, da Sie sich Situationen aussetzen, die Sie bislang vermieden haben, und keine Rituale mehr ausführen, um die Gedanken und Gefühle zu verringern. Manche Patienten erleben, auch nachdem sie mehrere Tage lang gegen ihren Drang zur Ausführung von Zwangshandlungen angekämpft haben, keinerlei Rückgang ihrer Gedanken und Gefühle und geben deshalb vorzeitig auf.

Über die Gründe für diese unterschiedliche Veränderungsschnelligkeit von Verhalten, Fühlen und Denken können wir nur Vermutungen anstellen, wahrscheinlich hat dieser Unterschied etwas mit der Evolution zu tun. Es war immer wichtig für die menschliche Art, flexibel auf Veränderungen in der Umgebung reagieren zu können und sich rasch neue Verhaltensweisen anzueignen, wenn dies erforderlich war. Unsere Gefühle sind dagegen resistenter gegenüber Veränderungen, was wahrscheinlich eine Sicherheitsfunktion für das Überleben der Art hat. Negative Gefühle, die Gefahr signalisieren, verändern sich sehr langsam und nur, wenn wir sehr sicher sind, dass die Situation uns nichts anhaben kann. Wenn wir beispielsweise etwas essen, was uns nicht bekommt, können wir gegen das betreffende Nahrungsmittel noch wochen- oder gar jahrelang eine Abneigung empfinden; schon sein Anblick oder nur der Gedanke daran kann in uns Gefühle der Übelkeit oder des Ekels hervorrufen, die erst nach und nach dadurch verschwinden, dass wir dieses Nahrungsmittel wiederholt zu uns nehmen, und die Erfahrung machen, dass wir es gut vertragen. Die Geschwindigkeit, mit der sich unsere Gedanken verändern, lässt sich nur schwer vorhersagen und wir wissen noch nicht, nach welchen Gesetzen sich dies vollzieht. Oft stehen unsere Gedanken unter dem Einfluss negativer Gefühle, so dass sie sofort, wenn unsere Gefühle eine Gefahr signalisieren, beginnen, einen Plan zu entwerfen, mit dem wir dieser Gefahr begegnen können. Wenn wir beispielsweise das Gefühl haben, Krankheitserreger an uns zu haben, konzentrieren sich unsere Gedanken auf Möglichkeiten, diese loszuwerden und zukünftigen Ansteckungen aus dem Weg zu gehen.

Diese Erklärung mit Hilfe der Evolution ist zwar einleuchtend, aber nicht zu beweisen; auf alle Fälle bleibt uns nichts anderes übrig, als zu akzeptieren, dass sich unsere Verhaltensweisen, unsere Gefühle und unsere Gedanken unterschiedlich schnell verändern. Lassen Sie sich nicht entmutigen, wenn Sie nach tagelanger harter Arbeit an Ihren Symptomen immer noch intensive zwanghafte Gefühle und Gedanken haben. Dies ist der Normalfall. Halten Sie durch und fahren Sie mit Ihren Übungen fort, dann sollten Sie bald erleben, dass auch Ihre belastenden Gefühle und Gedanken nachlasen.

Sie können Ihre Angst aushalten

Wie Sie der obigen Grafik entnehmen können, ist die schlechte Nachricht, dass Ihre Angst wahrscheinlich erst einmal zunehmen wird, wenn Sie zum ersten Mal versuchen, Ihrem Drang zur Ausführung einer Zwangshandlung nicht nachzugehen (also eine Übung mit Reaktionsverhinderung machen). Wenn Sie akzeptieren können, dass das Erleben einer gewissen Angst zur Verhaltenstherapie dazugehört, und wenn Sie es schaffen, diese Angst auszuhalten, bis sie schließlich verschwindet, können Sie Ihre Probleme in den Griff bekommen.

Die gute Nachricht ist, dass die Angst, die Sie in einer Übungssitzung verspüren werden, wahrscheinlich viel geringer ist, als Sie es befürchten. Seien Sie sich im Klaren darüber, dass diese Angst bei Ihnen in keiner Weise Schaden anrichten wird. Von den meisten Patienten höre ich, dass die Angst, die sie haben, *bevor* sie eine Übung machen oder wenn sie nur an eine Übung *denken*, viel größer ist als die Angst bei der Reizkonfrontation selbst.

In Kapitel 5 werden Sie mit einigen speziellen Methoden vertraut gemacht, die Ihnen den Umgang mit der Angst erleichtern können. Jetzt ist es erst einmal wichtig, dass Sie sich klar machen, was die Grafik aussagt, denn diese Aussage kann Ihnen Mut machen. Sie sagt, dass Ihre Angst zwar erst einmal zunehmen wird, dass dieser Zustand aber ein vorübergehender ist. Wenn Sie Ihrem Drang zur Ausführung von Zwangshandlungen lang und oft genug widerstehen, wird Ihre Angst früher oder später zurückgehen. Dies ist ein natürlicher Prozess, der ganz von allein abläuft.

Meinen Erfahrungen zufolge lässt sich aus dem Ausmaß an Angst, das ein Patient während der ersten Übungssitzung verspürt, relativ gut vorhersagen, wie viel Angst er bei den restlichen Sitzungen empfinden wird. Eine Frau hatte beispielsweise in der allerersten Sitzung bereits sehr wenig Angst und dieses niedrige Angstniveau hielt sich auch im Verlaufe der weiteren Therapie. Ein Mann, den ich in Behandlung hatte, berichtete, in all seinen Übungssitzungen sei die Angst am Anfang stark angestiegen und habe schnell ein hohes Niveau erreicht, sei dann aber auch schnell wieder zurückgegangen und nach etwa einer Minute bereits relativ erträglich gewesen. Im Verlaufe der folgenden 15 Minuten habe sie dann kontinuierlich weiter abgenommen. Jeder Patient hat anscheinend einen eigenen typischen Angstverlauf bei Konfrontationsübungen; versuchen Sie, den für *Sie* typischen Verlauf festzustellen, wenn Sie mit der Verhaltenstherapie beginnen.

Entsprechend sagt der Erfolg, den Sie in den ersten Übungssitzungen erzielen, auch in etwa vorher, wie große Fortschritte Sie insgesamt machen werden. Wer schon bei den ersten Konfrontationsübungen ein gutes Stück vorwärts kommt, der wird wahrscheinlich auch insgesamt einen guten Therapieerfolg erzielen – noch ein Grund, gerade am Anfang besonders hart zu arbeiten.

Die Unterstützung durch einen Helfer kann entscheidend sein

Meine Patienten haben meist keine Probleme damit, das Grundprinzip der Reizkonfrontation mit Reaktionsverhinderung zu *verstehen*, aber oft fällt es ihnen anfangs sehr schwer, es auch *umzusetzen*. Wer selbst keine Zwangsstörung hat, kann sich kaum ein Bild davon machen, wie quälend die Impulse, Gedanken und Unsicherheiten für einen Betroffenen sein können. Und genau diese sind es, die es einem Zwangspatienten oft so schwer machen, sich an die einfachen verhaltenstherapeutischen Regeln zu halten.

Die Unterstützung durch einen Freund oder Angehörigen kann ausschlaggebend für den Erfolg oder Misserfolg der Therapie sein. Ich bin mittlerweile so sehr von der Bedeutung eines Helfers überzeugt, dass ich allen meinen Patienten in der ersten Sitzung sage, ihre Aussichten auf Erfolg seien sehr viel besser, wenn sie außerhalb des Behandlungszentrums jemanden haben, mit dem sie gemeinsam arbeiten können. Ich erkläre ihnen, ich würde zwar glauben, dass sie sich auch dann große Mühe geben werden, wenn sie allein ihre Übungen machen, wisse aber, dass ihre Enttäuschung und Frustration so groß werden kann, wenn sie mit ihren Zwängen allein sind, dass sie das, was sie sich selbst und mir versprochen haben, vielleicht nicht einhalten können.

Die Frau aus der folgenden Falldarstellung schaffte es mit Unterstützung ihres Mannes und ihrer Eltern, ihre Zwangsgedanken und Zwangshandlungen in den Griff zu bekommen. Sie kam gemeinsam mit den genannten Familienmitgliedern zu mir und ich erklärte ihnen die Prinzipien und Vorgehensweisen der Verhaltenstherapie.

Mit dem Baby in ihr wuchs auch Frau A.s Angst vor Bazillen und Keimen. Ständig hatte sie die Ermahnung der Geburtshelferin im Ohr, während und nach der Schwangerschaft stets auf saubere Hände zu achten; aufgrund ihrer Zwangsstörung übertrieb sie es stark mit der Befolgung dieses häufig gegebenen Hinweises. Ihre Ängste weiteten sich schnell auf verschiedene Dinge in ihrer Umgebung aus und betrafen schließlich das ganze Haus. Aus Angst, mit irgendwelchen Krankheitserregern in Berührung zu kommen und dem ungeborenen Baby Schaden zuzufügen, konnte sie im Haus nichts mehr essen und viele Dinge nicht mehr berühren. Obwohl sie wusste, dass ihre Befürchtungen übertrieben waren, schrubbte sie sich jedes Mal die Hände, sobald sie glaubte, sich verseucht zu haben. Ihre Zwangssymptome ließen Frau A. im achten Monat der Schwangerschaft befürchten, nach der Geburt des Babys nicht in der Lage zu sein, für dieses zu sorgen.

Ich behandelte Frau A. ausschließlich mit Verhaltenstherapie, da sie wegen der Schwangerschaft keine Medikamente nehmen konnte. In den Sitzungen in meinem Büro war sie mit großem Eifer dabei und auch zwischen den Sitzungen machte sie – mit Unterstützung ihrer Helfer – die erforderlichen Übungen. Nach und nach setzte sie sich den Dingen aus, vor denen sie sich fürchtete (z. B. Kleidungsstücken, Schuhen, Schränken und Schubladen), ohne sich danach gleich die Hände zu waschen. Schon in den ersten beiden Wochen der Behandlung ließen ihre Ängste deutlich nach und bald war sie wieder in der Lage, zu Hause zu essen, die Wäsche zu waschen und Dinge anzufassen, deren Berührung sie vorher vermieden hatte. Ihre Sorge, sie könne ihr ungeborenes Kind infizieren, verlor sich nach und nach und war zum Schluss nur noch leicht über dem Niveau, das bei Schwangeren normal ist.

Das Beispiel von Frau A. zeigt, dass man, wenn man hart arbeitet und von anderen unterstützt wird, auch schwere Zwangssymptome relativ schnell in den Griff bekommen kann. Den größten Teil der Übungen hat Frau A. mit Hilfe ihrer Angehörigen und ohne mich absolviert. Ich habe sie lediglich mit den notwendigen Informationen versorgt und ihr Mut und Hoffnung gemacht.

Übungen in der häuslichen Umgebung besitzten einen hohen Stellenwert innerhalb der verhaltenstherapeutischen Behandlung der Zwangsstörung, da der Zwangspatient in der Regel den größten Teil seiner Rituale zu Hause ausführt. Aus diesem Grund ist es für jemanden, der durch eine Verhaltenstherapie seine Zwänge in den Griff bekommen will, wichtig und möglicherweise ausschlaggebend für Erfolg oder Misserfolg, zu Hause bei Familienangehörigen und Freunden Unterstützung zu finden.[26]

Die Aufgabe von Helfern ist es, Ziele zu setzen, bei der Durchführung der Übungen dabei zu sein und Ihnen Mut zuzusprechen, wenn es eine Durststrecke durchzustehen gilt. Damit übernehmen sie die gleichen Funktionen, die ich hätte, wäre ich Ihr Therapeut; ja, im Grunde können Sie sich Ihren Helfer als eine Art Ersatztherapeuten vorstellen. Sie sollten also bereit sein, seine Unterstützung anzunehmen, ihn um Rat bitten und – das ist die Hauptsache – auf ihn hören, wenn er versucht, Ihnen Mut zu machen; die Verhaltenstherapie ist zwar unkompliziert, aber nicht immer leicht! Die Zusammenarbeit mit einem Helfer trägt dazu bei, sicherzustellen, dass Sie es schaffen, Ihre Zwangsgedanken und Zwangshandlungen unter Kontrolle zu bekommen.

Da zwanghafte Vorstellungen und Handlungen oft sehr persönlicher Natur und Ihnen vielleicht peinlich sind, sollten Sie jemanden als Helfer aussuchen, dem Sie Vertrauen und Achtung entgegenbringen. Und Sie sollten ihm Kapitel 10 zu lesen geben, in dem ich die Rolle des Helfers ausführlich beschreibe.

Eine Reizkonfrontation mit Reaktionsverhinderung sollte mindestens eine Stunde dauern

Wie wir gesehen haben, gehen Ängste und unangenehme Gefühle in Situationen, die den Impuls zur Ausführung einer Zwangshandlung auslösen, bei den einzelnen Patienten mit unterschiedlicher Schnelligkeit zurück. Eine Konfrontationsdauer von ein bis zwei Stunden scheint aber bei den meisten Zwangspatienten die besten Fortschritte zu erzielen.

Wahrscheinlich haben Sie bereits irgendwann einmal versucht, Ihrem Drang zu widerstehen und keine Zwangshandlung auszuführen. Als Sie

---

[26] Manchmal sagen mir Patienten, dass sie besser allein arbeiten und die Übungen lieber ohne einen Helfer durchführen möchten. Ich antworte ihnen, dass Sie – wenn sie sich sicher sind – zunächst eine Woche lang allein mit den in den Kapiteln vier und fünf beschriebenen Übungen zur Reizkonfrontation und Reaktionsverhinderung arbeiten sollten. Wenn sie mir nach Ablauf dieser Zeit sagen, dass sie diese Übungen erfolgreich absolvieren konnten, ohne Situationen zu vermeiden oder Zwangshandlungen auszuführen, sollen sie allein weiterarbeiten. Wenn es ihnen aber schwer fällt, unter diesen Umständen die Übungen korrekt durchzuführen, brauchen sie ab sofort jemanden, der sie dabei unterstützt: einen Helfer.

aber feststellen mussten, dass Ihr Drang und Ihre Angst immer stärker wurden, haben Sie es aufgegeben und Ihr Ritual ausgeführt. Und vielleicht haben Sie die Erfahrung gemacht, dass Ihre Zwänge nach einem solchen Versuch noch zugenommen haben. Wenn Sie dies erlebt haben, haben Sie aus erster Hand erfahren, dass eine zu kurze Reizkonfrontation Ihre Ängste und die Häufigkeit zwanghaften Verhaltens sogar noch steigern kann. Dies funktioniert folgendermaßen: Jedes Mal, wenn Sie sich in einer Situation befinden, die unangenehme Gefühle in Ihnen auslöst, bekommen Sie das starke Bedürfnis, ein bestimmtes Ritual auszuführen, um sich von diesen unangenehmen Gefühlen zu befreien. Normalerweise fühlen Sie sich nach einer ein- oder mehrmaligen Ausführung des Rituals rasch besser. Aber dadurch vermitteln Sie Ihrem Körper gleichzeitig auch, dass die *einzige* Möglichkeit, die unangenehmen Gefühle loszuwerden, darin liegt, das Ritual auszuführen.

Wenn Sie stattdessen Ihrem Drang widerstehen und *lang genug in der Situation bleiben, um zu erleben, dass Ihre Gefühle nachlassen* – wozu in der Regel ein bis zwei Stunden ausreichen – dann vermitteln Sie damit Ihrem Körper, dass er die Ängste und Spannungen auch *ohne* die Ausführung des Rituals loswerden kann. Hierin liegt das ganze Geheimnis der Beherrschung unerwünschter Impulse und Handlungen.

Sie brauchen Geduld

Vergessen Sie zu guter Letzt nicht, dass Ausdauer und Einsicht die wichtigsten Voraussetzungen für einen Erfolg sind. Sie sollten der Verhaltenstherapie eine faire Chance geben und mindesten 20 Stunden in Konfrontationsübungen investieren. Sie können täglich oder zwei- bis dreimal in der Woche eine Übung machen und wenn Sie dabei die Methoden, die Sie in Kapitel 5 kennen lernen werden, anwenden, werden Sie Ihre Symptome wahrscheinlich in den Griff bekommen. Ihre 20 Reizkonfrontationsstunden können Sie innerhalb einer Woche, eines Monats oder eines Jahres absolvieren – der Erfolg ist überraschenderweise immer in etwa der gleiche.

Aber seien Sie darauf vorbereitet, dass es gute *und* schlechte Tage geben wird. Nicht immer wird alles glatt gehen. An einem Morgen wachen Sie vielleicht auf und fühlen sich wunderbar, und am nächsten öffnen Sie die Augen und wissen, es wird ein schwieriger Tag. An manchen Tagen machen Sie große Fortschritte, an anderen scheinen Sie gar nicht vorwärts zu kommen. Lassen Sie sich durch nichts davon abhalten, Ihre Übungen zu machen. Ihr Helfer kann Ihnen dies erleichtern, indem er Sie an das erinnert, was Sie bereits erreicht haben – und er wird Sie davon überzeugen, dass es sich lohnt weiterzumachen. Denken Sie auch daran, dass Menschen, die Erfolg im Leben haben, oft einfach nur nicht aufgeben, wenn andere schon längst die Flinte ins Korn geworfen haben.

In den nächsten Kapiteln werden Sie nicht nur mehr über verhaltenstherapeutische Methoden erfahren, sondern auch etwas darüber, wie diese Methoden auf Ihre speziellen Probleme zugeschnitten werden können.

3. Kapitel

Testen Sie sich selbst

Erkenne dich selbst.

Orakel zu Delphi (gegen 600 v. Chr.)

Die Tests in diesem Kapitel sollen Ihnen dabei behilflich sein, vor Beginn der Behandlung festzustellen, welche Zwangssymptome Sie im Einzelnen haben und wie schwer diese sind. Dieses Wissen wird es Ihnen erleichtern, Ihr Vorgehen effektiv zu planen, und später werden Sie auf dieses Kapitel zurückgreifen können, um die Tests zu wiederholen und einzuschätzen, welche Fortschritte Sie gemacht haben.

Wie Sie durch die Fallbeispiele in Kapitel 2 erfahren haben, ist es wichtig für Sie, sich Klarheit darüber zu verschaffen, inwieweit Sie von der Berechtigung Ihrer zwanghaften Gedanken oder Handlungen überzeugt sind, sowie über das Ausmaß Ihrer Depressivität. Dieses Kapitel enthält Tests zur Einschätzung dieser wichtigen Faktoren. Da Personen mit einer Zwangsstörung oft alle Situationen vermeiden, die ihre zwanghaften Vorstellungen oder Handlungen in Gang setzen – z.B. ihre Wohnung kaum verlassen –, haben sie manchmal relativ niedrige Werte in Tests, die den Schweregrad der Zwangssymptome messen sollen. Deshalb werden Sie auch Tests vorfinden, mit denen Sie feststellen können, wie viele Situationen Sie vermeiden.

Nach erfolgter Beantwortung der Testfragen werten Sie die Resultate aus. Danach werden Sie so weit sein, die Ziele bestimmen zu können, die Sie persönlich mit Ihrer Verhaltenstherapie erreichen wollen.

Da Sie die Tests mehrere Male machen werden, um Ihre Fortschritte zu erfassen, ist es ratsam, nicht direkt in das Buch zu schreiben. Benutzen Sie entweder ein separates Blatt Papier oder kopieren Sie sich die entsprechenden Seiten (alle Tests finden Sie noch einmal im Anhang des Buches).

Art der Zwangssymptome

Zuallererst müssen Sie sich darüber bewusst werden, welche Zwangssymptome Sie genau haben. Dazu werden Sie sich der Symptomliste der *Yale Brown Obsessive-Compulsive Scale (YBOCS)* bedienen, die von Wayne Goodman, Steven Rasmussen und ihren Mitarbeitern entwickelt wurde. Zwar war dieser Fragebogen ursprünglich für die Anwendung durch einen Arzt gedacht, ich habe jedoch mit der Zustimmung Goodmans und Rasmussens einige Veränderungen vorgenommen, so dass Sie die Ihnen vorliegende Fassung auch allein ausfüllen können. Indem Sie dies tun, werden Sie sich einige wichtige Erkenntnisse verschaffen, auf die Sie bei der Planung Ihres Übungsprogramms und der Überprüfung der Fortschritte, die Sie machen werden, zurückgreifen können.

Gehen Sie die Symptomliste, die alle bekannten Symptome der Zwangsstörung enthält, durch und kreuzen Sie alle Symptome an, die Sie bei sich selbst feststellen können. Weil es eine lange, umfassende Liste ist, werden Sie nur einen Teil der Symptome ankreuzen. Machen Sie sich nicht zu viele Gedanken, ob Sie ein bestimmtes Symptom markieren sollen oder nicht – wenn dieses Symptom ein großes Problem für Sie darstellt, werden Sie dies ziemlich schnell wissen, ohne lange nachzudenken. Wenn Sie nicht ganz sicher sind, was mit einem bestimmten Symptom gemeint ist, lesen Sie sich die jeweils darunter stehende Beschreibung dieses Symptoms durch. Genauere Beschreibungen vieler Symptome finden Sie auch, wenn Sie noch einmal zu Kapitel 1 zurückgehen.

Kreuzen Sie die Symptome an, die Sie im Moment an sich beobachten. Ein Stern (*) bedeutet, dass das betreffende Item ein Zwangssymptom sein kann, aber nicht muss. Um zu entscheiden, ob Sie ein bestimmtes Symptom haben, ziehen Sie bitte die Beschreibung bzw. die Beispiele heran.

Zwangsgedanken

Zwangsgedanken mit aggressivem Inhalt

___ 1. Ich habe Angst, ich könnte mir Schaden zufügen.

Angst, mit Messer und Gabel zu essen; Angst, mit scharfen Gegenständen zu hantieren; Angst, an Glasscheiben vorbeizugehen.

___ 2. Ich habe Angst, ich könnte anderen Schaden zufügen.

Angst, das Essen anderer Leute zu vergiften; Angst, Babys zu verletzten; Angst, jemanden vor den Zug zu stoßen; Angst, die Gefühle eines anderen zu verletzen; Angst, sich schuldig zu machen, weil man bei einer Katastrophe keine Hilfe leistet; Angst, jemanden durch einen schlechten Ratschlag zu schaden.

___ 3. Ich habe gewalttätige oder grauenvolle Bilder im Kopf.

Vorstellungen von Gewaltverbrechen, Körpern mit abgetrennten Gliedmaßen oder anderen entsetzlichen Szenen.

___ 4. Ich habe Angst, obszöne oder beleidigende Dinge zu sagen.

Angst, in öffentlichen Situationen, z. B. in der Kirche, Obszönitäten auszustoßen; Angst, unanständige Wörter oder Sätze zu schreiben.

___ 5. Ich habe Angst, ich könnte etwas anderes Peinliches tun.

Angst, sich vor anderen zu blamieren.

___ 6. Ich habe Angst, ich könnte einem ungewollten Impuls folgen.

Angst, an einen Baum zu fahren; Angst, jemanden zu überfahren; Angst, mit einem Messer auf einen Freund einzustechen.

___ 7. Ich habe Angst, ich könnte zum Dieb werden.

Angst, die Kassiererin im Laden zu betrügen; Angst, wertlose Dinge aus einem Geschäft zu stehlen.

---

27 Yale Brown Obsessive-Compulsive Scale Symptom Checklist (Goodman, Rasmussen, et al.), Wiedergabe mit Erlaubnis der Autoren

___ 8. Ich habe Angst, ich könnte anderen aus Unvorsichtigkeit Schaden zufügen.

Angst, einen Unfall zu verursachen, ohne es zu bemerken (wie ein Verkehrsunfall mit Fahrerflucht).

___ 9. Ich habe Angst, ich könnte daran schuld sein, dass sich irgendetwas anderes Furchtbares ereignet.

Angst, beim Verlassen des Hauses nicht sorgfältig genug alles zu überprüfen und dadurch ein Feuer oder einen Einbruch zu verursachen.

Zwanghafte Angst vor einer Verseuchung

___ 10. Der Gedanke an körperliche Ausscheidungen beunruhigt mich sehr, bzw. ich empfinde große Abscheu vor ihnen.

Angst, sich in öffentlichen Toiletten mit Aids, Krebs oder anderen Krankheiten zu infizieren; Angst vor dem eigenen Speichel, Urin, Kot, Samen oder Vaginalsekret.

___ 11. Ich mache mir große Sorgen über Dreck oder Bazillen.

Angst vor Übertragung von Krankheitserregern durch Sitzen auf bestimmten Stühlen, Händeschütteln oder Berühren von Türgriffen.

___ 12. Ich habe übergroße Angst vor Umweltgiften.

Angst vor Verseuchung durch Asbest oder Radon; Angst vor radioaktiven Stoffen; Angst vor Dingen, die aus Städten mit Giftmülldeponien kommen.

___ 13. Ich habe große Angst vor bestimmten Haushaltsreinigern.

Angst vor giftigen Küchen- oder Sanitärreinigern, Lösungsmitteln, Insektensprays oder Terpentin.

___ 14. Ich habe große Angst davor, mit Tieren in Berührung zu kommen.

Angst, mich über ein Insekt, einen Hund, eine Katze oder ein anderes Tier mit einer Krankheit zu infizieren.

___ 15. Klebstoffe oder andere klebrige Materialien verursachen mir großes Unbehagen.

Angst vor Krankheitserregern oder Giften, die an Klebeflächen oder anderen klebrigen Substanzen haften könnten.

___ 16. Es macht mir große Sorgen, dass ich mich irgendwo anstecken und krank werden könnte.

Angst, durch eine Infektion oder Verseuchung nach kürzerer oder längerer Zeit schwer zu erkranken.

___ 17. Ich bin besorgt darüber, dass ich andere anstecken könnte.

Angst, nach Kontakt mit giftigen Stoffen (z. B. Benzin) oder nach Berührung bestimmter Stellen des eigenen Körpers andere anzufassen oder für sie Mahlzeiten zuzubereiten.

Zwangsgedanken mit sexuellem Inhalt

___ 18. Ich habe verbotene oder perverse sexuelle Gedanken, Vorstellungen oder Impulse.

Belastende sexuelle Gedanken, die sich auf Fremde, Freunde oder Familienmitglieder beziehen.

___ 19. Ich habe sexuelle Zwangsvorstellungen, in denen Kinder oder eigene enge Verwandte (Inzest) eine Rolle spielen.

Ungewollte Gedanken, Sie würden eigene oder andere Kinder sexuell belästigen.

___ 20. Ich habe Zwangsgedanken, die Homosexualität betreffen.

Zweifel wie: «Bin ich homosexuell?» oder: «Was, wenn ich plötzlich schwul werde?», obwohl es keine Grundlage für solche Gedanken gibt.

___ 21. Ich habe Zwangsgedanken, die sich um sexuelle Übergriffe gegen andere Personen drehen.

Belastende Vorstellungen über gewalttätige sexuelle Annäherungen an erwachsene Fremde, Bekannte oder Familienmitglieder.

Zwangsgedanken über das Sammeln und Aufbewahren von Gegenständen

___ 22. Ich habe Zwangsgedanken, die das Aufheben und Sammeln von Sachen betreffen.

Angst davor, etwas scheinbar Unwichtiges wegzuwerfen, was man in Zukunft noch einmal gebrauchen könnte; der Drang, unterwegs Gegenstände aufzuheben und wertlose Dinge zu sammeln.

Zwangsgedanken mit religiösem Inhalt

___ 23. Ich mache mir Sorgen, etwas tun zu können, was ein Vergehen gegen meinen Glauben darstellen würde.

Angst, gotteslästerliche Dinge zu denken oder zu sagen bzw. dafür bestraft zu werden.

___ 24. Ich habe übermäßig strenge Moralvorstellungen.

Die Sorge, auch wirklich immer «das Richtige» zu tun; Angst, gelogen oder jemanden betrogen zu haben.

Zwanghaftes Bedürfnis nach Symmetrie und Genauigkeit

___ 25. Ich habe Zwangsgedanken über Symmetrie und Genauigkeit.

Die Sorge, Bücher könnten unordentlich im Regal stehen oder Zeitungen nicht ordentlich aufeinander liegen; Angst, dass die Handschrift oder angestellte Berechnungen unvollkommen sind.

Andere Zwangsgedanken

___ 26. Ich habe das Gefühl, bestimmte Dinge unbedingt wissen oder mir merken zu müssen.

Die Überzeugung, man müsste sich bestimmte unwichtige Dinge merken wie Nummernschilder, die Namen von Schauspielern in Fernsehfilmen, alte Telefonnummern oder Sprüche von Autoaufklebern oder T-Shirts.

___ 27. Ich fürchte mich davor, bestimmte Dinge zu sagen.

Angst, bestimmte Wörter zu benutzen (z. B. die Zahl dreizehn), da sie Unglück bringen könnten; Angst, etwas Respektloses über einen Toten zu sagen.

___ 28. Ich habe Angst davor, etwas Falsches zu sagen.

Angst, nicht das zu sagen, was man sagen will, oder sich nicht richtig auszudrücken.

___ 29. Ich habe Angst davor, Dinge zu verlieren.

Angst, die Brieftasche oder unwichtige Gegenstände, wie ein Stück Papier zu verlieren.

___ 30. Lästige (neutrale) Gedanken dringen in mein Bewusstsein ein.

Nichtssagende, aber störende Vorstellungen, die sich einem aufdrängen.

___ 31. Ich fühle mich durch lästige und sinnlose imaginäre Geräusche, Wörter oder Musik gestört, die in mein Bewusstsein eindringen.

Wörter, Lieder oder Geräusche, die sich nicht abstellen lassen.

___ 32.* Bestimmte Klänge oder Geräusche stören mich.

Sich stark durch Geräusche wie laut tickende Uhren oder Stimmen aus einem anderen Zimmer, die einen vom Schlafen abhalten, gestört fühlen.

___ 33. Ich habe Glückszahlen und Unglückszahlen.

Gedanken, die sich um bestimmte Zahlen (z. B. die 13) drehen, und einen veranlassen, Dinge soundso oft zu tun oder mit etwas so lange zu warten, bis die «richtige» Uhrzeit dafür da ist.

___ 34. Bestimmte Farben haben eine besondere Bedeutung für mich.

Angst, Gegenstände mit einer bestimmten Farbe zu benutzen (z. B., weil Schwarz für den Tod und Rot für Blut und Verletzung stehen).

___ 35. Ich habe abergläubische Ängste.

Angst, an Friedhöfen, Leichenwagen oder schwarzen Katzen vorbeizugehen; Angst vor «Todesboten».

Zwangsgedanken, die um bestimmte körperliche Aspekte kreisen

___ 36. Ich beschäftige mich sehr mit der Gefahr, von Krankheiten befallen zu werden.

Angst, Krebs, Aids, eine Herzkrankheit oder etwas anderes zu haben, obwohl der Arzt sagt, dass alles in Ordnung sei.

___ 37.* Ich mache mir Sorgen, dass etwas mit meinem Körper oder meinem Äußeren nicht stimmt (körperdysmorphe Störung).

Die Befürchtung, an Gesicht, Ohren, Nase, Augen oder irgendeinem anderen Teil des Körpers fürchterlich entstellt zu sein, obwohl andere einem versichern, dass dies nicht so sei.

Zwangshandlungen

Säuberungs- und Waschzwänge

___ 38. Das Händewaschen nimmt bei mir unverhältnismäßig viel Zeit in Anspruch oder ist mit einem bestimmten Ritual verbunden.

Viele Male am Tag die Hände waschen oder langes Händewaschen nach der – tatsächlichen oder vermeintlichen – Berührung eines unreinen Gegenstandes. Dies kann sich auch auf die Arme bis zu den Schultern erstrecken.

___ 39. Ich habe übertriebene oder mit ganz bestimmten Ritualen verbundene Gewohnheiten, die das Duschen, Baden, Zähneputzen, Kämmen und Schminken oder das Benutzen der Toilette betreffen.

Handlungen, die der Körperpflege dienen, z. B. Duschen oder Baden, dauern Stunden. Wird die Abfolge unterbrochen, muss u. U. wieder ganz von vorn begonnen werden.

___ 40. Ich habe zwanghafte Gewohnheiten, die die Reinigung verschiedener Dinge im Haushalt betreffen.

Übermäßiges Säubern von Wasserhähnen, Toiletten, Fußböden, Küchentischen oder Küchenutensilien.

___ 41. Ich treffe andere Vorkehrungen, um nicht mit Krankheitserregern in Berührung zu kommen.

Familienangehörige darum bitten, Insektenvernichtungsmittel, Müll, Benzinkanister, rohes Fleisch, Farben, Lack, Medikamente aus der Hausapotheke oder Katzendreck anzufassen bzw. wegzuschaffen, anstatt es selbst zu tun. Möglicherweise der Einsatz von Handschuhen, wenn sich der Umgang mit diesen Dingen nicht vermeiden lässt.

Kontrollzwänge

___ 42. Ich muss kontrollieren, ob ich niemandem Schaden zugefügt habe.

Kontrollieren, ob man jemanden verletzt hat, ohne es zu bemerken. Andere bitten, zu bestätigen, dass alles in Ordnung ist, oder anrufen, um zu fragen, wie es ihnen geht.

___ 43. Ich überprüfe, ob ich mich nicht selbst verletzt habe.

Nach Blut oder Verletzungen suchen, wenn man mit scharfen oder zerbrechlichen Gegenständen hantiert hat. Häufige Arztbesuche, um sich bestätigen zu lassen, dass man unverletzt ist.

___ 44. Ich überprüfe, ob sich etwas Furchtbares ereignet hat.

Die Zeitungen nach Berichten von Katastrophen durchforsten, die man glaubt, selbst verursacht zu haben (oder im Fernsehen auf solche Berichte warten). Andere fragen, ob man nicht einen Unfall verursacht hat.

___ 45. Ich kontrolliere, ob ich keine Fehler gemacht habe.

Mehrfaches Überprüfen von Türschlössern, Küchenherden und elektrischen Anschlüssen vor Verlassen des Hauses; mehrfaches Überprüfen des Gelesenen, Geschriebenen oder Berechneten, um sicherzugehen, dass einem kein Fehler unterlaufen ist.

___ 46.* Meine Zwangsgedanken über verschiedene Dinge, die mit meiner gesundheitlichen Verfassung oder meiner äußeren Erscheinung zu tun haben, veranlassen mich, zu überprüfen, ob alles mit mir in Ordnung ist.

Sich von Freunden oder Ärzten bestätigen lassen, dass man keinen Herzanfall hat oder Krebs bekommt; häufiges Puls-, Blutdruck- oder Temperaturmessen; überprüfen, ob man schlecht riecht; sein Spiegelbild überprüfen und nach hässlichen Merkmalen absuchen.

Wiederholzwänge

___ 47. Ich muss Dinge immer wieder neu schreiben oder lesen.

Stunden brauchen, um ein paar Seiten eines Buches zu lesen oder einen kurzen Brief zu schreiben; besorgt sein, dass man nicht versteht, was man gerade gelesen hat; den hundertprozentig passenden Ausdruck oder Satz finden wollen; sich zwanghaft auf die äußere Form bestimmter gedruckter Buchstaben in einem Buch konzentrieren müssen.

___ 48. Ich muss bestimmte Routinehandlungen immer mehrfach durchführen.

Zahlreiche Wiederholungen von Handlungen durchführen, z. B. beim Ein- und Abschalten von Geräten, Haarekämmen oder Betreten und Verlassen eines Raumes; sich unwohl fühlen, wenn man diese Wiederholungen unterlässt.

Zählzwänge

___ 49. Ich habe Zählzwänge.

Dinge zählen wie Decken- oder Fußbodenfliesen, Bücher im Regal, Nägel in der Wand oder sogar die Sandkörner am Strand; mitzählen, wenn man bestimmte Dinge wiederholt, wie z. B. das Waschen einzelner Körperpartien.

Ordnungszwänge

___ 50. Ich habe Ordnungszwänge.

Papiere oder Stifte auf dem Schreibtisch oder Bücher im Regal ordnen; Stunden damit verbringen, Dinge im Haus in die richtige Ordnung zu bringen, und sich darüber aufregen, wenn diese Ordnung gestört wird.

Hort- und Sammelzwänge

___ 51. Ich habe den Zwang, Dinge zu horten und zu sammeln.

Aufbewahren alter Zeitungen, Notizen, Dosen, Papiertücher, Verpackungen und Flaschen, aus der Sorge, man könnte sie eines Tages einmal benötigen; unnütze Dinge von der Straße auflesen oder aus Mülleimern herausholen.

Andere Zwangshandlungen

___ 52. Es gibt Rituale, die ich im Geist ausführe (andere als Zählen oder Kontrollieren).

Im Kopf Rituale ausführen, z. B. Gebete aufsagen oder einen

«guten» Gedanken denken, um einen «schlechten» wieder gutzumachen. Der Unterschied zu Zwangsgedanken ist, dass man diese Rituale einsetzt, um eine Angst zu bekämpfen oder um sich besser fühlen zu können.

___ 53. Ich muss anderen Menschen bestimmte Dinge sagen oder gestehen oder ihnen bestimmte Fragen stellen.

Andere Leute bitten, zu bestätigen, dass alles in Ordnung ist; Taten zu gestehen, die man niemals begangen hat; glauben, man müsste anderen Leuten bestimmte Sachen sagen, um sich besser zu fühlen.

___ 54.* Ich muss Dinge berühren, beklopfen oder an ihnen reiben.

Dem Drang nachgeben, rauhe oder heiße Oberflächen (z. B. Holz oder Herdplatten) zu berühren oder andere Leute im Vorübergehen zu streifen; glauben, man müsse einen bestimmten Gegenstand wie den Telefonapparat berühren, um die Erkrankung eines Familienangehörigen zu verhindern.

___ 55. Ich treffe Vorkehrungen (andere als Kontrollhandlungen), um Schaden von mir oder anderen abzuwenden oder das Eintreten furchtbarer Dinge zu verhindern.

Sich von scharfen oder zerbrechlichen Dingen wie Messern, Scheren oder Glas fernhalten.

___ 56.* Das Einnehmen von Mahlzeiten ist bei mir mit ganz bestimmten Ritualen verknüpft.

Nicht in der Lage sein, mit einer Mahlzeit zu beginnen, ehe alles auf dem Tisch in eine bestimmte Anordnung gebracht ist; beim Essen strikt auf die Einhaltung eines bestimmten Rituals achten; nicht essen können, bevor die Zeiger der Uhr nicht genau auf einem bestimmten Punkt stehen.

___ 57. Ich habe abergläubische Verhaltensweisen.

Nicht mit einem Bus oder einer Bahn fahren, deren Nummer eine «Unglückszahl» (z. B. die 13) enthält; am 13. des Monats nicht aus dem Haus gehen; Kleidungsstücke fortwerfen, die man beim Vorbeigehen an einem Friedhof oder einer Leichenhalle getragen hat.

___ 58.* Ich reiße mir Haare heraus (*Trichotillomanie).*

Mit den Fingern oder einer Pinzette Kopfhaare, Wimpern, Augenbrauenhärchen oder Schamhaare herausziehen. Dabei können kahle Stellen entstehen, die einen zum Tragen einer Perücke zwingen.

Wenn Sie sicher sind, alle Punkte dieser Liste gelesen und die auf Sie zutreffenden angekreuzt zu haben, gehen Sie jetzt noch einmal alle markierten Symptome durch und setzen ein *H* (für *Haupt*problem) vor diejenigen, die Sie momentan am meisten in Ihrer Lebensführung behindern. Stellen Sie sich dazu die Fragen: «Welche Symptome verursachen mir die größten Schwierigkeiten? Welche wirken sich besonders störend auf mein Privatleben und meine Arbeit aus?»

Wenn Sie dies nicht tun, geraten Sie später, wenn Sie sich Ihre Ziele setzen, möglicherweise in die Versuchung, solche Symptome auszuwählen, die sich scheinbar leicht beeinflussen lassen, die Sie aber nicht genug belasten, um eine genügend starke Therapiemotivation aufzubauen. Ohne die Aussicht auf bedeutende Besserungen mit Konsequenzen für wichtige Bereiche Ihres Lebens betreiben Sie die Therapie möglicherweise nicht mit der erforderlichen Ausdauer, was zu Frustrationen und einem vorzeitigen Aufgeben führen kann. Davor können Sie sich schützen, indem Sie jetzt bestimmen, welches Ihre Hauptprobleme sind.

Schweregrad der Zwangsstörung

Nachdem Sie jetzt Ihre wichtigsten Symptome identifiziert haben, können Sie mit Hilfe des nächsten Fragebogens einschätzen, wie sehr diese Probleme Sie im Moment in Ihrer Lebensführung beeinträchtigen. Diesen Fragebogen werden Sie später erneut benutzen, um festzustellen, wie große Fortschritte Sie gemacht haben. Zu Ihrer Erinnerung wiederholen wir hier noch einmal die Definition von Zwangsgedanken: Es sind unerwünschte und belastende Vorstellungen, Gedanken, Bilder oder Impulse, die sich immer wieder Ihrem Bewusstsein aufdrängen. Sie scheinen gegen Ihren Willen aufzutreten und oft finden Sie sie abstoßend. Vielleicht erkennen Sie ihre Sinnlosigkeit und vielleicht vertragen sich die Zwangsgedanken nicht mit dem Bild, das Sie von Ihrer Persönlichkeit haben.

Zwangsgedanken

Zur Beantwortung der ersten fünf Fragen sehen Sie sich bitte noch einmal die Zwangsgedanken von der Symptomliste an, die Sie angekreuzt haben. Denken Sie beim Beantworten der Fragen bitte an die *letzten sieben Tage* (einschließlich des heutigen) und markieren Sie eine Antwort pro Frage.

1. Ein wie großer Teil Ihrer Zeit ist durch Zwangsgedanken ausgefüllt? Wie häufig treten die Zwangsgedanken auf?

   ___ 0 = Habe keine Zwangsgedanken.[29]

   ___ 1 = Weniger als eine Stunde am Tag bzw. gelegentliches Auftreten (nicht mehr als achtmal am Tag)

   ___ 2 = Eine bis drei Stunden am Tag bzw. häufiges Auftreten (mehr als achtmal am Tag, aber die meisten Stunden des Tages sind frei von Zwangsgedanken).

   ___ 3 = Mehr als drei Stunden und bis zu acht Stunden am Tag bzw. sehr häufige Auftreten (mehr als achtmal am Tag und in den meisten Stunden des Tages).

   ___ 4 = Mehr als acht Stunden am Tag bzw. ständige Anwesenheit (zu oft, um sie zählen zu können, und es vergeht kaum eine Stunde ohne mehrfaches Auftreten von Zwangsgedanken).

2. Wie stark beeinträchtigen Sie die Zwangsgedanken in Ihrem Privat- und Berufsleben? (Wenn Sie momentan nicht berufstätig sind, über-

---

[28] Yale Brown Obsessive-Compulsive Scale (Goodman, Rasmussen, et. al.); dieser Fragebogen zur Selbsteinschätzung, der hier mit Erlaubnis der Autoren wiedergegeben wird, ist für die Computeranwendung von Dr. John Greist von der University of Wisconsin, einem der führenden Wissenschaftler auf dem Gebiet der Zwangsstörung, bearbeitet worden. Ich habe den Wortlaut der Fagen 4 und 5 etwas verändert, um ihre Bedeutung klarer zu machen und das Ziel einer erfolgreichen verhaltenstherapeutischen Behandlung der Zwangsstörung stärker hervorzuheben: Zwangsgedanken dürfen *nicht*, Zwangshandlungen sollen *immer* unterdrückt werden.

[29] Wenn diese Antwort auf Sie zutrifft, markieren Sie bitte auch die 0-Antwort bei den Fragen 2, 3, 4 und 5 und gehen gleich zu Frage 6 über.

legen Sie bitte, wie sehr die Zwangsgedanken Sie bei Ihren täglichen Aktivitäten einschränken.) (Denken Sie zur Beantwortung dieser Frage bitte an die Dinge, die Sie wegen der Zwangsgedanken *nicht tun* oder *weniger tun*.)

___ 0 = Keine Beeinträchtigung.

___ 1 = Geringe Beeinträchtigung bei beruflichen oder privaten Aktivitäten, insgesamt aber keine Einschränkung der Lebensführung.

___ 2 = Mäßige Beeinträchtigung in bestimmten Bereichen des beruflichen oder privaten Lebens, aber noch zu verkraften.

___ 3 = Schwere Beeinträchtigung, führt zu starken Einschränkungen der beruflichen oder privaten Lebensführung.

___ 4 = Extreme, lähmende Beeinträchtigung.

3. Wie stark fühlen Sie sich durch Ihre Zwangsgedanken belastet?

___ 0 = Gar nicht.

___ 1 = Gelegentliche, schwache Belastung.

___ 2 = Häufige, mäßig starke Belastung, aber noch zu verkraften.

___ 3 = Sehr häufige, starke und nur schwer zu ertragende Belastung.

___ 4 = Beinah ständige, extreme und unerträgliche Belastung.

4. Wie oft *versuchen* Sie, diese Gedanken zu ignorieren, und lassen sie einfach «vorüberziehen»? (Es geht hier nicht darum, wie erfolgreich Sie dabei sind, die Gedanken zu ignorieren, sondern nur darum, wie sehr und wie oft Sie es *versuchen*.)

___ 0 = Ich ignoriere die Zwangsgedanken immer.

___ 1 = Ich ignoriere sie meistens (d. h. in mehr als der Hälfte der Fälle).

___ 2 = Ich versuche manchmal, sie zu ignorieren.

___ 3 = Ich versuche nur selten, die Zwangsgedanken zu ignorieren.

___ 4 = Ich versuche nie, die Zwangsgedanken zu ignorieren.

5. Wie gut gelingt es Ihnen, Ihre Zwangsgedanken zu ignorieren? (*Anmerkung:* Diese Frage bezieht sich nicht auf Zwangsgedanken, die Sie durch die Ausführung von Zwangshandlungen stoppen.)

   ___ 0 = Es gelingt mir immer.

   ___ 1 = Es gelingt mir meistens, meine Zwangsgedanken zu ignorieren.

   ___ 2 = Es gelingt mir manchmal, meine Zwangsgedanken zu ignorieren.

   ___ 3 = Es gelingt mir nur selten, meine Zwangsgedanken zu ignorieren.

   ___ 4 = Ich bin kaum in der Lage, meine Zwangsgedanken auch nur für einen kurzen Augenblick zu ignorieren.

Zwangshandlungen

Die Definition von Zwangshandlungen lautet – damit Sie es sich noch einmal vergegenwärtigen können – wie folgt: Es sind Verhaltensweisen oder Handlungen, zu denen Sie sich gedrängt fühlen, obwohl Sie vielleicht ihre Sinnlosigkeit oder Übertriebenheit erkennen. Vielleicht versuchen Sie zuzeiten, sich dem Drang zur Ausführung dieser Handlungen zu widersetzen, was Ihnen jedoch meist schwer fällt. Vielleicht verspüren Sie eine innere Spannung oder Angst, die erst dann abklingt, wenn das betreffende Verhalten ausgeführt ist.

Zur Beantwortung der folgenden fünf Fragen sehen Sie sich bitte noch einmal die Zwangshandlungen von der Symptomliste an, die Sie angekreuzt haben. Denken Sie beim Beantworten der Fragen bitte an die *letzten sieben Tage* (einschließlich des heutigen) und markieren Sie eine Antwort pro Frage.

6. Wie viel Zeit verbringen Sie mit der Ausführung von Zwangshandlungen? Wie oft kommt es zu den Zwangshandlungen? (Wenn Ihre Rituale normale Alltagsverrichtungen mit einschließen, überlegen Sie bitte, wie viel *mehr* Zeit Sie wegen Ihrer Zwangshandlungen für diese Dinge brauchen.)

___ 0 = Führe keine Zwangshandlungen aus.[30]

___ 1 = Ich verbringe weniger als eine Stunde am Tag mit Zwangshandlungen, bzw. gelegentliche Ausführung zwanghaften Verhaltens (nicht öfter als achtmal am Tag).

___ 2 = Eine bis drei Stunden am Tag verbringe ich mit Zwangshandlungen, bzw. häufige Ausführung zwanghaften Verhaltens (öfter als achtmal am Tag, aber in den meisten Stunden des Tages kommt es nicht zu Zwangshandlungen)

___ 3 = Mehr als drei und bis zu acht Stunden am Tag verbringe ich mit Zwangshandlungen, bzw. sehr häufige Ausführung zwanghaften Verhaltens (öfter als achtmal am Tag, und in den meisten Stunden des Tages kommt es zu Zwangshandlungen).

___ 4 = Mehr als acht Stunden am Tag verbringe ich mit Zwangshandlungen, oder fast ständige Ausführung zwanghaften Verhaltens (zu oft, um die Zwangshandlungen zählen zu können, und es vergeht kaum eine Stunde ohne mehrfaches Ausführen von zwanghaften Handlungen).

7. Wie stark beeinträchtigen Sie die Zwangshandlungen in Ihrem Privat- und Berufsleben? (Wenn Sie momentan nicht berufstätig sind, überlegen Sie bitte, wie sehr die Zwangshandlungen Sie bei Ihren täglichen Aktivitäten einschränken.)

___ 0 = Keine Beeinträchtigung.

___ 1 = Geringe Beeinträchtigung bei beruflichen oder privaten Aktivitäten, insgesamt aber keine Einschränkung der Lebensführung.

___ 2 = Mäßige Beeinträchtigung in bestimmten Bereichen des beruflichen oder privaten Lebens, aber noch zu verkraften.

___ 3 = Schwere Beeinträchtigung, führt zu starken Einschränkungen der beruflichen oder privaten Lebensführung.

___ 4 = Extreme, lähmende Beeinträchtigung.

---

30 Wenn diese Antwort auf Sie zutrifft, markieren Sie bitte auch die 0-Antwort bei den Fragen 7, 8, 9 und 10.

8. Wie würden Sie sich fühlen, wenn Sie an der Ausführung Ihrer Zwangshandlung(en) gehindert würden? Wie unruhig würden Sie werden?

___ 0 = Gar nicht unruhig.

___ 1 = Nur ein bisschen unruhig.

___ 2 = Es würde eine spürbare, aber erträgliche innere Unruhe entstehen.

___ 3 = Es würde zu einem starken und kaum erträglichen Anstieg an innerer Unruhe kommen.

___ 4 = Extreme, lähmende Unruhe oder Angst.

9. Wie stark sind Ihre Bemühungen, gegen die Zwangshandlungen anzugehen? Wie oft versuchen Sie, mit einer Zwangshandlung aufzuhören? (Überlegen Sie nur, wie oft oder wie sehr sie *versuchen*, gegen die Zwangshandlungen anzugehen, nicht, wie gut es Ihnen gelingt.)

___ 0 = Ich versuche jedes Mal, dagegen anzugehen (oder der Drang, die Handlungen auszuführen, ist so schwach, dass es nicht nötig ist, aktiv dagegen anzugehen).

___ 1 = Ich versuche meistens (d. h. in mehr als der Hälfte der Fälle), dagegen anzugehen.

___ 2 = Ich versuche manchmal, dagegen anzugehen.

___ 3 = Es widerstrebt mir zwar ein wenig, aber ich gebe jedem Drang zur Ausführung einer Zwangshandlung nach, ohne zu versuchen, dagegen anzugehen.

___ 4 = Ich gebe jedem Drang zur Ausführung der Handlungen bereitwillig nach.

10. Wie viel Kontrolle haben Sie über Ihre Zwangshandlungen? Wie gut gelingt es Ihnen, sie zu stoppen? (Wenn Sie nur selten versuchen, dem Drang zur Ausführung der Handlungen zu widerstehen, denken Sie zur Beantwortung dieser Frage bitte an eine der wenigen Gelegenheiten zurück, bei denen Sie es versucht haben.)

___ 0 = Völlige Kontrolle.

___ 1 = Meist gelingt es mir, die Zwangshandlungen mit einiger Anstrengung und Willenskraft zu stoppen.

___ 2 = Manchmal gelingt es mir, die Zwangshandlungen zu stoppen, aber es fällt mir schwer.

___ 3 = Ich schaffe es nur, das zwanghafte Verhalten eine Weile hinauszuzögern, aber schließlich muss ich es doch komplett ausführen.

___ 4 = Ich bin selten in der Lage, das zwanghafte Verhalten auch nur für eine kurze Zeit hinauszuzögern.

Berechnen Sie Ihren Gesamtpunktwert, indem Sie die Zahlen neben den Antworten, die Sie markiert haben, zusammenzählen.

Überzeugtheit von der Berechtigung der Zwangsgedanken und Zwangshandlungen

Wie Sie in Kapitel 2 erfahren haben, ist es wichtig festzustellen, inwieweit Sie davon überzeugt sind, dass Ihre Zwangshandlungen und Zwangsgedanken angemessen und sinnvoll sind. Sie werden dies bei der Planung Ihrer Behandlung berücksichtigen.

Die folgende Frage entstammt der Yale Brown Zwangsstörungsskala von Goodman, Rasmussen et al.

Markieren Sie diejenige Aussage, die am besten beschreibt, was Sie jetzt im Moment glauben.

> Glauben Sie, dass Ihre Zwangsgedanken oder Zwangshandlungen angemessen und vernünftig sind? Hätte es noch andere Konsequenzen außer Ihrer inneren Unruhe, wenn Sie sich ihnen widersetzen würden? Glauben Sie, es würde dann wirklich etwas passieren?
>
> ___ 0 = Ich glaube, meine Zwangsgedanken oder Zwangshandlungen sind sinnlos oder übertrieben.
>
> ___ 1 = Ich glaube, meine Zwangsgedanken oder Zwangshandlungen sind sinnlos oder übertrieben, aber ich bin mir nicht ganz sicher, ob sie wirklich unnötig sind.
>
> ___ 2 = Ich glaube, dass meine Zwangsgedanken oder Zwangshandlungen vielleicht sinnlos oder übertrieben sind.
>
> ___ 3 = Ich glaube nicht, dass meine Zwangsgedanken und Zwangshandlungen sinnlos oder übertrieben sind.
>
> ___ 4 = Ich bin davon überzeugt, dass meine Zwangsgedanken und Zwangshandlungen sinnvoll sind, egal, was andere dazu meinen.

Vermeidungsverhalten

Als Nächstes werden Sie einschätzen, wie vielen Dingen Sie aufgrund Ihrer Zwangssymptome aus dem Weg gehen. Das Ergebnis werden Sie zusammen mit Ihrem Punktwert auf der Schweregradskala benutzen, um festzustellen, in welchem Ausmaß die Zwangsstörung insgesamt zu einer Einschränkung Ihrer Lebensqualität führt. Denken Sie zur Beantwortung der unten stehenden Frage an all die Dinge in Ihrem Leben, die Sie aufgrund Ihrer Zwänge nicht tun.

Die folgende Frage entstammt der Yale Brown Zwangsstörungsskala von Goodman, Rasmussen et al.

Markieren Sie diejenige Aussage, die am besten beschreibt, wie vielen Dingen Sie in der zurückliegenden Woche aus dem Weg gegangen sind.

> Haben Sie es vermieden, irgendetwas zu tun, irgendwohin zu gehen oder mit irgendjemandem zusammen zu sein wegen Ihrer Zwangsgedanken oder weil Sie befürchteten, Sie würden Zwangshandlungen ausführen?
>
> ___ 0 = Ich habe wegen meiner Zwangsstörung nichts vermieden.
>
> ___ 1 = Ich habe wegen meiner Zwangsstörung einige unwichtige Dinge vermieden.
>
> ___ 2 = Ich habe wegen meiner Zwangsstörung einige wichtige Dinge vermieden.
>
> ___ 3 = Ich habe wegen meiner Zwangsstörung viele wichtige Dinge vermieden.
>
> ___ 4 = Ich habe wegen meiner Zwangsstörung beinahe alles vermieden, was ich sonst getan hätte.

Depression

Schwere Depressionen können zu einem Problem für die Therapie werden, wie bereits in Kapitel 2 festgestellt wurde. Um ein Bild davon zu bekommen, wie depressiv Sie sind, beantworten Sie bitte die beiden folgenden Fragen. Es handelt sich um die leicht abgewandelte Version zweier Fragen aus einem insgesamt 10 Fragen umfassenden Depressionsfragebogen, der «Harvard Department of Psychiatry/National Depression Screening Day Scale» (kurz HANDS)[31].

---

[31] Baer, L., Jacobs, D. G., Meszler-Reizes, J., Blais, M., Fava, M., Kessler, R., Magruder, K., Murphy, J., Kopans, B., Cukor, P., Leahy, L., O'Laughlen, J.,

Lesen Sie die Fragen sorgfältig durch und kreuzen Sie diejenige Antwort an, die am ehesten auf Sie zutrifft.

1. Wie oft waren Sie in der vergangenen Woche deprimiert und niedergeschlagen?

___ 0 = Gar nicht oder nur selten.

___ 1 = Manchmal.

___ 2 = Meistens.

___ 3 = Die ganze Zeit.

2. Wie oft haben Sie in der vergangenen Woche daran gedacht, sich das Leben zu nehmen?

___ 0 = Gar nicht oder nur selten.

___ 1 = Manchmal.

___ 2 = Meistens.

___ 3 = Die ganze Zeit.

Interpretation der Ergebnisse

Symptomliste

Sehen Sie sich an, zu welchem Bereich bzw. welchen Bereichen die Symptome gehören, die Sie angekreuzt haben. Sie können so den Typ Ihrer Zwangsstörung feststellen und werden auf dieser Grundlage Ihre Therapieziele formulieren.

Fragen zum Schweregrad der Zwangssymptome

Wenn Sie die Frage 6 mit «0» beantwortet haben und die Frage 1 mit «1» oder höher, haben Sie eine Zwangsstörung, die ausschließlich aus Zwangs*gedanken* besteht. (Sie können dies überprüfen, indem Sie noch einmal Ihre

---

«Develpment of a Brief Screening Instrument: The HANDS». *Psychotherapy and Psychosomatics* 69:35-41 (2000).

Antworten auf der Symptomliste durchgehen; wenn Sie irgendeine Zwangshandlung markiert haben, beantworten Sie noch einmal die Fragen 6 bis 10 zum Schweregrad der Zwangssymptome.) Wenn Sie nur Zwangsgedanken haben und einen Gesamtpunktwert bei den Fragen zum Schweregrad der Zwangssymptome, der bei 10 oder höher liegt, sollten Sie sich von einem Psychiater oder einem Psychologen helfen lassen, was nicht heißt, dass Sie nicht zusätzlich auch von den in diesem Buch beschriebenen Methoden profitieren könnten.

Wenn Sie sowohl Zwangshandlungen als auch Zwangsgedanken haben, können Sie den Schweregrad Ihrer Störung anhand der folgenden Tabelle einschätzen (wenn ausschließlich Zwangshandlungen oder Zwangsgedanken auftreten, gilt ein Wert von 10-14 als «mittelschwere Symptomatik» und ein Wert von 15 oder höher als «schwere Symptomatik»).

Punkte	Schweregrad	Empfehlung
Unter 10	Sehr schwache Symptomatik	Wahrscheinlich bekommen Sie die meisten Ihrer Symptome mit Hilfe dieses Buches allein in den Griff
10 bis 15	Schwache Symptomatik[32]	Wahrscheinlich bekommen Sie die meisten Ihrer Symptome mit Hilfe dieses Buches allein in den Griff
16 bis 25	Mittelschwere Symptomatik	Vielleicht bekommen Sie Ihre Symptome mit Hilfe dieses Buches allein in den Griff, wahrscheinlich würden Sie aber von einer Behandlung durch einen Verhaltenstherapeuten noch mehr profitieren.
Über 25	Schwere Symptomatik	Sie sollten sich bei einem Therapeuten in Behandlung begeben.

32 Ein Wert von 16 stellt in der Regel die Untergrenze für die Teilnahme an Verhaltenstherapie- oder Medikamentenstudien zur Zwangsstörung dar (bzw. ein Wert von 10 Punkten in Fällen, in denen ausschließlich Zwangsgedanken oder Zwangshandlungen vorliegen).

Überzeugtheit von der Berechtigung der Zwangsgedanken und Zwangshandlungen

Wenn Sie diese Frage mit den Alternativen «3» oder «4» beantwortet haben, sollten Sie erst einen Psychiater aufsuchen, ehe Sie versuchen, Ihre Zwangssymptome mit Verhaltenstherapie unter Kontrolle zu bringen. Eine medikamentöse Behandlung könnte Ihnen helfen, diese starken Überzeugungen zu beeinflussen. Auch Sie werden sich schließlich die verhaltenstherapeutischen Methoden zunutze machen können, aber dazu benötigen Sie wahrscheinlich erst einmal die Hilfe eines Psychiaters. Wenn Sie mit «0», «1» oder «2» geantwortet haben, sind Sie nicht besonders stark vom Sinn Ihrer zwanghaften Handlungen und Gedanken überzeugt und werden wahrscheinlich auch von einem verhaltenstherapeutischen Vorgehen allein profitieren.

Vermeidungsverhalten

Wenn Sie bei der Frage nach dem Vermeidungsverhalten die Antworten «3» oder «4» gewählt haben, üben Ihre Zwänge bereits einen großen Einfluss darauf aus, wie Sie Ihr Leben führen. Es ist wichtig für Sie, möglichst bald mit der Behandlung zu beginnen und ein Familienmitglied oder einen Bekannten als Helfer zu gewinnen, um Ihre Zwangsgedanken und Zwangshandlungen in den Griff zu bekommen. Wenn Sie eine der Alternativen «0», «1» oder «2» markiert haben, haben Sie bisher nicht zugelassen, dass Ihre Zwänge in größerem Ausmaß Ihre Lebensführung beeinträchtigen. Das Ziel Ihrer Therapie wird sein, einen möglichst geringen Punktwert bei den «Fragen zum Schweregrad der Zwangssymptome» zu erreichen und einen Wert von 0 oder 1 bei der Frage nach dem Vermeidungsverhalten.

Depression

Wenn Sie bei Frage 1 irgendetwas anderes angekreuzt haben als die Null, sollten Sie sich die Frage stellen, ob Sie in erster Linie *wegen Ihrer Zwänge* so deprimiert sind. Wenn Sie nicht meinen, dass die Zwänge der Grund für Ihre Niedergeschlagenheit sind, und wenn Sie sich bereits seit einigen Wochen oder Monaten so schlecht fühlen, benötigen Sie professionelle Hilfe, um festzustellen, ob Sie unter einer behandlungsbedürftigen Depression leiden. Weitere Anzeichen einer schweren Depression sind verminderter

Appetit, Schlafschwierigkeiten, Weinen, Energiemangel, Teilnahmslosigkeit und mangelndes Interesse an sexueller Betätigung.

Selbstmordgedanken sollte man immer ernst nehmen. Wenn Sie also bei Frage 2 nicht die Null angekreuzt haben, sollten Sie sich zu Ihrem eigenen Schutz so bald wie möglich an einen Psychiater oder Psychologen wenden. Ein Wert von «1» bei einer der beiden Fragen ist nicht selten bei Menschen, die durch ihre Zwangssymptome häufig ziemlich mutlos geworden sind. Wenn Sie bei der ersten Frage eine 0 haben und bei der zweiten Frage eine 0 oder eine 1, können Sie den Weg einschlagen, der in diesem Buch vorgezeichnet ist, und mit der Verhaltenstherapie beginnen.

Nachdem Sie sich gründlich mit Ihren Zwangssymptomen beschäftigt haben, kennen Sie nun ziemlich gut Ihre Ausgangssituation. Sie werden noch häufig auf die hier abgedruckten Tests zurückgreifen, um Ihre Fortschritte im Verlaufe der Therapie zu verfolgen.

Appetit, Schlafschwierigkeiten, Weinen, Energiemangel, Teilnahmslosigkeit und mangelndes Interesse an sexueller Betätigung.

Selbstmordgedanken sollte man immer ernst nehmen. Wenn Sie also bei Frage 2 nicht die Null angekreuzt haben, sollten Sie sich zu Ihrem eigenen Schutz so bald wie möglich an einen Psychiater oder Psychologen wenden. Ein Wert von «4» bei einer der beiden Fragen ist nicht selten bei Menschen, die durch ihre Zwangssymptome häufig ziemlich mutlos geworden sind. Wenn Sie bei der ersten Frage eine 0 haben und bei der zweiten Frage eine 0 oder eine 1, können Sie den Weg einschlagen, der in diesem Buch vorgezeichnet ist, und mit der Verhaltenstherapie beginnen.

Nachdem Sie sich gründlich mit Ihren Zwangssymptomen beschäftigt haben, kennen Sie nun ziemlich gut Ihre Ausgangssituation. Sie werden noch häufig auf die hier abgedruckten Tests zurückgreifen, um Ihre Fortschritte im Verlaufe der Therapie zu verfolgen.

4. Kapitel

Setzen Sie sich Ihre Ziele

Ziele sind so wichtig für den Erfolg wie die Luft für das Leben.

David Schwartz

Klare Ziele in schriftlicher Form sind wie eine gute Straßenkarte, wenn man sich mit dem Auto auf eine Reise begibt: Man weiß, wo man hinwill und wie man am besten dahin kommt. Ohne Ziele zu haben und sie sich aufzuschreiben, gerät man in Gefahr, einfach drauflloszufahren, ohne die Sicherheit zu haben, da anzugelangen, wo man hinwill. Haben Sie sich je nach dem Weg zu einem bestimmten Ort erkundigt und feststellen müssen, dass Sie ihn schon wieder vergessen hatten, nachdem Sie ein paar Meter gefahren waren? Dann haben Sie gemerkt, was passieren kann, wenn man sich seine Ziele nicht aufschreibt.

Sich Ziele zu setzen, an denen man arbeiten will, ist einer der ersten und wichtigsten Schritte in der Verhaltenstherapie. Wenn Sie zu einem Arzt gehen, um sich ein Medikament verschreiben zu lassen, erwarten Sie aufgrund Ihrer bisherigen Erfahrungen, dass Sie dieses Medikament einfach eine bestimmte Zeit lang nehmen müssen und dann beinahe wie durch einen Zauber wieder gesund werden. Die Verhaltenstherapie ist anders; sie funktioniert eher wie das Abgewöhnen einer schlechten Gewohnheit. Zuerst legen Sie genau fest, um welche schlechte Gewohnheit es sich handelt, und dann erarbeiten Sie einen Plan zu ihrer Veränderung. Bei den Zielen, die Sie sich setzen, muss es sich deshalb auch um solche handeln, die für Sie erreichbar sind, damit es überhaupt Sinn hat, an ihnen zu arbeiten.

Häufig haben Patienten noch sehr verschwommene Ziele, wenn sie das erste Mal zu mir kommen. Wenn Sie beispielsweise wegen der Angst vor Verseuchung zu mir kämen und mir mitteilten: «Ich will, dass es mir besser geht», würde ich Ihnen sagen, dass dieses Ziel für eine Verhaltenstherapie nicht konkret genug ist. Ein besseres Ziel wäre: «Ich will nicht mehr mehrere Stunden am Tag unter der Dusche stehen, sondern nur noch 15 Minuten.» Dies ist ein konkretes und erreichbares Ziel und eines, an dem Sie Ihre Fortschritte messen können. Vielleicht leiden Sie darunter, immer Türschlösser kontrollieren zu müssen. Anstatt sich vorzunehmen: «Ich will einfach damit aufhören», sollten Sie sich ein konkreteres Ziel setzen, etwa: «Ich will meine Wohnung verlassen können, ohne mehr als einmal zu kontrollieren, ob die Tür abgeschlossen ist.» Derartige Ziele werde ich in diesem Buch als Fernziele bezeichnen, da Sie mit ihnen festlegen, was Sie am Ende der Behandlung erreicht haben wollen.

Ihre Fernziele können Sie natürlich nicht in einem Schritt erreichen. Erst einmal müssen Sie eine ganze Reihe von Konfrontationsübungen hinter sich bringen; diese werden Sie Ihren Fernzielen nach und nach immer näher bringen. Für die Reizkonfrontation müssen Sie sich *Übungsziele* setzen, die Sie in einer bestimmten Sitzung erreichen wollen. Wenn Sie sich z. B. das Fernziel gesteckt haben, die Zeit, die Sie unter der Dusche verbringen, von vier Stunden auf 15 Minuten am Tag zu reduzieren, könnte Ihr erstes Übungsziel darin bestehen, es mit Unterstützung Ihres Helfers zu schaffen, die Dauer Ihres Duschens auf drei Stunden am Tag zu begrenzen. Wenn Sie dies erreicht haben, könnten Sie Ihr Duschen um eine weitere halbe Stunde reduzieren, wobei Sie sich weiterhin von Ihrem Helfer unterstützen lassen. Nach und nach würden Sie sich immer neue Übungsziele setzen und auf jeder Stufe so lange üben, bis Ihnen das Durchstehen der Situation nicht mehr viel ausmacht. Auf diese Art und Weise würden Sie schließlich Ihr Fernziel erreichen, nur noch 15 Minuten täglich zu duschen und diese Zeit auch ohne die Unterstützung Ihres Helfers einzuhalten.

Wie Sie sehen können, beruhen Erfolge in der Verhaltenstherapie auf dem schrittweisen Setzen und Erreichen immer schwierigerer Übungsziele. Im Laufe dieses Prozesses kommen Sie nach und nach immer näher an Ihre Fernziele heran und erreichen schließlich Ihr allerwichtigstes Ziel: die Kontrolle über Ihre Zwangsgedanken und Zwangshandlungen zu haben, anstatt von ihnen kontrolliert zu werden.

Im weiteren Verlauf des Kapitels erfahren Sie, wie Sie sich Ihre Fernziele und Ihre Übungsziele setzen können. Zwar werden Sie an einigen dieser Ziele hart arbeiten müssen, aber Sie können es schaffen. Denken Sie daran, dass Veränderungen schwer sind, aber nicht unmöglich – Tausende anderer haben mit Verhaltenstherapie ihre Zwänge in den Griff bekommen und das, was andere schaffen, schaffen Sie auch.

Grundsätze für das Setzen von Fernzielen

Nach den folgenden sechs Prinzipien werden in der Verhaltenstherapie der Zwangsstörung Fernziele gesetzt. Diese Prinzipien besagen unter anderem, dass man sich auf ein Ziel konzentrieren soll, wie man das erste Symptom auswählt, das man angehen will, wie man erreichbare Ziele steckt und wie man diese Ziele in eine Rangreihenfolge bringt. (Sie helfen Ihnen auch weiter, wenn Sie Ihre ersten Fernziele erreicht haben und sich neue setzen wollen.) Im Anschluss an diese Erklärungen finden Sie eine Reihe von Vordrucken, mit deren Hilfe Sie diese Prinzipien noch besser in die Tat umsetzen können.

1. Arbeiten Sie immer nur an einem Hauptsymptom auf einmal

Von Thoreau stammt die Mahnung: «Immer alles so einfach wie möglich halten, so einfach wie möglich.» Befolgen Sie diesen Rat und gestalten Sie Ihr Vorgehen so einfach wie möglich: Widerstehen Sie der Versuchung, an mehreren Symptomen gleichzeitig zu arbeiten, und konzentrieren Sie sich stattdessen immer nur auf ein Hauptsymptom. Da Sie sowohl Reizkonfrontation als auch Reaktionsverhinderung einsetzen und viele Ihrer Symptome sich sowieso überlappen, werden Sie beobachten, dass sich durch das Arbeiten an einem Symptom andere automatisch abschwächen werden.

Wenn Sie beispielsweise daran arbeiten, weniger Dinge zu vermeiden, die verseucht sein könnten, wird auch Ihr Bedürfnis nach Händewaschen und Duschen zurückgehen – und ebenso Ihre Angst vor Schmutz und Krankheitserregern. Und wenn Sie Ihr Kontrollverhalten reduzieren, werden Sie auch nicht mehr so stark Situationen aus dem Weg gehen, die Ihren Drang auslösen, Dinge zu kontrollieren, und auch Ihre aggressiven Zwangsgedanken und Befürchtungen werden nachlassen. Zu solchen übergreifenden Wirkungen kommt es immer, unabhängig davon, welche Symptome Sie im Einzelnen haben.

Haben Sie Geduld; Sie werden Ihre Ziele bestimmt erreichen. Denken Sie daran, dass es viel besser ist, langsam, aber sicher vorwärts zu kommen, als sich zu übernehmen und dann den Mut zu verlieren und aufzugeben.

2. Wählen Sie sorgfältig das erste Symptom aus, an dem Sie arbeiten wollen

Sehen Sie sich noch einmal die Symptome der Symptomliste in Kapitel 3 an, die Sie mit einem *H* (für Hauptsymptom) markiert haben. Wenn all Ihre Hauptsymptome in eine übergreifende Kategorie wie «Säuberungs- und Waschzwänge» oder «Religiöse Zwangsgedanken» fallen, dann ist Ihnen eine Entscheidung schon einmal abgenommen – Sie wählen für die ersten Übungen ein Symptom aus diesem Bereich. Stellen Sie sich in diesem Fall zur Auswahl des Hauptsymptoms, das Sie als Erstes angehen wollen, die Frage: «Welches Symptom schränkt mich im Moment am meisten in meiner Lebensführung ein?» Auf diese Weise ist sichergestellt, dass Sie stets an lohnenden Zielen arbeiten, die mit wichtigen Verbesserungen in Ihrem Leben verbunden sind. Das Arbeiten an wichtigen Zielen hält Ihre Motivation auf einem hohen Niveau.

Wenn Sie dagegen sowohl Symptome aus dem Bereich der Zwangsgedanken als auch solche aus dem Bereich der Zwangshandlungen mit einem *H* gekennzeichnet haben, befinden Sie sich in einer Ausgangslage, die eine andere Entscheidung erforderlich macht. Diese Entscheidung ist von großer Bedeutung, denn Sie sollten mit einem Symptom anfangen, welches Sie mit großer Wahrscheinlichkeit in den Griff bekommen können.

Wie Sie in Kapitel 2 erfahren haben, zielt die Verhaltenstherapie direkt auf Ihre problematischen Verhaltensweisen ab, auf Ihre Zwangshandlungen. Wenn einmal die Zwangshandlungen unter Kontrolle sind, werden sich auch die Zwangsgedanken verändern, die mit diesen Zwangshandlungen einhergehen. Da Sie Ihre Gedanken nicht direkt beeinflussen können, könnten Sie selbst ein Scheitern Ihrer Bemühungen heraufbeschwören, wenn Sie die Beeinflussung eines Zwangsgedankens zu Ihrem ersten Fernziel machen würden. Wählen Sie deshalb möglichst Ihr erstes Fernziel aus der Liste der *Zwangshandlungen* aus. Wenn Sie keine Zwangshandlung mit einem *H* markiert haben, sondern ausschließlich Zwangsgedanken, dann haben Sie eine Zwangsstörung ohne Zwangsverhalten und müssen Ihre Fernziele aus der Liste der zwanghaften Gedanken auswählen.

In Kapitel 2 konnten Sie auch lesen, dass die Verhaltenstherapie am erfolgreichsten bei Waschzwängen ist. Wenn zu Ihren Hauptsymptomen irgendwelche Waschzwänge gehören, sollten Sie deshalb die Beherrschung einen von diesen zu Ihrem ersten Fernziel machen.

Wenn Sie keinen Waschzwang haben, suchen Sie nach einem Kontrollzwang, den Sie mit einem *H* markiert haben. Wenn Sie keinen finden, wählen Sie eine Zwangshandlung, die darin besteht, Dinge, vor denen Sie sich fürchten, zu vermeiden, als erstes Fernziel aus.

Wenn möglich, heben Sie Verhaltenszwänge wie Zählzwänge oder zwanghafte Langsamkeit und Denkzwänge wie Gedanken und Vorstellungen mit abergläubischen, gewalttätigen und sexuellen Inhalten für später auf, wenn Sie bereits durch Erfolge bei anderen Fernzielen Vertrauen in das verhaltenstherapeutische Vorgehen gewonnen haben.

3. Formulieren Sie konkrete Ziele

Die Symptomliste besteht aus allgemeinen Symptomen wie übermäßigem Händewaschen oder dem Zwang, Dinge immer wieder neu zu schreiben oder zu lesen. Aber wie ich bereits gesagt habe, reicht es nicht aus, sich vorzunehmen, das betreffende Symptom loswerden, vielmehr müssen Sie die Ziele, die Sie sich für Ihre Therapie stecken, viel konkreter und spezifischer formulieren.

Wenn beispielsweise eines Ihrer Hauptsymptome darin besteht, Wörter oder Sätze mehrfach schreiben oder lesen zu müssen, sollten Sie sich zuerst die Frage stellen: «Welche Dinge tue ich aufgrund dieses Problems im Übermaß und welchen gehe ich aus dem Weg?» Vielleicht stellen Sie fest, dass zu den Handlungen, die bei Ihnen zu oft vorkommen, gehört, dass Sie Schecks zerreißen und neu schreiben, dass Sie eine Seite in einem Buch zigmal überfliegen oder dass Sie Ihren Ehepartner fragen, ob etwas, das Sie gerade geschrieben haben, in Ordnung ist oder ob es noch einmal geschrieben werden muss. Unter die Kategorie der Dinge, die Sie vermeiden, fallen vielleicht das Ausstellen eines Schecks in der Öffentlichkeit, das Lesen von Romanen und das Verfassen handschriftlicher Notizen oder Briefe.

Nachdem Sie diese spezifischen Probleme festgehalten haben, werden Sie davon ausgehend die Ziele formulieren, die Sie anstreben wollen. Aus dem «Zerreißen und Neuschreiben von Schecks» wird beispielsweise: «Ich werde jeden Scheck nur einmal schreiben und werde ihn nicht zerreißen.» Und das «Vermeiden des Verfassens handgeschriebener Notizen oder Briefe» wird vielleicht zu: «Ich werde jede Woche einen Brief an einen Freund schreiben und niemanden bitten, mir zu bestätigen, dass er in Ordnung ist, und ihn nicht neu schreiben.»

Natürlich sind Ihre eigenen Probleme wahrscheinlich ganz anders gelagert als die eben genannten, aber das Grundprinzip, nach dem Sie vorgehen sollten, ist das Gleiche: Erst wandeln Sie allgemeine Symptome in spezifische problematische Verhaltensweisen um und diese dann wiederum in konkrete Fernziele, die Sie am Ende der Behandlung erreicht haben wollen.

4. Stecken Sie sich realistische Ziele

Ich habe die Erfahrung gemacht, dass Zwangspatienten oft aus einem ganz bestimmten Grund Schwierigkeiten haben, konkrete Fernziele zu formulieren: Sie haben keine Vorstellung mehr davon, welches Verhalten normal ist und welches nicht. Sie fragen mich Dinge wie: «Wie oft *wäscht* sich denn der normale Mensch am Tag die Hände?», «Was *ist* denn für den normalen Menschen ein Anlass, sich die Hände zu waschen?», «Wie oft *überprüft* denn der normale Mensch am Abend, ob die Haustür verschlossen und der Herd abgestellt ist?», «*Ruft* denn nicht jeder Mensch alle ein bis zwei Wochen bei seinem Hausarzt an, um ihn zu fragen, was er von diesem oder jenem Symptom hält?», «Wie lang *braucht* denn der normale Mensch morgens beim Waschen?», «Wie lange *sollte* man denn unter der Dusche stehen?» oder «Gehen denn *wirklich* die meisten Leute an einem Friedhof vorbei, ohne danach die Sachen zu waschen, die sie anhaben?» Natürlich gibt es auf keine dieser Fragen eine einzige richtige Antwort. Um ein Bild davon zu bekommen, was normal ist, sollten Sie solche Fragen an zwei oder drei Freunde oder Familienmitglieder richten. Sobald Sie die Antworten von zwei bis drei Personen vorliegen haben, können Sie einen Durchschnittswert bilden und auf der Grundlage dieser Information die Fernziele Ihrer Behandlung formulieren. Vielleicht finden Sie diese Fragen peinlich oder dumm, aber Sie müssen die Antworten darauf kennen, um sich langfristige Ziele zu setzen. Fragen Sie Personen, zu denen Sie Vertrauen haben und deren Meinung Sie schätzen. Je mehr Kontrolle Sie über Ihre Symptome gewinnen, desto genauer werden Sie auch wieder wissen, wie normales Verhalten aussieht, und werden dann niemanden mehr danach fragen müssen.

5. Bringen Sie Ihre Ziele in eine Rangreihenfolge

Halten Sie sich, wenn Sie Ihre Ziele setzen, das Bild einer Zielscheibe vor Augen. Am Anfang, als sich Ihre Zwangsstörung zu entwickeln begann, gab es wahrscheinlich eine zentrale Sache oder Situation, vor der Sie sich stark gefürchtet haben. Diese steht für das Schwarze, den Mittelpunkt der Scheibe. Nach und nach begannen Ihre Befürchtungen, zwanghaften Handlungen und Gedanken wahrscheinlich, sich auf andere Objekte auszudehnen, die mit dem ersten irgendwie in Verbindung standen; diese entsprechen den inneren Ringen auf der Zielscheibe. Mit der Zeit entstanden weitere Assoziationen zu anderen Dingen, die noch weniger mit dem ursprünglichen Objekt zu tun haben; diese Dinge fallen in die äußersten Ringe der Zielscheibe.

Bei der Behandlung der Zwangsstörung kehren wir nun diesen Prozess um. Wir beginnen mit den Problemen am äußeren Rand der Zielscheibe, weil diese am wenigsten Angst verursachen und meist am leichtesten zu beeinflussen sind. Frühe Erfolge beim Angehen von Problemen, die Sie in Ihrer Lebensführung beeinträchtigen, verleihen Ihnen Zuversicht und ermutigen Sie, die Verhaltenstherapie fortzuführen. Nachdem Sie die Probleme in den äußeren Ringen der Zielscheibe unter Kontrolle haben, gehen Sie zum nächstinneren Ring über und setzen sich neue Übungsziele. Wenn Sie bis zum Mittelpunkt der Scheibe vorgedrungen sind und auch dieses Ziel erfolgreich bearbeitet haben, ist die Behandlung beendet.

Wenn Sie Ihre ersten Fernziele für die Arbeit an einem Hauptsymptom festgesetzt haben, bringen Sie diese Ziele in eine Reihenfolge von leicht bis schwierig, ausgehend von dem Ausmaß an Angst oder Unbehagen, das der Gedanke an die betreffenden Handlungen Ihnen bereitet. Dazu benutzen Sie ein «Angstthermometer», die so genannte SBW-Skala. SBW ist die Abkürzung für «*s*ubjektiver *B*elastungs*w*ert» und die SBW-Skala wurde von Joseph Wolpe, einem Pionier der Verhaltenstherapie, entwickelt. Sie können sich vorstellen, dass die Ziele, die die höchsten Werte auf dieser SBW-Skala haben bzw. die meiste Angst verursachen, im Allgemeinen nahe am Mittelpunkt der gerade beschriebenen Zielscheibe liegen und die SBWs mit größerem Abstand zum Mittelpunkt der Scheibe immer kleiner werden.

Der Umgang mit der SBW-Skala ist leicht zu lernen. Rufen Sie sich dazu einmal einen bestimmten Augenblick Ihres Lebens ins Gedächtnis, in dem Sie völlig entspannt und ruhig waren. Es kann gestern gewesen sein oder irgendwann in Ihrer Kindheit; das spielt keine Rolle. Wichtig ist nur, dass Sie an eine konkrete Situation an einem bestimmten Tag zurückdenken. Nehmen wir z. B. einen Sommertag, den Sie in Ihrem letzten Urlaub am Strand verbracht haben. Ein SBW von «0» stünde dann dafür, wie Sie sich an diesem Tag gefühlt haben.

Gehen wir nun ans andere Ende der SBW-Skala. Denken Sie hierzu an einen Zeitpunkt, an dem Sie so große Unruhe oder Angst empfunden haben wie niemals sonst. Dies kann eine extrem gefährliche Situation gewesen sein, z. B. ein Brand, oder eine Gelegenheit, bei der sie etwas sehr Unangenehmes tun mussten, z. B. der Moment, in dem Sie als Schüler der sechsten Klasse aufstanden, um ein Gedicht aufzusagen. Diese Situation bekommt den subjektiven Belastungswert «100».

Die 50 steht genau in der Mitte zwischen den beiden Situationen, 75 ist genau zwischen der Mitte und der maximalen Angst, usw. Legen Sie bei der Einschätzung keinen zu großen Wert auf Genauigkeit, benutzen Sie nur die Fünfer- oder Zehnerwerte der Skala wie 50 oder 65.

Jedes Ihrer Fernziele werden Sie auf der SBW-Skala einstufen, die hier noch einmal schematisch dargestellt ist:

0	———————	keine Angst
25	———————	wenig Angst
50	———————	mittelstarke Angst
75	———————	große Angst
100	———————	extrem große Angst

Wenn Sie Ihre Fernziele nach dem jeweiligen subjektiven Belastungswert in eine Reihenfolge von leicht bis schwierig gebracht haben, können Sie mit den Konfrontationsübungen beginnen, wobei Sie mit demjenigen Ziel mit dem niedrigsten SBW beginnen werden.

6. Bekämpfen Sie das Die-Welt-ist-eine-Scheibe-Syndrom

Machen Sie sich keine Sorgen, wenn Sie sich im Moment noch nicht vorstellen können, jemals Ihr langfristiges Ziel zu erreichen; dies ist völlig normal. Ich nenne es das «Die-Welt-ist-eine-Scheibe-Syndrom». Denken Sie an einen Seemann zu Kolumbus' Zeiten, dem nicht im Traum eingefallen wäre, irgendwann einmal die Welt umsegeln zu können, weil er davon überzeugt war, dass die Welt eine Scheibe war, an deren Rand er herunterfallen würde. Ebenso wenig können sich viele meiner Patienten zu Beginn der Behandlung vorstellen, jemals ihre Fernziele zu erreichen. Eine Frau, die wegen Verseuchungsängsten zu mir in die Therapie kam, konnte sich z. B. nicht vorstellen, jemals in einem krankenhauseigenen Rollstuhl zu sitzen, in dem vor ihr viele kranke Menschen gesessen hatten. Einer anderen Patientin mit Kontrollzwängen war der Gedanke völlig fremd, sie könne jemals ihre Wohnung verlassen, ohne sich zu vergewissern, dass der Herd abgestellt und der Stecker des Bügeleisens herausgezogen war. Und ein zwanghaft abergläubischer Patient konnte sich nicht vorstellen, das Wort «dreizehn» auszusprechen oder an einem 13. des Monats aus dem Haus zu gehen. Innerhalb weniger Wochen hatten alle diese Patienten ihr Ziel erreicht.

Woher rührt dieser Mangel an Vorstellungskraft? Ein Patient schilderte mir seine Theorie zu dieser Frage: Er glaubte, dass er sich nicht vorstellen konnte, seine Fernziele zu erreichen, weil er zwar durch seine Verseuchungsängste praktisch völlig lahmgelegt war, sich aber irgendwie mit seinen Problemen arrangiert und sie in ein System eingebaut hatte. Er war zwar nicht glücklich, aber immerhin fühlte er sich sicher. Er konnte sich nicht vorstellen, seine Ziele zu erreichen, weil er befürchtete, dass diese Veränderungen sein ganzes System ins Wanken bringen würden, und er nicht wusste, wie es dann weitergehen würde. Als er dann aber Fortschritte machte, merkte er, dass die befürchtete Katastrophe ausblieb, und es gelang ihm besser, sich ein Bild von dem angestrebten Ziel zu machen.

Viele Patienten haben das Die-Welt-ist-eine-Scheibe-Syndrom. Lassen Sie sich nicht dadurch entmutigen oder davon abhalten, sich ein Ziel zu setzen, dessen Erreichen jetzt noch unvorstellbar für Sie ist. Schreiben Sie das Ziel trotzdem auf und Sie werden sehen: Je weiter Sie sich ihm nähern, desto deutlichere Formen wird es vor Ihrem inneren Auge annehmen.

Ein Beispiel für das Setzen von Fernzielen

Sie kennen jetzt die Prinzipien für das Setzen von langfristigen Zielen und können nun darangehen, Ihre persönlichen Ziele zu formulieren. Ich habe für Sie eine Reihe von Schemata erstellt, in die Sie Ihre Ziele eintragen können. Da Sie diese Schemata mehrere Male benutzen werden, ist es das Beste, alle Schemata und Fragebögen, die im Anhang wiedergegeben sind, zu fotokopieren. Versehen Sie die einzelnen Exemplare immer mit dem jeweiligen Datum und heften Sie sie zusammen ab, so dass Sie einen Überblick über Ihre Fortschritte haben.

Ehe Sie versuchen, Ihre eigenen Ziele zu setzen, hilft es Ihnen vielleicht, sich kurz mit dem Beispiel von Frau P. zu befassen, der Lehrerin mit einem Wasch- und Reinigungszwang, die Ihnen bereits in Kapitel 1 vorgestellt wurde. Sie hatte Angst, sich durch alles Mögliche mit Krebs oder Aids zu infizieren. Auch wenn sich Ihre eigenen Symptome deutlich von denen Frau P.s unterscheiden, werden Sie beim Setzen der Ziele grundsätzlich genauso vorgehen, wie sie es getan hat. Nach dem Beispiel von Frau P. werde ich Ihnen noch einige Beispiele für Ziele bei anderen Formen der Zwangsstörung geben.

Frau P. setzte sich ihre Fernziele folgendermaßen. Zuerst trug sie die Zwangshandlungen und Zwangsgedanken, die sie auf der Symptomliste aus Kapitel 3 angekreuzt und mit einem *H* versehen hatte, auf den dafür vorgesehenen Bogen ein.

Hauptsymptome

Tragen Sie nur Symptome von der Symptomliste ein, die Sie mit einem H markiert haben.

Datum: __________

Zwangsgedanken

Symptom	*Allgemeiner Bereich*
(11) beunruhigt über Dreck/Bazillen	*Verseuchungsängste*
(16) Sorgen, krank zu werden	*Verseuchungsängste*
(10) Abscheu vor Ausscheidungen	*Verseuchungsängste*
____________	____________

Zwangshandlungen

Symptom	*Allgemeiner Bereich*
(38) übermäßiges oder rituali-	*Säuberungs-/Waschzwänge*
siertes Händewaschen	
(41) vermeide Kontakt	*Säuberungs-/Waschzwänge*
(39) übermäßiges/ritual. Baden	*Säuberungs-/Waschzwänge*

Gemäß dem 1. Prinzip für das Setzen von Fernzielen musste Frau P. jetzt festlegen, an welchem Hauptsymptom sie zuerst arbeiten wollte. Unter Berücksichtigung des 2. Prinzips entschied sie, dass es eins der drei aufgelisteten Symptome aus dem Bereich der Zwangshandlungen sein würde. Da es sich bei allen diesen um Säuberungs- bzw. Waschzwänge handelte, musste sie als Nächstes beurteilen, welches davon sie am meisten in ihrer Lebensführung einschränkte. Sie kam zu dem Schluss, dass dies das Symptom mit der Nummer 41 war («ich treffe andere Vorkehrungen um den Kontakt mit Krankheitserregern zu vermeiden»), da dieses beinahe jeden Aspekt ihres Lebens betraf.

Nachdem sie ihr erstes Fernziel ausgewählt hatte, trug sie es in das entsprechende Schema ein.

Fernziele

Datum: __________

Hauptsymptom: *Ich treffe andere Vorkehrungen, um den Kontakt mit Krankheitserregern zu vermeiden*

Die wichtigsten Dinge, die Sie wegen dieses Problems zu viel tun oder vermeiden:

1. *Ich benutze nicht mit anderen zusammen die Waschmaschine.*

2. *Ich betrete kein Zimmer, in dem sich vorher Kranke aufgehalten haben können.*

3. *Ich wasche mich, wenn ich jemanden gestreift habe.*

4. *Ich esse auswärts, weil ich keine Lebensmittel nach Hause bringen kann.*

5. *Ich muss «saubere» und «schmutzige» Sachen getrennt in den Schrank hängen.*

Ziele, die Sie bis zum Ende der Therapie erreichen wollen:

	SBW
1. *Öffentliche Waschmaschinen benutzen*	*80*
2. *Räume betreten, in denen sich Kranke aufhalten*	*90*
3. *Fremde berühren oder ihnen die Hand geben, ohne mich danach zu waschen*	*70*
4. *Esswaren mit nach Hause bringen und sie dort essen.*	*50*
5. *«Saubere» und «schmutzige» Sachen durcheinander in den Schrank hängen*	*60*

Wie Sie sehen, hat Frau P. auch das 3. Prinzip befolgt und aus dem allgemeinen Symptom fünf konkrete Probleme gemacht, die sie angehen will. Als Nächstes hat sie für jedes Problem ein Fernziel für die Behandlung formuliert, wobei sie das 4. Prinzip angewendet und sich bei anderen danach erkundigt hat, welche Ziele realistisch sind. Zum Schluss hat sie jedes dieser Fernziele auf der SBW-Skala eingeschätzt. Dazu hat sie überlegt, wie viel Angst oder Unbehagen ihr die jeweiligen Verhaltensweisen – die auszuführen sie sich noch gar nicht vorstellen konnte – im Augenblick verursachen würden. Unter Anwendung des 5. Prinzips hat Frau P. im Anschluss daran ihre Fernziele in eine Rangreihenfolge gebracht, wobei sie sich des nächsten Schemas bediente:

Rangreihenfolge der Fernziele nach Schwierigkeit

Ordnen Sie die Fernziele nach ihrem Schwierigkeitsgrad, angefangen bei dem leichtesten.

	SBW
1. *Esswaren mit nach Hause bringen und sie dort essen.*	*50*
2. *«Saubere» und «schmutzige» Sachen durcheinander in den Schrank hängen*	*60*
3. *Fremde berühren oder ihnen die Hand geben, ohne mich danach zu waschen*	*70*
4. *Öffentliche Waschmaschinen benutzen*	*80*
5. *Räume betreten, in denen sich Kranke aufhalten*	*90*

Nun war auch die Reihenfolge klar, nach der Frau P. vorgehen würde: Sie würde mit dem leichtesten Fernziel anfangen. Der nächste Schritt bestand für sie darin, die Übungsziele, die sie diesem Ziel näher bringen würden, zu formulieren.

Es folgen nun einige Beispiele für Fernziele bei anderen Zwangsproblemen.

Kontrollzwänge

Hauptsymptom: Ich kontrolliere, ob ich nicht einen Fehler gemacht habe.

Die wichtigsten Dinge, die Sie wegen dieses Problems zu viel tun oder vermeiden:

1. Jedes Mal, wenn ich die Wohnung verlasse, überprüfe ich 15 Minuten lang die Tür.

2. Jedes Mal, wenn ich die Wohnung verlasse, überprüfe ich 10 Minuten lang den Herd.
3. Jedes Mal, wenn ich die Wohnung verlasse, kontrolliere ich alle elektrischen Stecker.
4. Ich benutze keinen Taschenrechner, weil ich die Berechnungen dann immer viele Male wiederholen muss.

Ziele, die Sie am Ende der Therapie erreicht haben wollen:

1. Nur noch einmal die Tür überprüfen, wenn ich aus dem Haus gehe. (SBW: 70)
2. Nur noch einmal den Herd überprüfen, wenn ich aus dem Haus gehe. (SBW: 80)
3. Keine elektrischen Stecker kontrollieren, wenn ich aus dem Haus gehe. (SBW: 85)
4. Mit einem Taschenrechner die Beträge ausgestellter Schecks zusammenziehen und die Berechnung nicht wiederholen. (SBW: 65)

Zähl- oder Wiederholzwänge

Hauptsymptom: Ich muss bestimmte Routinehandlungen immer mehrfach durchführen.

Die wichtigsten Dinge, die Sie wegen dieses Problems zu viel tun oder vermeiden:

1. Ich setze mich siebenmal hin und stehe wieder auf, bevor ich mich endgültig auf einen Stuhl setze.
2. Ich hebe Gläser siebenmal hoch und stelle sie wieder ab.
3. Ich muss mir immer siebenmal hintereinander die Haare kämmen.
4. Ich gehe nicht unter die Dusche, weil es zu lange dauert.

Ziele, die Sie bis zum Ende der Therapie erreichen wollen:

1. Wenn ich mich auf einen Stuhl setze, werde ich gleich sitzenbleiben, ohne erst noch einmal aufzustehen. (SBW: 65)
2. Ich werde Gläser nur einmal abstellen. (SBW: 70)
3. Ich werde mir nicht mehrere Male hintereinander die Haare kämmen. (SBW: 50)

4. Ich werde einmal am Tag duschen und mich dabei nur einmal waschen. (SBW: 80)

Zwangsgedanken mit sexuellem Inhalt

Hauptsymptom: Ich habe Zwangsgedanken, die um das Thema Homosexualität kreisen.

Die wichtigsten Dinge, die Sie wegen dieses Problems entweder zu viel tun oder vermeiden:

1. Ich frage mehrere Male am Tag meine Frau/meinen Mann: «Bin ich homosexuell?»
2. Ich vermeide es, mit Männern/Frauen zusammen zu sein.
3. Ich lese ständig irgendetwas über Homosexualität, um mich zu beruhigen.
4. Ich sehe mir keine Filme an, weil mich das aufregen könnte.

Ziele, die Sie am Ende der Therapie erreicht haben wollen:

1. Ich werde meine Frau/meinen Mann nicht fragen: «Bin ich homosexuell?»
2. Ich werde keine Situationen vermeiden, in denen ich mit Männern/Frauen in Berührung kommen kann. (SBW: 90)
3. Ich werde keine Bücher mehr über Homosexualität lesen, um mich zu beruhigen. (SBW: 75)
4. Ich werde mir Filme ansehen, egal, wovon sie handeln. (SBW: 70)

Setzen Sie sich jetzt Ihre Fernziele

Jetzt sind Sie an der Reihe. Gehen Sie noch einmal zur Symptomliste aus dem dritten Kapitel zurück und tragen Sie in den unten stehenden Vordruck bis zu vier Zwangshandlungen und vier Zwangsgedanken ein, die Sie mit einem *H* gekennzeichnet haben, von denen Sie also momentan am meisten in Ihrer Lebensführung behindert werden. Wenn Sie weniger als vier Zwangshandlungen oder Zwangsgedanken als Hauptsymptome identifiziert haben, schreiben Sie nur diese auf. Die Reihenfolge spielt jetzt noch keine Rolle.

Hauptsymptome

Tragen Sie nur Symptome von der Symptomliste ein, die Sie mit einem *H* markiert haben.

Datum:

Zwangsgedanken

Symptom	*Allgemeiner Bereich*
______________________	______________________
______________________	______________________
______________________	______________________
______________________	______________________

Zwangshandlungen

Symptom	*Allgemeiner Bereich*
______________________	______________________
______________________	______________________
______________________	______________________
______________________	______________________

Treffen Sie jetzt die Entscheidung, an welchem Hauptsymptom Sie als Erstes arbeiten wollen und befolgen Sie dabei das 1. und das 2. Prinzip für das Setzen von Fernzielen. Tragen Sie dieses Symptom in das unten stehende Schema ein, schreiben Sie die Dinge auf, die Sie aufgrund dieses Symptoms zu viel oder zu wenig tun, und wandeln Sie diese Probleme unter Berücksichtigung des 3. und des 4. Prinzips in Fernziele um. Stufen Sie jedes Ziel im Sinne des 5. Prinzips auf der SBW-Skala ein. Lassen Sie sich beim Ausfüllen des Schemas von Ihrem Helfer beraten, benutzen Sie Fotokopien des abgedruckten Schemas und schreiben Sie mit Bleistift, da Sie Ihre erste Antwort vielleicht noch einmal korrigieren wollen.

Fernziele

Datum: __________

Hauptsymptom: ______________________________

Die wichtigsten Dinge, die Sie wegen dieses Problems entweder zu viel tun oder vermeiden:

1. ______________________________
2. ______________________________
3. ______________________________
4. ______________________________
5. ______________________________

Ziele, die Sie am Ende der Therapie erreicht haben wollen:

	SBW
1. ______________________________	______
2. ______________________________	______
3. ______________________________	______
4. ______________________________	______
5. ______________________________	______

Das folgende Schema benutzen Sie, um Ihre Ziele in eine Rangreihenfolge zu bringen.

Rangreihenfolge der Fernziele nach Schwierigkeit

Datum: ________

Ordnen Sie die Fernziele nach ihrem Schwierigkeitsgrad, angefangen bei dem leichtesten.

SBW

1. ______________________________ ______

2. ______________________________ ______

3. ______________________________ ______

4. ______________________________ ______

5. ______________________________ ______

Sie haben jetzt Ihre erste Liste mit langfristigen Zielen. Wenn Sie diese Ziele erreicht haben, werden Sie wieder das Schema «Hauptsymptome» zur Hand nehmen und nachsehen, ob dort noch Symptome übrig geblieben sind. Wenn dies der Fall ist, werden Sie sich erneut der Vordrucke «Fernziele» und «Rangreihenfolge der Fernziele nach Schwierigkeit» bedienen und sich weitere Fernziele stecken. Alle Schemata sind noch einmal im Anhang abgedruckt.

Grundsätze für das Setzen von Übungszielen

Nachdem Sie mit dem Setzen Ihrer Fernziele abgesteckt haben, wo Ihre Reise hingehen soll, geht es nun darum, die Mittel auszuwählen, mit denen Sie am effektivsten dorthin gelangen – Ihre Übungsziele. Es folgen jetzt sechs Prinzipien für das Setzen von Übungszielen, mit denen Sie Ihren Fernzielen näher kommen können.

1. Zu einer guten Konfrontationsübung gehören sowohl Reizkonfrontation als auch Reaktionsverhinderung

Eine gute Übung besteht aus Reizkonfrontation *und* Reaktionsverhinderung, so wie jeder vollständige Satz mindestens aus einem Substantiv *und* einem Verb besteht. Wie Sie in Kapitel 2 erfahren haben, sind Reizkonfrontation und Reaktionsverhinderung das A und O der Verhaltenstherapie bei Zwängen. Einige Übungen werden nur das Element der Reizkonfrontation enthalten, die meisten Ihrer Übungsziele sollten aber so aussehen, dass Sie sich sowohl Situationen aussetzen, die Sie normalerweise vermeiden würden, als auch sich davon abhalten, das zwanghafte Verhalten auszuführen, zu dem Sie sich gedrängt fühlen.

Um es einfach auszudrücken, alle Ziele sollten nach dem Schema formuliert sein: «Ich werde mich der Situation X aussetzen, ohne Y zu tun» (wobei X der Auslöser eines Zwangsgedanken ist und Y die Zwangshandlung, die Sie normalerweise ausführen, um sich besser zu fühlen).

2. Halten Sie Ihre Ziele schriftlich fest

Sie müssen Ihre Übungsziele schriftlich festhalten, um sie wirklich ernst zu nehmen. Wenn Sie sie nicht aufschreiben, ist die Gefahr groß, dass Sie sie nicht erreichen werden. Ein schriftlich vorliegendes Übungsziel zu haben erleichtert Ihnen und Ihrem Helfer auch die Entscheidung, ob das Ziel erreicht wurde. Bei einem Übungsziel, das man schwarz auf weiß vor sich hat, gibt es nichts zu diskutieren: Entweder man hat es erreicht oder nicht.

3. Stellen Sie sich die 80-Prozent-Frage

Sie haben ein Fernziel und brauchen jetzt ein Übungsziel, um Ihre Konfrontationsübungen zu machen. Aber wo fangen Sie an? Ein Übungsziel zu erreichen wird Ihnen ein gutes Gefühl verschaffen und Sie einen Schritt näher an Ihr Fernziel heranbringen. Dagegen könnte es Sie um einiges zurückwerfen, wenn Sie ein Übungsziel nicht erreichen.

Um Ihre Erfolgsaussichten zu erhöhen, stellen Sie sich, wenn Sie mit Ihrem Helfer ein Übungsziel planen, die Frage: «Wenn ich mich zehnmal an diesem Ziel versuchen würde, könnte ich es mindestens achtmal erreichen?» Sie sollten bei der Beantwortung dieser Frage ehrlich sich selbst gegenüber sein und wenn Sie sie mit Nein beantworten müssen, haben Sie eben ein zu schwieriges Übungsziel gewählt. Schreiben Sie dann ein leichteres auf. Wenn Sie vorhatten, sich zwei Stunden lang nach der Berührung eines Benzinkanisters nicht die Hände zu waschen, machen Sie aus den zwei Stunden eine Stunde. Oder wenn Sie versuchen wollten, vor dem Verlassen der Wohnung nur einmal den Herd zu kontrollieren, ändern Sie Ihr Übungsziel um in zweimaliges Kontrollieren. Wenn Sie ein neues Übungsziel formuliert haben, stellen Sie auch dieses auf die Probe und fragen sich: «Habe ich eine 80-prozentige Chance, dieses Ziel zu erreichen?» Am Anfang müssen Sie diesen Prozess vielleicht mehrere Male durchlaufen, bevor Sie die 80-Prozent-Frage mit Ja beantworten können. Sie und Ihr Helfer werden Erfahrung und Fantasie brauchen, um praktikable Übungsziele zu finden. Wenn Sie sich genügend Mühe geben, bekommen Sie aber den Dreh bestimmt heraus. Im weiteren Verlauf dieses Kapitels werde ich Ihnen noch einige konkrete Beispiele für Übungsziele geben.

4. Orientieren Sie sich an der SBW-Skala

Woher wissen Sie, wann Sie aufhören können, an einem bestimmten Übungsziel zu arbeiten, und es Zeit ist, zum nächsten überzugehen? Die SBW-Skala hilft Ihnen, zu entscheiden, wann Sie sich genügend an eine Situation gewöhnt haben. Schätzen Sie am Anfang einer Übung jeweils deren subjektiven Belastungswert ein. Wenn Sie diese Einschätzung nach etwa einer halben Stunde wiederholen, hat sich der SBW wahrscheinlich schon verringert, und sei es nur um fünf Punkte. Am Ende der ein- oder zweistündigen Übung werden Sie sich noch mehr an die Situation gewöhnt haben und der SBW wird wahrscheinlich noch weiter heruntergegangen sein. Wenn Sie das nächste Mal das betreffende Ziel angehen und es zu Beginn der Übung auf der SBW-Skala einschätzen, werden Sie vermutlich zu einem Wert kommen, der niedriger ist als der, mit dem Sie jetzt begonnen haben. Das Schema, das Sie am Ende des Kapitels vorfinden, wird Ihnen dabei helfen, die Veränderungen der subjektiven Belastungswerte zu verfolgen und zu sehen, wie der Prozess der Habituation für Sie arbeitet.

Wenn Ihr SBW in zwei aufeinander folgenden Übungssitzungen auf einen Wert von 30 oder darunter sinkt, ist es an der Zeit, sich ein anderes, schwierigeres Übungsziel vorzunehmen. Gemeinsam mit Ihrem Helfer müssen Sie überlegen, welchen Wert Sie erreichen wollen, ehe Sie zu einem anderen Übungsziel übergehen – es sollte jedoch ein Wert sein, bei dem Sie sich einigermaßen wohl fühlen.

5. Geben Sie sich alle Mühe, aber seien Sie nicht zu streng zu sich

Versuchen Sie immer, Ihre Übungsziele vollständig zu erreichen. Sie werden Ihre Symptome schneller in den Griff bekommen und werden weniger mit Rückfällen rechnen müssen, wenn Ihnen dies gelingt. Wenn Sie ein Übungsziel erreicht haben, klopfen Sie sich auf die Schulter – sie haben es verdient.

Auch wenn Sie sich wirklich bemühen, alles hundertprozentig zu machen, wird es Ihnen vielleicht das eine oder andere Mal nicht gelingen, ein Übungsziel zu erreichen. Seien Sie dann nicht zu streng zu sich selbst. Wie bereits in Kapitel 2 gesagt, müssen Sie damit rechnen, dass es gute *und* schlechte Tage geben wird. Wenn Sie ein Ziel nicht ganz erreicht haben, überlegen Sie sich, woran dies gelegen haben mag, aber lassen Sie sich nicht entmutigen. Wahrscheinlich müssen Sie sich ein etwas leichteres Übungsziel vornehmen (denken Sie an die 80-Prozent-Frage).

6. Achten Sie auf kleine Fortschritte

Verlieren Sie nicht zu schnell die Geduld und beachten Sie auch schon geringfügige Verbesserungen. Wenn Sie bei Ihren Übungen die SBW-Skala benutzen, merken Sie automatisch, welche Fortschritte Sie machen, auch wenn es kleine Fortschritte sind. Führen Sie genau Buch über Ihre Belastungswerte und irgendwann werden Sie feststellen, dass sie zurückgehen. Geben Sie nicht auf, auch wenn Sie an manchen Tagen gar keine Verbesserungen bemerken; so etwas kommt vor – zum Glück aber nicht sehr oft.

Neue Fähigkeiten erwirbt man niemals über Nacht. Erinnern Sie sich daran, wie es war, als Sie Rad oder Auto fahren gelernt haben. Sie wachten nicht etwa eines Morgens auf und waren der perfekte Rad- oder Autofahrer, sondern eigneten sich die neue Fähigkeit nach und nach an, wobei Sie an manchen Tagen größere und an anderen kleinere Fortschritte machten.

Genau das Gleiche geschieht bei der Verhaltenstherapie der Zwangsstörung. Verlieren Sie nicht den Mut, wenn Sie nicht all Ihre Zwänge innerhalb weniger Stunden in den Griff bekommen. Achten Sie auf Fortschritte, egal wie unbedeutend diese erscheinen mögen. Sie zeigen Ihnen, dass Sie auf dem richtigen Weg sind. Eines der größten Vorteile, die es mit sich bringt, einen Helfer zu haben, ist, dass dieser einen auf Verbesserungen hinweisen kann, die man selbst nicht bemerkt hätte. Haben Sie Geduld und nach und nach werden sich die vielen kleinen Schritte zu einem großen Schritt nach vorn aufaddieren.

Beurteilen Sie Ihren Erfolg ausschließlich danach, ob Sie Ihr Übungsziel erreicht haben. Dies ist sehr wichtig. Ein Patient sagte mir einmal: «Es war eine grauenhafte Woche.» Als wir über die Übungen, die er gemacht hatte, sprachen, stellte sich jedoch heraus, dass er alle seine Übungsziele hundertprozentig erreicht hatte. Ich sagte ihm, dass meiner Meinung nach alles sehr gut gelaufen war, worauf er antwortete: «Ja, aber ich habe noch so viele andere Probleme, an denen ich arbeiten muss.» Lassen Sie sich nicht von diesen Ja-abers beirren. Wenn sie mit Ihrem Helfer über Ihre Fortschritte sprechen, konzentrieren Sie sich ganz darauf, inwieweit Sie Ihre Übungsziele erreicht haben. Wenn Sie geschafft haben, was Sie sich vorgenommen hatten, dann betrachten Sie dies als Erfolg für Ihre Therapie, egal, um welche Ziele es sich im Einzelnen handelte.

Beispiele für das Setzen von Übungszielen

Um Ihnen eine Vorstellung davon zu geben, wie Ihre Übungsziele aussehen können, werde ich Ihnen hier einige Übungsziele nennen, an denen Frau P. nach unseren ersten Therapiesitzungen gearbeitet hat. Besonders wichtig ist, dass sich die Übungsziele jeweils auf eines Ihrer oben genannten Fernziele beziehen und dass sie sowohl Reizkonfrontation als auch Reaktionsverhinderung umfassen.

Frau P. begann mit ihrem leichtesten Fernziel (d. h. mit demjenigen mit dem niedrigsten SBW): «Esswaren mit nach Hause zu bringen und sie dort zu essen.» Ihr erstes Übungsziel lautete: «Zehn Minuten am Küchentisch sitzen und eine Tasse Kaffee trinken, ohne danach den Tisch abzuwischen oder zu desinfizieren».

Zuerst war dies für sie mit einem SBW von 50 verbunden. Nachdem sie zwei Tage lang geübt hatte, sank der Wert auf 20, und sie setzte sich ein neues Übungsziel: «Mit meinem Freund Schreibwaren im Supermarkt einkaufen und mich nach der Rückkehr 30 Minuten lang nicht waschen.»

Jedes Mal, wenn Frau P. ein Übungsziel erreicht hatte, ging sie zum nächsten Ziel auf der folgenden Liste über:

1. Konserven einkaufen und nach Hause bringen, ohne sie abzuwaschen.
2. Konserven in den Schrank stellen, ohne den Schrank auszuwaschen oder zu desinfizieren.

3. Tiefgefrorene Nahrungsmittel einkaufen, ins Haus bringen und 30 Minuten lang die Tasche nicht auswaschen.
4. Tiefgefrorene Nahrungsmittel einkaufen, ins Haus bringen und eine Stunde lang die Tasche nicht auswaschen.
5. Tiefgefrorene Nahrungsmittel einkaufen, ins Haus bringen und zwei Stunden lang die Tasche nicht auswaschen.
6. Frisches Gemüse einkaufen, ins Haus bringen und mir 20 Minuten lang nicht die Hände waschen.
7. Frisches Gemüse einkaufen, ins Haus bringen und mir 40 Minuten lang nicht die Hände waschen.

Nachdem Frau P. ihre ersten Übungsziele, die sich auf das Fernziel bezogen, Nahrungsmittel nach Hause zu bringen und sie dort zu verzehren, erreicht hatte, begann sie gleichzeitig an ihrem zweiten Fernziel zu arbeiten, «saubere» und «schmutzige» Sachen durcheinander in den Schrank zu hängen (wie bereits gesagt, betrachtete sie Kleidungsstücke, die sie nur innerhalb der Wohnung angehabt hatte, als «sauber» und solche, die sie draußen getragen hatte, als «schmutzig»). Grundsätzlich ist nichts dagegen einzuwenden, an zwei Fernzielen gleichzeitig zu arbeiten. Sie können es ausprobieren, wenn Sie wollen, und sehen, ob es bei Ihnen gut klappt. Wenn nicht, bleiben Sie bei einem Ziel. Es folgen die Übungsziele, die sich Frau P. auf dem Weg zu ihrem zweiten Fernziel nach und nach gesetzt und erarbeitet hat:

1. Einen Pullover, der neben einer «schmutzigen» Jacke im Schrank hängt, berühren und mir danach eine Stunde lang nicht die Hände waschen.
2. Eine «schmutzige» Jacke im Schrank berühren und mir danach eine Stunde lang die Hände nicht waschen.
3. Eine «schmutzige» Jacke im Schrank berühren und mir danach zwei Stunden lang die Hände nicht waschen.
4. Eine «schmutzige» Jacke aus dem Schrank anziehen und mich danach zwei Stunden nicht waschen oder duschen.
5. Die Plastikhüllen um «schmutzige» Jacken im Schrank entfernen.
6. «Schmutzige» und «saubere» Jacken nebeneinander in den Schrank hängen.

Es ist wichtig, zu betonen, dass Frau P. sich immer nur ein Übungsziel auf einmal vorgenommen hat. Erst wenn ein Ziel erreicht war (gemessen am

Rückgang des SBW auf ein erträgliches Maß), ging sie zum nächsten über. Genau dasselbe sollten Sie auch tun. Wenn Frau P. an mehr als einem Übungsziel zur selben Zeit gearbeitet hätte, wäre das schnell zu viel für sie geworden.

Es folgen einige Beispiele für Übungsziele bei unterschiedlichen Formen von Zwängen. Es handelt sich dabei um reale Ziele, die sich Patienten in ihrer Therapie gesetzt haben. Diese Beispiele können Ihnen vielleicht einige Anregungen für das Setzen Ihrer eigenen Übungsziele geben, nehmen Ihnen jedoch nicht die Aufgabe ab, Übungsziele zu suchen, die auf Ihre persönlichen Fernziele abgestimmt sind.

Kontrollzwänge

Herr T. ist der Lehrer aus Kapitel 1, der stets in der Angst lebte, einen seiner Schüler angegriffen oder verletzt zu haben. Aus diesem Grund brachte er keine scharfen oder potenziell gefährlichen Dinge mit in das Klassenzimmer und versuchte sich durch ständiges Überprüfen und Kontrollieren davon zu überzeugen, keinem seiner Schüler etwas angetan zu haben. Hier sind einige der Übungsziele wiedergegeben, an denen Herr T. gearbeitet hat, um seine langfristigen Behandlungsziele zu erreichen.

1. Einen Hefter mit in die Schule nehmen und ihn eine Stunde lang auf dem Pult liegen lassen.
2. Einen Hefter mit in die Schule nehmen und ihn den ganzen Tag lang auf dem Pult liegen lassen.
3. Einen Hefter mit in die Schule nehmen und ihn das ganze Jahr über auf dem Pult liegen lassen.
4. Heftzwecken mit in die Schule nehmen und sie eine Stunde lang auf dem Pult liegen lassen.
5. Heftzwecken mit in die Schule nehmen und sie den ganzen Tag lang auf dem Pult liegen lassen.
6. Heftzwecken mit in die Schule nehmen und sie das ganze Jahr über auf dem Pult liegen lassen.
7. Bei Ärger über einen Schüler nicht mit Kreidestrichen auf dem Boden meinen Standort markieren, um hinterher sicher sein zu können, nicht über den Schüler hergefallen zu sein.

8. Ein schweres Buch in der einen Hand halten und mit der anderen einem Schüler auf die Schulter klopfen, ohne mich danach zu vergewissern, ihn nicht mit dem Buch geschlagen zu haben.
9. Nach dem Unterricht keine Eltern anrufen, um zu überprüfen, ob die Schüler unversehrt sind.
10. Das Wort «Gift» einmal aufschreiben und es ansehen, ohne irgendwelche zwanghaften Handlungen auszuführen.
11. Das Wort «Gift» zehn Minuten lang aufschreiben und das Geschriebene ansehen, ohne irgendwelche zwanghaften Handlungen auszuführen.
12. Das Wort «Gift» fünfzigmal aufschreiben und das Geschriebene ansehen, ohne irgendwelche zwanghaften Handlungen auszuführen.

Wiederhol- und Zählzwänge

Vielleicht erinnern Sie sich noch an Herrn K. aus dem ersten Kapitel, dessen vielfältige Bet-, Zähl- und Wiederholrituale ihn vor einem imaginären Unglück schützen sollten. Auch fürchtete er sich vor bestimmten Farben und Zahlen. Es folgen nun einige Übungsziele, an denen er – zuerst mit Unterstützung seines Helfer, später dann allein – gearbeitet hat.

1. Eine Stunde lang rotgestreifte Unterwäsche tragen, ohne Gebete aufzusagen.
2. Die Treppe heruntergehen, ohne «Gott im Himmel» zu sagen.
3. Vom Bürgersteig auf die Straße treten, ohne an mein Bein zu klopfen oder «Gott im Himmel» zu sagen.
4. Mehrmals das Wort «Dreizehn» aussprechen, ohne danach Gebete aufzusagen.
5. Den Fernseher über Nacht auf dem 13. Kanal eingestellt lassen.
6. Mit einem roten Stift die Zahl 13 aufschreiben.
7. Am 13. eines Monats zu einem Baseballspiel gehen.
8. Dem Drang zur Ausführung von Zwangshandlungen widerstehen, wenn die Uhr auf 13 Minuten nach einer vollen Stunde steht.
9. Fernsehsendungen auf dem 13. Kanal sehen.

Zwanghafte Langsamkeit

Auch mit Herrn B. sind Sie bereits in Kapitel 1 bekannt gemacht worden. Er war der Patient, der bei allem, was er tat, sehr langsam war und häufig bei der Benutzung öffentlicher Toiletten in seine Zwangsrituale verfiel. Es folgen einige Übungsziele, an denen er mit seinem Verhaltenstherapeuten gearbeitet hat.

1. Innerhalb von zehn Sekunden einen Löffel hochheben und wieder hinlegen, wobei der Therapeut die Sekunden laut mitzählt.
2. Innerhalb von zehn Sekunden einen Löffel hochheben und wieder hinlegen, ohne dass der Therapeut mitzählt.
3. Innerhalb von fünf Sekunden einen Löffel hochheben und wieder hinlegen, wobei der Therapeut die Sekunden laut mitzählt.
4. Innerhalb von fünf Sekunden einen Löffel hochheben und wieder hinlegen, ohne dass der Therapeut zählt.
5. Ohne zu stocken einen Löffel hochheben und wieder hinlegen.
6. Die gleiche Abfolge mit einer Gabel.
7. Die gleiche Abfolge mit einem Messer.
8. Die gleiche Abfolge mit dem Trinken eines Schlucks Wasser aus einem Glas.
9. Die gleiche Abfolge mit der Einnahme eines Medikamentes.

Abergläubische Zwangsgedanken und Zwangshandlungen

Frau N., der wir ebenfalls schon im ersten Kapitel begegnet sind, litt unter abergläubischen Ängsten vor bestimmten Zahlen und Handlungen. An folgenden Übungszielen arbeitete sie in der Anfangsphase ihrer Therapie.

1. Eine Uhr mit Zifferblatt kaufen [bisher hatte sie aus Angst vor bestimmten Zahlen keine Uhr getragen].
2. Die Uhr eine Stunde am Tag tragen.
3. Die Uhr den ganzen Tag über tragen.
4. Eine Digitaluhr kaufen.
5. Die Uhr eine Stunde am Tag tragen.
6. Die Uhr den ganzen Tag über tragen.
7. Es eine halbe Stunde am Tag üben, Dinge zu tun, «von denen mir mein Kopf sagt, dass ich sie nicht tun soll».

8. Es eine Stunde am Tag üben, Dinge zu tun, «von denen mir mein Kopf sagt, dass ich sie nicht tun soll».
9. Zu normalen Zeiten essen, anstatt nur zu Zeiten, die kein Unglück bringen.
10. Einmal am Tag etwas um 13 Minuten nach einer vollen Stunde essen.
11. Am Tag 30 Minuten lang meinen Computer benutzen, ohne irgendwelche Wiederholrituale mit der Maus oder der Tastatur auszuführen, um kein Unglück heraufzubeschwören.
12. Am Tag eine Stunde lang meinen Computer benutzen, ohne irgendwelche Wiederholrituale mit der Maus oder der Tastatur auszuführen, um kein Unglück heraufzubeschwören.
13. Meiner Mutter die Dinge sagen, die ich will, auch wenn mir mein Kopf sagt, dass das nicht geht.
14. Einen Stadtplan betrachten, ohne die Friedhöfe zu vermeiden.
15. An einem Friedhof vorbeifahren, ohne irgendwelche Wiederholrituale auszuführen.
16. Auf einen Friedhof gehen, 15 Minuten lang dort zu bleiben, respektlose Dinge über die Toten denken und keine Wiederholrituale ausführen.

Hort- und Sammelzwänge

Im Vorwort beschrieb ich den Fall einer Patientin, die sich freiwillig in die Psychiatrie begeben hatte, da sie nichts wegwerfen konnte. Mit folgenden Übungszielen ging sie dieses Problem an:

1. Vierzig leere Waschmittelkartons wegwerfen.
2. Auf Karteikarten alle Dinge im Haus erfassen, die weggeworfen werden können.
3. Die Karteikarten nach Schwierigkeitsgrad ordnen.
4. Drei Tage in der Woche eine Stunde lang mit Unterstützung des Helfers die Dinge, die auf den Karteikarten stehen, auf den Müll werfen, erst die leichteren, dann die schwierigeren.

Zwangsgedanken ohne Zwangshandlungen

In Kapitel 1 wurde Ihnen auch Herr P. vorgestellt, der von dem Gedanken gequält wurde, er hätte ein Kind misshandelt. Da er Zwangsgedanken hatte, mit denen keine zwanghaften Verhaltensweisen einhergingen, sahen seine Übungsziele etwas anders aus als die der anderen hier genannten Patienten.

1. Ich wende mich nicht mit der Bitte um Beruhigung und Bestätigung an meine Frau.
2. Ich verschiebe meine Gedanken auf eine festgelegte «Sorgenzeit».
3. In dieser Sorgenzeit lasse ich meinen Zwangsgedanken freien Lauf – eine volle halbe Stunde lang, jeden Abend zur gleichen Zeit am selben Ort.
4. Sobald ich merke, dass ein Zwangsgedanke auftritt, lenke ich mich ab.
5. Fünfzehn Minuten lang Zwangsgedanken denken und dabei üben, mich abzulenken oder sie ganz natürlich «vorüberziehen» zu lassen.

Zwangssymptome bei Kindern und Jugendlichen

Eine jugendliche Patientin hatte Angst vor einer Verseuchung durch Giftefeu und vermied es deshalb, ihre Gitarre, ihr tragbares Radio und ihre Sportausrüstung zu berühren, und machte stets einen großen Bogen um die Hecke vor dem Haus ihrer Eltern. Ihre ersten Übungsziele waren:

1. Zehn Minuten Gitarre spielen und mich danach eine Stunde lang nicht waschen.
2. Eine halbe Stunde Gitarre spielen und mich danach zwei Stunden lang nicht waschen.
3. Das tragbare Radio berühren und mich danach eine halbe Stunde lang nicht waschen.
4. Das tragbare Radio berühren und mich danach zwei Stunden lang nicht waschen.
5. Zehn Minuten lang den Tennisschläger anfassen und mich danach eine Stunde lang nicht waschen.
6. Eine halbe Stunde lang den Tennisschläger anfassen und mich danach zwei Stunden lang nicht waschen.
7. Die Hecke vor dem Haus mit Handschuhen berühren und mich danach zehn Minuten lang nicht waschen.
8. Die Hecke vor dem Haus ohne Handschuhe berühren und mich danach zehn Minuten lang nicht waschen.
9. Die Hecke vor dem Haus ohne Handschuhe berühren und mich danach eine Stunde lang nicht waschen.

Setzen Sie sich jetzt Ihr erstes Übungsziel

Jetzt sind Sie an der Reihe. Tragen Sie das am leichtesten erreichbare langfristige Ziel aus der Übersicht «Rangreihenfolge der Fernziele nach Schwierigkeit» an der entsprechenden Stelle des unten stehenden Vordrucks ein. Schreiben Sie dann mit Bleistift ein darauf abgestimmtes Übungsziel darunter. Fragen Sie sich, ob Sie eine mindestens 80-prozentige Chance haben, dieses Ziel zu erreichen. Wenn Sie diese Frage mit Nein beantworten müssen, radieren Sie das Übungsziel wieder aus und setzen ein anderes ein. Wiederholen Sie dies so lange, bis Sie ein Übungsziel finden, für das Sie die 80-Prozent-Frage mit Ja beantworten können. Wenn Sie einen Helfer haben, sollte er Sie bei der Suche nach einem geeigneten Übungsziel unterstützen. Auf dem Vordruck finden Sie eine Spalte, in die Sie das jeweilige Datum der Übungssitzung eintragen können, sowie je eine Spalte für den SBW am Anfang und am Ende der Übung. Das Schema soll Ihnen dabei behilflich sein, Ihre Fortschritte bei der Arbeit an den einzelnen Übungszielen zu verfolgen und zu entscheiden, wann Sie zum nächsten Ziel übergehen können.

Erzielte Fortschritte bei den Übungszielen

Fernziel: ______________________________

Übungsziel: ______________________________

Datum	*Anfangs-SBW*	*End-SBW*

Wenn Sie ein Übungsziel erreicht haben – das heißt, bei zwei aufeinander folgenden Übungssitzungen einen niedrigen SBW (30 oder darunter) hatten –, schreiben Sie ein anderes Übungsziel zum gleichen Fernziel auf. Setzen Sie dieses Vorgehen so lange fort, bis Sie das Fernziel erreicht haben. Gehen Sie dann zum nächsten Fernziel über.

Da das Setzen der Ziele einen so wichtigen Schritt innerhalb der Behandlung darstellt, sollten Sie dieses Kapitel noch einmal lesen, ehe Sie zum nächsten übergehen, um sicherzugehen, dass Sie auch wirklich alles verstanden haben. Wenn Sie dann Ihre genauen Ziele – Ihre Reiseroute – kennen, werden Sie in Kapitel 5 erfahren, mit welchen speziell auf Ihre Probleme abgestimmten Methoden Sie diese Ziele am besten erreichen.

5. Kapitel

Wie Ihnen die Verhaltenstherapie helfen kann, Ihre Symptome in den Griff zu bekommen

Ich glaube, dass jeder seine Angst besiegen kann, nämlich indem er genau die Dinge tut, vor denen er sich fürchtet, und zwar so lange, bis er Erfolge zu verzeichnen hat.

Eleanor Roosevelt (1884-1962)

Frau Roosevelts Rezept für den Abbau von Ängsten funktioniert auch bei Zwangssymptomen. Ihr einfacher Rat enthält die beiden wichtigsten Zutaten einer erfolgreichen Verhaltenstherapie. Erstens müssen Sie sich den Situationen aussetzen, die Ihre Ängste, Zweifel oder Schuldgefühle auslösen; das ist der Teil, den wir Reizkonfrontation (oder *exposure*, Exposition) nennen. Und zweitens müssen Sie dem Drang widerstehen, diesen Situationen dadurch zu entfliehen, dass Sie sie entweder ganz vermeiden oder dass Sie sich die Hände waschen, Ihre Türschlösser kontrollieren, sich von anderen etwas bestätigen lassen, Handlungen wiederholen, sich ganz langsam bewegen oder sich ablenken; in der Fachsprache heißt das Reaktionsverhinderung (*response prevention*). Wenn Sie sich an diese beiden Regeln halten, werden Sie, wie es Frau Roosevelt sagte, bald Erfolge zu verzeichnen haben; Sie werden Siege über Ihre Ängste erringen und Ihre Zwangshandlungen in den Griff bekommen.

In diesem Kapitel werden Sie mit Methoden vertraut gemacht, die es Ihnen ermöglichen, die Prinzipien der Reizkonfrontation und Reaktionsverhinderung auf Ihre eigenen Zwänge anzuwenden. Diese Methoden werden Sie in die Lage versetzen, die Ziele, die Sie sich in Kapitel 4 gesteckt haben, zu erreichen. Bislang mögen Ihnen diese Ziele zwar sinnvoll erscheinen, aber vielleicht fragen Sie sich noch, wie Ihnen denn die Verhaltenstherapie dabei helfen kann, sie zu erreichen.

Vor kurzem erkundigte sich ein Arztkollege bei mir, wie wir in der Verhaltenstherapie Zwangsgedanken und Zwangshandlungen behandeln. Nachdem ich ihm etwas über Reizkonfrontation und Reaktionsverhinderung erzählt hatte, sagte er: «Hör auf, Papier zu zerreißen!» Zuerst begriff ich nicht, was er damit sagen wollte. Später am Tag fiel mir dann ein alter Sketch ein, in dem Mel Brooks einen berühmten, aber exzentrischen Psychiater spielt. Er spricht mit einem Reporter über eine seiner Patientinnen, eine Frau, die nicht aufhören konnte, Papier zu zerreißen. Tag und Nacht hatte sie mit dem Zerreißen von Papier verbracht und sich dadurch ihr ganzes Leben kaputtgemacht. Nachdem sie jahrelang unter diesem Problem gelitten hatte, konsultierte sie endlich den berühmten Psychiater. Wunderbarerweise war sie nach nur einer einzigen Sitzung geheilt. Als der Reporter den Psychiater fragte, wie er dieses Wunder zustande gebracht hatte, bekam er die nüchterne Antwort: «Ich sagte, sie solle aufhören, Papier zu zerreißen, so ein nettes Mädchen wie sie... Sie solle unter die Leute gehen, zu Partys, zu gesellschaftlichen Veranstaltungen – nicht immer dasitzen und Papier zerreißen.» Glaubte mein Kollege, dass es das ist, was wir in der Verhaltenstherapie machen – den Leuten sagen, sie sollen damit aufhören, Papier zu zerreißen?

Im echten Leben sind die Dinge natürlich nicht so einfach. Die Patienten hören nicht einfach auf, ihre Zwangsrituale auszuführen, weil wir es ihnen sagen. Ihr innerer Drang ist oft stärker. Nein, in der Verhaltenstherapie machen wir die Leute mit den Gesetzen vertraut, nach denen Gewohnheiten gelernt und verlernt werden.

Im Vergleich zur traditionellen Psychotherapie ist die Verhaltenstherapie eher ein pädagogischer Prozess, im Verlaufe dessen wir unseren Patienten beibringen, wie sie ihre eigenen schlechten Angewohnheiten direkt verändern können. Mein Kollege William Minichiello sagt gern, die Verhaltenstherapie gleiche mehr einem Unterricht als einer Behandlung. In unserem Behandlungszentrum für Zwangspatienten verbringen wir einen großen Teil der ersten ein bis zwei Therapiesitzungen damit, den Betroffenen und ihren Angehörigen die Grundprinzipien der Verhaltenstherapie zu erläutern und auf ihre Fragen und Sorgen einzugehen. Im Grunde genommen geben wir unseren Patienten einen Kurs im Lernen und Verlernen von Gewohnheiten; wenn es ein Universitätskurs wäre, könnte er heißen: «Angewandte Psychologie: Änderung von Gedanken, Gefühlen und Gewohnheiten».

Bei manchen Patienten reicht es schon aus, ihnen diese Prinzipien nahe zu bringen. Mit ihrem neuen Wissen und gestärkter Motivation können sie dann allein an ihren Symptomen arbeiten. Vielleicht erinnern Sie sich noch an die schwangere Frau aus Kapitel 2, die viele Nahrungsmittel und Kleidungsstücke vermied, um so ihr ungeborenes Kind vor einer Infektion mit einer Krankheit zu schützen. Mit der Unterstützung ihrer Angehörigen schaffte sie es nach nur einer Sitzung, über die Hälfte ihrer Rituale abzustellen. Als sie erfahren hatte, dass sie gegen ihren Drang angehen konnte, ohne verrückt zu werden, und dass er dann mit der Zeit schwächer werden würde, brachte sie die Energie auf, eine Stunde am Tag Übungen zu machen, um ihr Verhalten unter Kontrolle zu bekommen. Außerdem kehrten die Angehörigen, nachdem sie darüber aufgeklärt worden waren, dass sie die Probleme der Patientin noch vergrößerten, wenn sie Rücksicht auf ihre Ängste nahmen, zu ihrem normalen Verhalten zurück und unterstützten sie bei den täglichen Übungssitzungen. Natürlich erzielen nicht alle Patienten so rasante Fortschritte, aber allen gelingt es, ein gewisses Ausmaß an Kontrolle über ihre zwanghaften Handlungen zu bekommen.

Hinweise zur Durchführung der Konfrontationsübungen

Oft wird mir von Patienten die Frage gestellt: «Wie bekomme ich es hin, dem Drang zur Ausführung der Handlungen zu widerstehen? Er ist so stark.» Die einfachste Antwort, die ich darauf geben kann, ist: «Es geht trotzdem.» Wie Sie mittlerweile wissen, ist es für Sie das Wichtigste, sich den kritischen Situationen auszusetzen und keine Rituale auszuführen.

Aber wie schaffen Sie das? Es ist *eine* Sache, sich eine Woche vor der Übungssitzung, wenn Sie locker und entspannt sind, zu sagen: «Ja, ich werde dieses Übungsziel erreichen.» In der Übung selbst sieht dann aber vielleicht alles ganz anders aus und Ihr Drang zur Ausführung der zwanghaften Verhaltensweisen kann enorm stark werden. Deshalb sollten Sie alle Ihnen zur Verfügung stehenden Mittel einsetzen, um diesem Drang zu widerstehen. Die folgenden zehn Hinweise können Ihre Erfolgsaussichten bei den Konfrontationsübungen beachtlich steigern.

1. Üben Sie mit Ihrem Helfer

Jemanden dabeizuhaben, der Verständnis für Sie und Ihr Problem hat, kann darüber entscheiden, ob Sie Ihrem Drang nachgeben oder sich ihm widersetzen. Einer meiner Patienten, der den Zwang hatte, Dinge zu horten, sagte mir, dass es ihm deutlich leichter fiel, seinem Impuls zu widerstehen, etwas aus dem Mülleimer zu holen, wenn er von seinem Helfer dazu angehalten wurde, es nicht zu tun. Natürlich werden Sie später einmal beim

Angehen gegen Ihren Drang auf sich selbst gestellt sein, aber gerade am Anfang können Sie sehr von der Anwesenheit eines Helfers profitieren.

Da Sie gemeinsam mit Ihrem Helfer bei den Übungen sehr belastende Situationen überstehen müssen, ist es wichtig für Sie beide, ein paar Regeln einzuhalten, um Reibungen zu vermeiden und Ihre Zusammenarbeit effektiv zu gestalten. Die folgenden Hinweise erleichtern es Ihnen, Ihren Teil dazu beizutragen. In Kapitel 10 habe ich einige Hinweise für Ihren Helfer zusammengestellt; zu den meisten Regeln, die Sie hier finden, gibt es dort ein Gegenstück für Ihren Helfer.

- Besprechen Sie mit Ihrem Helfer offen alle Ziele. Auch wenn Ihnen etwas peinlich oder dumm vorkommt, sollten Sie es nicht für sich behalten. Er muss alle Ihre Fernziele und Ihre Übungsziele kennen, um Ihnen dabei helfen zu können, sie zu erreichen. Wenn Sie sich z. B. als Übungsziel gesetzt haben, Unterwäsche zu tragen, die Sie sonst aus Angst vor einem Unglück nicht anziehen, muss Ihr Helfer wissen, ob Sie, solange Sie die Unterwäsche anhaben, im Stillen Gebete aufsagen, um das Eintreten einer Katastrophe zu verhindern. Wenn er dies nicht weiß, kann er Ihnen nicht dabei helfen, eine effektive Konfrontationsübung durchzuführen.
- Seien Sie offen für Ermutigungen durch Ihren Helfer, auch wenn Sie nur kleine Fortschritte gemacht haben. Eine Frau, die unter abergläubischen Befürchtungen litt, sagte mir, dass an Tagen, an denen es ihr schwer fiel, die Übungen zu Ende zu führen, nur der Zuspruch Ihres Ehemanns verhinderte, dass sie völlig den Mut verlor und die Flinte ins Korn warf. Erleichtern Sie Ihrem Helfer seine Aufgabe – seien Sie offen für seine Ermutigungen.
- Stellen Sie Ihrem Helfer jede vernünftige Frage. Wenn Sie sich in einem Punkt nicht sicher sind, was normales Verhalten ist, erkundigen Sie sich auf jeden Fall bei Ihrem Helfer. Wenn Sie beispielsweise wissen möchten, ob Ihr Helfer sich nach der Reinigung des Katzenklos die Hände waschen würde, scheuen Sie sich nicht, ihn danach zu fragen. Wenn Sie aber die Antwort bereits kennen, dann fragen Sie nicht noch einmal nach. Und schenken Sie den Antworten Ihres Helfers Glauben. Denken Sie daran, dass Sie gerade ihn ausgewählt haben, weil er jemand ist, dem Sie vertrauen können. Wenn Ihr Helfer nicht alle Ihre Fragen zu den Übungen beantworten kann, lesen Sie sich noch einmal die betreffenden Stellen in diesem Buch durch.

- Bitten Sie Ihren Helfer nicht, Ihnen irgendetwas zu bestätigen. Umgehen Sie die Gefahr, einen Zwangsgedanken dadurch zu bekämpfen, dass jemand anderes Ihnen sagen muss, dass alles in Ordnung ist. Wenn Sie befürchten, sich beim Hantieren mit einer Schere geschnitten zu haben, widerstehen Sie dem Drang, Ihren Helfer zu fragen, ob Sie verletzt sind. Sie würden ihn dadurch in eine schwierige Lage bringen: Entweder geht er auf Ihre Fragen ein und bestätigt Ihnen, dass Sie unversehrt sind – dann unterläuft er den Zweck der Konfrontationsübung –, oder er sagt Ihnen: «Darüber können wir jetzt nicht sprechen», dann riskiert er es, sich auf eine Auseinandersetzung mit Ihnen einzulassen. Ersparen Sie ihm diese unangenehme Situation.
- Fangen Sie keinen Streit mit Ihrem Helfer an. Ihr Helfer muss Sie dabei unterstützen, sich Situationen auszusetzen, die belastend für Sie sind – beispielsweise unnützes Zeug wegzuwerfen, das Sie lieber behalten würden –, ohne dabei Rituale auszuführen, durch die Sie sich besser fühlen würden. Das ist keine leichte Aufgabe. Niemand bringt gern andere, die er mag, in Situationen, die für sie belastend sind. Aber Ihr Helfer nimmt das auf sich, weil Sie ihn darum gebeten haben. Machen Sie ihm seine Aufgabe nicht schwieriger, als sie ohnehin schon ist. Vergessen Sie nicht, dass Ihr Helfer Sie dabei unterstützt, Übungsziele zu erreichen, von deren Zweckmäßigkeit Sie sich *beide* überzeugt haben. Verwickeln Sie ihn nicht in fruchtlose Diskussionen und fangen Sie keinen Streit mit ihm an, weil er seine Aufgabe wie vorgesehen ausführt. Wenn Sie glauben, dass Ihr Helfer irgendetwas falsch macht, geben Sie ihm noch einmal den betreffenden Abschnitt des Buches zu lesen.

2. Der Umgang mit der Angst

Wie Sie in Kapitel 2 erfahren haben, werden Sie immer etwas Angst verspüren, wenn Sie Ihre Konfrontationsübungen machen. Sie können es sogar so sehen, dass Ihre Angst Ihnen zeigt, dass Sie Ihre Übungen korrekt durchführen und auf dem richtigen Weg sind. Aber wie gehen Sie am besten mit dieser Angst um?

Wahrscheinlich werden Sie die Feststellung machen, dass die Angst längst nicht so groß ist, wie Sie vermutet hatten. Denken Sie an das Die-Welt-ist-eine-Scheibe-Syndrom! Mit Unterstützung Ihres Helfers werden Sie es schaffen, Ihre Angst zu bewältigen. Es ist so ähnlich, wie wenn Sie merken, dass Ihnen ein Bein eingeschlafen ist. Ihre erste Reaktion ist, dass Sie versuchen, es nicht zu bewegen, da es sich dann anfühlt, als würde es von tausend Nadeln gestochen, und dieses Gefühl sehr unangenehm ist. Aber Sie wissen auch: Es führt kein Weg dran vorbei, Ihr Bein zu bewegen und die Stiche beim Wiedereinströmen des Blutes zu ertragen, wenn Sie wieder gehen wollen. Und natürlich wäre es auch prima, wenn Sie die Konfrontationsübungen ohne irgendwelche Ängste hinter sich bringen könnten. Da dies aber nicht so ist, können Sie sich die Sache nur etwas leichter machen, indem Sie sich sagen, dass es bloß vorübergehende Ängste sind, die nur so lange auftreten, bis sich Ihr Körper an die Situation gewöhnt hat.

Vielleicht machen Sie auch die Erfahrung, dass Entspannungstechniken Ihnen den Umgang mit der Angst erleichtern. In Kapitel 7 finden Sie eine detaillierte Beschreibung zweier Entspannungsmethoden, der Muskelentspannung und des kontrollierten Atmens. Diese Methoden werden Ihnen nicht alle Ihre Ängste nehmen (das sollen sie auch gar nicht), aber Sie können Ihnen dabei helfen, die Angst zu ertragen, die zu einer effektiven Konfrontationsübung dazugehört.

Einige wenige Patienten reagieren mit sehr starker Angst auf die Reizkonfrontation und erleben zusätzlich zu ihren Zwangssymptomen Panik- oder Angstattacken. Diese können sich durch folgende Symptome bemerkbar machen: Atemnot, Herzklopfen, Schmerzen oder Beklemmungen in der Brust, Erstickungsgefühle, Benommenheit oder Schwindel, Kribbeln in Händen oder Füßen, Hitze- oder Kältewellen, Schweißausbrüche, Schwächegefühle, Zittern oder Beben, Gefühle der Unwirklichkeit und Angst, sterben zu müssen oder verrückt zu werden.

So beunruhigend diese Empfindungen auch sein mögen – es ist wichtig, sich zu vergegenwärtigen, dass es sich nur um die Symptome Ihrer Angst handelt, unangenehm zwar, aber nicht gefährlich. Sie werden von allein wieder verschwinden.

Eine meiner Patientinnen hatte Angst davor, etwas zu essen, was sie vorher berührt hatte. Sie glaubte, sie habe es dadurch verseucht und könne sich nun daran vergiften. Sie litt auch unter Panikattacken, die manchmal bei besonderen Belastungen auftraten, manchmal aber auch aus heiterem Himmel kamen. Bisweilen hatte Sie auch Erstickungsgefühle oder begann zu zittern, wenn sie sich dazu überwinden konnte, in unseren Behandlungssitzungen Lebensmittel zu berühren und zu essen. Zuerst deutete sie diese Erscheinungen falsch als Anzeichen ihres nahenden Todes. Aber als ich diese Gedanken sofort korrigierte und sie daran erinnerte, dass diese Empfindungen nur Anzeichen ihrer Angst waren, und sie dies für sich wiederholte und eine Weile wartete, flaute ihre Angst ab und sie erkannte, dass sie sich nicht vergiftet hatte.

Wahrscheinlich werden Sie nicht so starke Angstsymptome bei Ihren Übungssitzungen verspüren. Wenn doch, sagen Sie sich, dass Gedanken wie «Ich sterbe» oder «Ich werde verrückt» keine realistische Grundlage haben. Sagen Sie sich: «Das ist nur die Angst» oder «Das geht schon wieder vorbei.» Versuchen Sie es auch mit den Entspannungsmethoden, die in Kapitel 7 beschrieben werden. In solchen Momenten kann es sehr wichtig für Sie sein, einen Helfer zu haben, der dies gemeinsam mit Ihnen durchsteht.

3. Fertigen Sie sich Gedächtnisstützen an

Vielleicht möchten Sie sich einige Dinge aus diesem Buch als Gedächtnisstützen fotokopieren und sie sich auf Karteikarten kleben. Viele meiner Patienten finden es besonders hilfreich, bei den Übungen die Grafik aus Kapitel 2 vor Augen zu haben, die zeigt, wie unterschiedlich schnell sich Verhaltensweisen, Gefühle und Gedanken in der Therapie ändern.

Oder Sie formulieren Ihre eigenen Gedächtnisstützen oder Motivierungshilfen. Ein Patient schrieb sich den Satz «Es kann gar nichts passieren» auf eine Karteikarte. In seiner Brieftasche trug er diese Karte immer bei sich und wenn sein Drang, Kontrollhandlungen auszuführen, sehr stark wurde, nahm er sie zur Hand, las die Worte und fühlte sich beruhigt.

Bei den ersten Übungssitzungen sollten Sie und Ihr Helfer dieses Buch stets griffbereit halten, für den Fall dass ein Problem auftaucht und Sie eine bestimmte Stelle noch einmal lesen wollen. Streichen Sie die Stellen des Buches an, die sich auf Ihr spezielles Problem beziehen, so dass Sie sie schnell finden, wenn Sie noch einmal etwas nachsehen wollen.

4. Belohnen Sie sich

Gönnen Sie sich eine Belohnung, wenn Sie ein Übungsziel erreicht haben. Wenn Sie sich vornehmen, sich zu belohnen, haben Sie etwas, auf das Sie sich während einer schwierigen Übung freuen können. Sie können sich z. B. dadurch belohnen, dass Sie sich etwas kaufen, was Sie gerne hätten, oder dass Sie etwas tun, was Ihnen Spaß macht – vielleicht gibt es ja gerade einen neuen Film, den Sie sich gern ansehen würden. Aber «schummeln»

Sie nicht dabei: Die Belohnung steht Ihnen nur zu, wenn Sie Ihr Übungsziel erreicht haben. Und machen Sie sich keine Sorgen, dass das Ganze nach Bestechung oder etwas Ähnlichem aussehen könnte – Sie bedienen sich einer bewährten verhaltenstherapeutischen Methode, die in Fachkreisen «Selbstverstärkung» genannt wird.

Ein Zwangspatient belohnte sich z. B. damit, dass er sich entweder eine Sportsendung im Fernsehen ansah, sich seine Lieblingsmusik im Radio anhörte oder seine Lieblingskekse aß. Diese Belohnungen gönnte er sich aber nur, wenn er sein Übungsziel für den jeweiligen Tag erreicht hatte.

5. Halten Sie sich Ihre Fernziele vor Augen

Sich auszumalen, wie es sein wird, wenn man seine Fernziele erreicht hat, kann sehr motivationsfördernd sein. Stellen Sie sich ganz konkret vor, was sich in Ihrem Leben alles verbessern wird, wenn Sie Ihre Zwänge erst im Griff haben.

Ein Mann, den ich behandelte, schilderte mir, dass er sich immer, wenn er versucht war, während einer Konfrontationsübung eine Zwangshandlung auszuüben, seine langfristigen Ziele vor Augen führte, die darin bestanden, ein eigenständiges Leben zu führen und wieder arbeiten zu gehen. Er machte die Erfahrung, dass diese Vorstellung seine Motivation stärkte, dem Drang zur Ausführung seiner Waschrituale zu widerstehen.

6. Lassen Sie Ihre Zwangsgedanken ganz natürlich vorbeiziehen

Wir wissen mittlerweile, dass es das Beste ist, Zwangsgedanken einfach «vorüberziehen» zu lassen und ihnen keinen Widerstand entgegenzusetzen. Der Versuch, Zwangsgedanken zu unterdrücken, führt oft dazu, dass sie noch öfter auftreten. Dr. Daniel Wegner erklärt dies in seinem Buch «Weiße Bären und andere ungewollte Gedanken» (New York: Guilford, 1994) als «Gedanken-Unterdrückungs-Effekt». Um es kurz zusammenzufassen: Dr. Weber hat bei seinen psychologischen Experimenten festgestellt, dass Menschen, die angewiesen werden, eine gewisse Zeit *nicht* an bestimmte Dinge zu denken (z. B. an einen weißen Bären), nach dem Versuch, einen Gedanken zu unterdrücken, als eine Art «Rebound-Effekt» häufiger an diese Dinge denken als gewöhnlich. Und wenn dies schon bei neutralen Dingen wie weißen Bären geschieht – dann ist klar, dass dies erst recht für Zwangsgedanken gilt, die uns alles andere als kalt lassen.

Aufgrund von Studien wie diesen, gebe ich heute all meinen Patienten den Rat, ihre Zwangsgedanken nicht durch den Versuch, sie zu unterdrükken, noch stärker werden lassen, sondern sie einfach vorüberziehen zu lassen. Ein weiterer Vorteil dieser Herangehensweise besteht darin, dass Sie so eher dahin kommen zu akzeptieren, dass Ihre Zwangsgedanken völlig ungefährlich sind und dass es nichts Verwerfliches ist, sie zu haben. Auf diese Weise bauen Sie die Schuldgefühle ab, die Ihnen Ihre Zwangsgedanken vielleicht machen, vor allem, wenn Sie stark religiös geprägt sind. Wenn die Zwangsgedanken kommen, sagen Sie sich: «Jeder Mensch hat manchmal verrückte Gedanken. Solche Gedanken haben keinerlei Bedeutung und deshalb brauche ich mir ihretwegen auch keine Vorwürfe zu machen. Ich lasse sie einfach ganz natürlich vorüberziehen, so wie das Leute tun, die keine Zwangsstörung haben.»

7. Machen Sie keine Kompromisse bei den Konfrontationsübungen

Gestalten Sie die Reizkonfrontation so, dass sie auch wirklich effektiv ist. Wenn Sie beispielsweise mit einem «verseuchten» Gegenstand üben, halten Sie nicht eine Hand «sauber» und vermeiden Sie nicht, den Rest des Tages etwas mit der «schmutzigen» Hand zu berühren. Wenn Sie abergläubische Ängste haben, halten sie nicht die Finger gekreuzt oder sagen ein Gebet auf, um sich zu beruhigen.

Auch auf eine vollständige Reaktionsverhinderung sollten Sie achten. Wenn Sie Kontrollzwänge haben, dann versuchen Sie während der Übung nicht, sich jede Bewegung merken, die Sie machen; das wäre nichts anderes als mentales Kontrollieren. Sagen Sie keine Gebete auf – auch nicht im Kopf –, um das Eintreten eines Unglücks zu verhindern, während Sie Ihren Impulsen Widerstand leisten; auch das wäre eine Art Kontrollhandlung.

Denken Sie daran, dass Reizkonfrontation und Reaktionsverhinderung nur dann die gewünschte Wirkung erzielen, wenn man Sie richtig anwendet. Wenn Sie auf Schwierigkeiten stoßen, besprechen Sie diese mit Ihrem Helfer und gehen Sie noch einmal die entsprechenden Stellen dieses Buches durch. Gemeinsam mit Ihrem Helfer werden Sie schließlich einen Weg finden, wie Sie Ihre Übungen so gestalten können, dass das angestrebte Ziel immer näher rückt.

Wenn Sie sicher sind, die Konfrontationsübungen nach allen Regeln der Kunst durchzuführen, sollten Sie so lange üben, dass sie eine faire Chance haben, ihre Wirkung zu entfalten. Wie Sie in Kapitel 2 erfahren haben, sollten Sie wenigstens 20 Übungsstunden hinter sich bringen, ehe Sie beurteilen, ob die gewählten Methoden anschlagen. Das unten stehende Schema wird Ihnen dabei behilflich sein, nicht die Übersicht darüber zu verlieren, wie viel Sie schon geübt haben.

Durchgeführte Konfrontationsübungen

Datum	*Inhalt der Übung*	*Dauer*	*Unterstützt durch*

8. Hinweise für die Reaktionsverhinderung

Versuchen Sie, Ihre Übungsziele in kleine, erreichbare Schritte zu zerlegen. Vielleicht können Sie am Anfang Ihrem Drang zur Ausführung eines Rituals nur drei Minuten lang widerstehen. Das ist in Ordnung. Wenn Ihnen dies gut gelingt, dehnen Sie die Zeitspanne auf fünf oder zehn Minuten aus.

Sich langsam auf Ihr Ziel zuzubewegen kann Ihnen die Arbeit sehr erleichtern.

Gehen Sie nach der Konfrontationsübung möglichst aus der Situation oder dem betreffenden Umfeld heraus. Verlassen Sie den Raum, machen Sie einen Spaziergang. Durch das Hinausgehen aus der Auslösesituation schwächt sich der Drang, ein Ritual auszuführen, in der Regel deutlich ab. Nach und nach bleiben Sie dann immer länger in der kritischen Situation, ohne Zwangshandlungen auszuführen.

Manchmal hilft es, die Übungen auf bestimmte günstige Zeiten des Tages zu legen. Wenn Sie beispielsweise während Ihrer Arbeitszeit sowieso keine Zwangshandlungen ausführen, machen Sie die Reizkonfrontation vielleicht am besten frühmorgens, ehe Sie ins Büro gehen, und erleichtern sich dadurch die Reaktionsverhinderung.

9. So können Sie die Reizkonfrontation mit Hilfe von Ton- und Videoaufnahmen noch effektiver gestalten

Die Katastrophen, vor denen sich Zwangspatienten oft fürchten, treten so gut wie nie wirklich ein. Natürlich ist es nicht möglich, Sie in der Realität mit Ihren Ängsten zu konfrontieren, wenn Sie sich vor Dingen fürchten wie etwa, dass ein Angehöriger von Ihnen bei einem Verkehrsunfall umkommt, dass sie «aus Versehen» ein Baby mit einem Messer verletzen oder Gott Sie mit dem Tod bestraft, weil Sie irgendeinen Fehler gemacht haben! Der Versuch, Sie dazu zu bringen, sich solche Katastrophen auszumalen, wird wohl kaum zu einer erfolgreichen Konfrontationsbehandlung führen, da es den meisten Menschen hierzu an Vorstellungskraft fehlt. Und selbst wenn wir es versuchen würden, so wäre doch die Versuchung, sich so bald wie möglich von solch schauerlichen Dingen abzuwenden, meistens zu groß, um sich ihr zu widersetzen. In dieser Situation helfen, wie ich in der Therapie häufig erfahren konnte, Videobänder, wenn es um die Überwindung allgemeiner, weit verbreiteter Ängste und Zwangsvorstellungen geht, und Tonbänder, wenn es sich um ganz spezielle, persönliche Vorstellungen und Befürchtungen handelt.

Wenn Sie unter Zwangsvorstellungen mit gewalttätigem oder sexuellem Inhalt leiden, sehen Sie sich wahrscheinlich möglichst keine Fernsehsendungen oder Filme an, in denen Gewalt- oder Sexszenen vorkommen. Wie Sie aber mittlerweile wissen, kann ein solches Vermeidungsverhalten Ihre Zwangsgedanken noch stärker werden lassen. Ich lasse Patienten oft ein

Video immer wieder anschauen, dessen Inhalt ihre Befürchtungen auslöst, und bei vielen von ihnen bewirkt dies eine Habituation ihrer Ängste. Wenn Sie beispielsweise unter der Angst leiden, unbeabsichtigt jemanden umbringen zu können, würde es sich anbieten, sich einen Film über einen Mörder (z. B. Charles Manson) zu besorgen, der bei Ihnen Zwangsgedanken hervorruft. Diesen Film würden Sie sich dann so lange ansehen, bis es Ihnen nichts mehr ausmacht (natürlich müssen Sie dabei dem Drang widerstehen, irgendwelche Zwangshandlungen auszuführen). Haben Sie beispielsweise abergläubische Ängste, könnten Sie sich ein Video leihen, in dem «übernatürliche» Dinge passieren (zum Beispiel «Der Exorzist» oder «Rosemaries Baby»), und es mehrere Male von Anfang bis Ende ansehen, bis die Bilder bei Ihnen keine Zwangsgedanken mehr auslösen. Für mich ist immer dann klar, dass die Behandlung die gewünschte Wirkung erzielt hat, wenn ich von meinen Patienten höre: «Ich konnte mir diesen Film einfach nicht noch einmal angucken – er ist so langweilig!» Dann bleibt mir nur noch, ihnen zu gratulieren: Langeweile ist schließlich das genaue Gegenteil von Angst!

Allerdings sind es oft ganz spezielle Situationen, durch die bestimmte Zwangsgedanken ausgelöst werden. Frau A. beispielsweise litt unter der Vorstellung, sie könne ihren kleinen Sohn dadurch umbringen, dass sie ihn mit ihren Händen berührte, an denen sich Bakterien befanden, die von rohem Fleisch oder Eiern stammten. Diese Vorstellung war für sie so entsetzlich, dass sie bei Beginn der Behandlung aufgehört hatte, ihn zu füttern oder seine Windeln zu wechseln. Zwar konnten wir Sie mit Hilfe der üblichen Methoden im Rahmen der Reizkonfrontation mit Reaktionsverhinderung so weit bringen, dass sie ihr Kind wieder füttern und windeln konnte, jedoch war die Situation für sie noch sehr unangenehm, da sie weiterhin die zwanghafte Vorstellung hatte, der Kleine könne Schaden nehmen. Erst durch ein speziell angefertigten Tonband gelang es, Frau A. effektiv mit ihren spezifischen Befürchtungen zu konfrontieren.

Ich sagte Frau A., dass sie nur dadurch weiterkommen würde, dass Sie sich mit ihren schlimmsten Befürchtungen auseinander setzte. Sie fing damit an, dass sie haarklein aufschrieb, was für sie das Schlimmste war, was ihrem kleinen Jungen passieren konnte. Bei unserem nächsten Termin sah ich mir ihre Ausführungen an, die ich hier leicht geändert und gekürzt wiedergebe, um Ihnen einen Eindruck von einem effektiven Reizkonfrontationstext zu vermitteln.

«Ich wasch mir nicht ordentlich die Hände, nachdem ich Huhn gekocht habe. Ich füttere meinen Sohn und später am Tag stelle ich fest, dass er nicht richtig atmet, als würde ihm etwas die Luft abdrücken. Ich messe seine Temperatur: Er hat hohes Fieber. Ich fahre mit ihm ins Krankenhaus und berichte dem Arzt, was passiert ist. Er erklärt mir, dass ich wohl Bakterien an den Händen hatte und er jetzt eine Infektion hat, die er wahrscheinlich nicht überleben wird. Ich sitze an seinem Bettchen und höre ihn keuchen und japsen. Er schaut mich mit flehendem Blick an – ein stummer Hilferuf. Aber es gibt nichts, was ich für ihn tun könnte. Ich weine und fühle mich immer hilfloser und schuldiger. In der nächsten Stunde sehe ich zu, wie mein Junge an dem Gift stirbt, das ich in seinen Körper gebracht habe. Er stirbt einen grauenvollen Tod. Schließlich kommt mein Mann ins Krankenhaus und als er erfährt, was passiert ist, schreit er mich hysterisch an, beschimpft mich als verantwortungslose Mutter und gibt mir die Schuld am Tod seines Sohnes. Meine Mutter und mein Vater und meine Schwiegereltern sagen mir, dass sie nichts mehr mit mir zu tun haben wollen, weil ich absolut verantwortungslos gehandelt hätte und ihren Enkel auf dem Gewissen hätte. Mein Mann verlässt mich. Ich verliere die Wohnung, muss in einer Obdachlosenunterkunft leben und werde Alkoholikerin. Nach ein paar Jahren komme ich zu dem Schluss, dass ich nichts mehr habe, für das sich zu leben lohnt, und begehe Selbstmord.»

Als ich den ersten Entwurf des Textes, den Frau A. selbst geschrieben hatte, las, fiel mir auf, dass sie verschiedene geistige Rituale eingebaut hatte, auf die ich sie hinwies und die wir dann durchstrichen (es handelte sich um Sätze wie: «Aber ich sage mir, dass das alles nicht wirklich passiert» oder «Gott würde nie zulassen, dass ihm so etwas zustößt»).[33] Wie ich Frau A. sagte, war mir klar, dass es für sie zunächst sehr unangenehm sein würde, sich den Text anzuhören; dass der Text jedoch, wenn sie ihn immer wieder hören würde, nach und nach seine Wirkung auf sie verlieren würde.

---

33 Mein Kollege Professor Isaac Marks aus London hat mit 30 Sekunden langen Tonaufnahmen gearbeitet, die er seinen Patienten immer wieder vorspielte, und festgestellt, dass es wesentlich darauf ankam, dass diese keine Sätze enthielten, die als geistige Rituale dienen konnten (d. h. Sätze, mit denen sich die Patienten «künstlich» beruhigen konnten). Bevor er diese Sätze aus den Texten entfernte, erzielte er nur mittelmäßige Ergebnisse mit dieser Art von Reizkonfrontation. Nachdem er begann, sich die Texte genau anzuschauen und alle geistigen Rituale zu entfernen, ehe die Patienten die Bänder besprachen, verbesserten sich die Ergebnisse der Behandlung deutlich (Lovell, K., Marks, I. M., Noshirvani, H., O'Sullivan, G., «Should treatment distinguish anxiogenic from anxiolytic obsessive-compulsive ruminations?» *Psychotherapy and Psychosomatics,* 1994; 61:150-155).

Und dann würde sie es endlich genießen können, ihr Kind zu versorgen – und hätte damit das ursprüngliche Ziel der Behandlung erreicht. Sie sprach dann den Text drei oder vier Male auf eine Seite einer 60-Minuten-Audiokassette und hörte sich das Band mindestens eine Stunde lang täglich auf ihrem Walkman an. Nach zwei Wochen berichtete sie mir glücklich, dass es ihr nicht mehr so viel ausmachte, das Band anzuhören, und bald waren die Ängste, die das Füttern und Windelwechseln ausgelöst hatte, fast völlig verschwunden. Dies ist mittlerweile ungefähr ein Jahr her und heute geht es ihr und ihrem Sohn gut und sie genießt es, sich um ihn zu kümmern und ihn aufwachsen zu sehen.

10. Planen Sie eine Sorgenzeit für ihre Zwangsgedanken ein

Einige meiner Patienten schaffen es nur, ihre Zwangsgedanken natürlich vorüberziehen zu lassen, wenn sie es eingeplant haben, sich später mit ihnen zu beschäftigen. Trotz meiner Bemühungen, sie vom Gegenteil zu überzeugen, halten sie es für verantwortungslos, sich nicht eine bestimmte Zeit mit ihnen zu beschäftigen (so wie man etwa die Ereignisse des vergangenen Tages noch einmal Revue passieren lässt).

Wenn dies auch auf Sie zutrifft, können Sie sich eine Technik zunutze machen, die von Dr. Thomas Borkovek entwickelt wurde, einem Wissenschaftler, der sich ausgiebig mit zwanghaftem Grübeln befasst hat: Legen Sie eine tägliche dreißigminütige «Sorgenzeit» fest. In dieser halben Stunde – möglichst jeden Tag zur gleichen Zeit – sollten Sie sich auf einen bestimmten Stuhl setzen und an nichts anderes denken als an Ihre Zwangsgedanken – selbst wenn es Ihnen schwer fällt, dies die ganzen dreißig Minuten durchzuhalten. Nach einer gewissen Zeit wollen Sie vielleicht Ihre Sorgenzeit auf 15 Minuten verkürzen. Ein Teil der Patienten hört schließlich ganz damit auf, während ein anderer sie je nach Bedarf weiter einplant.

11. Hilfe für Kinder und Jugendliche

Die Methode der Reizkonfrontation mit Reaktionsverhinderung spielt bei der Behandlung von Kindern und Jugendlichen eine ebenso große Rolle wie bei der von Erwachsenen. Der wichtigste Unterschied ist, dass die Eltern der Kinder unbedingt an der Therapie beteiligt werden müssen. Meine Aufgabe als Verhaltenstherapeut (und beim Schreiben dieses Buches) besteht darin, den Eltern beizubringen, wie sie ihrem Kind dabei helfen, die notwendigen Konfrontationsübungen zu machen. Die Eltern müssen auch lernen, ihr Kind angemessen zu belohnen, wenn es eine Übung absolviert hat; dies ist sehr wichtig.

Sie könnten damit anfangen, dass Sie Ihr Kind eine Liste aufstellen lassen mit Dingen, die es gern tun würde. Dann können Sie sich auf ein System einigen, nach dem Ihr Kind durch die Durchführung von Konfrontationsübungen Punkte sammeln kann, die es dann gegen eine Belohnung von der Liste eintauschen kann. Es könnte z. B. einen Punkt pro Übung bekommen und diese Punkte am Ende des Tages oder der Woche eintauschen können.

Seien Sie kreativ bei der Suche nach geeigneten Belohnungen; was eine geeignete Belohnung ist, kann sich von Kind zu Kind und von Tag zu Tag sehr unterscheiden. Ein elfjähriger Junge genoss es z. B. sehr, mit seinem Vater zusammen zu sein. Deshalb vereinbarten seine Eltern mit ihm, dass er mit seinem Vater zu einem Fußballspiel gehen durfte, wenn er ausdauernd an seinem Problem gearbeitet hatte. Mit dieser zusätzlichen Motivation war der Junge in der Lage, die erforderlichen Übungen zu absolvieren.

Auch an der Behandlung jugendlicher Zwangspatienten sollten deren Eltern beteiligt werden. Freddy war ein Teenager, der den Zwang hatte, vor dem Schlafengehen verschiedene Dinge in seinem Zimmer nach einem ganz bestimmten Ritual zu berühren. Zu der Zeit, als er zu uns in die Behandlung kam, dauerten diese Rituale bereits so lange, dass er die ganze Nacht wach geblieben wäre, wenn er versucht hätte, in seinem Zimmer zu schlafen, und er deshalb im Wohnzimmer schlief. In der Therapie lernte Freddy, Konfrontationsübungen durchzuführen. Durch die Erreichung seiner Übungsziele konnte er sich Punkte verdienen, die er am Ende jeder Woche bei seinen Eltern gegen eine Belohnung eintauschen konnte. Nach und nach gelang es ihm, mit Hilfe dieses Programms seine Zwänge unter Kontrolle zu bekommen. Natürlich muss der jugendliche Patient selbst eine Besserung wollen, um sich auf Konfrontationsübungen einzulassen. In den seltenen Fällen, in denen Jugendliche gegen ihren Willen zu uns geschickt wurden, konnten wir nie etwas ausrichten, es sei denn, sie entschieden sich später doch noch dafür, mit uns zu kooperieren.

Sie sollten Ihrem Kind die verhaltenstherapeutischen Methoden auf eine Art und Weise vermitteln, dass es begreifen kann, worum es geht. Sie sollten ihm auch erklären, wofür die Methoden gut sind und wie sie funktionieren. Beispielsweise könnten Sie ihm sagen, dass die Angst, die es empfindet, wie ein falscher Alarm in einer Feuerwehrstation ist. Die Feuerwehrmänner hören das Alarmsignal und fahren, so schnell sie können, zur vermeintlichen Brandstelle. Dort angekommen, stellen sie fest, dass es kein Feuer gibt. Und so wie die Feuersirene beim falschen Alarm bald wieder aufhört zu ertönen, so wird auch die Angst des Kindes bald nachlassen, und deshalb kann es sie getrost ignorieren.

Vielleicht können Sie Ihr Kind auch mit der Vorstellung für die Therapie motivieren, es sein ein Held (oder irgendeine Figur aus einem Märchen oder einem Comic), der gegen ein Ungeheuer – seine zwanghaften Gedanken oder Impulse – kämpft.

Möglicherweise bringt es Sie aus der Fassung und Sie wissen nicht, was Sie tun sollen, wenn Ihr Kind während der Übungen Wutausbrüche bekommt. Ein Mädchen bekam regelrechte Tobsuchtsanfälle, wenn sie daran gehindert wurde, ihre Rituale auszuführen, und drohte in ihrer Wut damit, all ihre Spielsachen zu zerschlagen. Ihre Eltern sprachen mit ihr und versuchten ihr begreiflich zu machen, dass sie ihr helfen mussten, zu lernen, ihr Temperament zu zügeln; bei jedem Wutanfall würden sie sie in ihr Zimmer bringen. Sie sagten ihr: «Wir tun das sehr ungern, aber du musst lernen, dich zu beherrschen.» Anfangs fühlten sich die Eltern verunsichert und bekamen Schuldgefühle, wenn ihre Tochter schrie und Dinge durch das Zimmer warf. Aber nachdem sie sie einige Male bei einem Wutanfall in ihr Zimmer gebracht hatten, lernte sie, sich besser zu beherrschen. Es braucht nicht gesagt zu werden, dass die effektive Anwendung dieses Vorgehens, das in der Verhaltenstherapie Auszeit *(time out)* genannt wird, viel Geduld aufseiten der Eltern erfordert.

Einige abschließende Bemerkungen darüber, wie Sie Ihrem Kind helfen können, seine Zwänge unter Kontrolle zu bekommen: Vergewissern Sie sich, dass Sie genau wissen, was für Zwangsgedanken und Zwangshandlungen Ihr Kind hat und in welcher Beziehung diese zueinander stehen. Gehen Sie nicht einfach davon aus, dass Sie seine Probleme kennen; denken Sie daran, dass die Symptome für das Kind eine ganz andere Bedeutung haben können als für einen Erwachsenen.

Ich habe es oft mit Kindern und Jugendlichen zu tun, die so entsetzt über ihre eigenen Gedanken sind und glauben, «böse» zu sein, weil sie solche Gedanken haben, dass sie vor niemandem zuzugeben wagen, was in ihrem Inneren vorgeht. Dass sie nicht offen über diese Dinge sprechen, macht es ihren Familien schwer, zu verstehen, dass das scheinbar völlig absurde Verhalten der jungen Patienten ein Versuch sein kann, quälende zwanghafte Gedanken zu bekämpfen.

Ein Beispiel dafür ist David, ein Junge, der ein bizarres Verhalten an den Tag legte, beispielsweise ständig auf den Boden spuckte und Obszönitäten von sich gab, und der von seinen Eltern zu mir gebracht wurde, weil sie nicht mehr weiter wussten. Zuerst weigerte sich David, mir zu sagen, was das alles zu bedeuten hatte. Aber nach einigen Wochen und nachdem ich ihm versichert hatte, dass viele Kinder unangenehme Gedanken haben, die sie sich nicht aus dem Kopf schlagen können, und dass er nichts für seine Gedanken konnte, gab er zögernd zu, dass er Inzestgedanken und -vorstellungen hatte. Das Fluchen und Spucken diente dem Zweck, diese Gedanken zu verjagen, und sollte auch die Familienmitglieder, durch die sie ausgelöst wurden, von ihm fernhalten. Nachdem David in der Lage war, mit mir und seinen Eltern über seine Gedanken zu sprechen, wurde eine Zusammenarbeit möglich und wir konnten mit der genauen Identifikation all seiner verschiedenen Rituale beginnen.

Davids Fall weist noch auf ein weiteres Merkmal von Zwangsstörungen bei Kindern und Jugendlichen hin: Die Rituale durchdringen meist alle möglichen Bereiche ihres Lebens – zu Hause, beim Spiel und in der Schule. Deshalb ist es wichtig, sorgfältig (aber tunlichst schnell) so viele dieser zahlreichen Zwänge wie möglich zu identifizieren und mit der Arbeit an einem oder zwei der störendsten zu beginnen.

Die Abstimmung der Therapie auf Ihre speziellen Zwangssymptome

Wir wollen jetzt einen Blick auf die verschiedenen Zwangssymptome werfen sowie auf die Art und Weise, wie die Ihnen mittlerweile vertrauten verhaltenstherapeutischen Methoden jeweils angewandt werden. Achten Sie im Folgenden besonders darauf, wie die Behandlung jeweils auf die besondere Problematik des entsprechenden Patienten abgestimmt ist, und nehmen Sie sich dies zum Vorbild für Ihr eigenes Vorgehen.

Obwohl ich manchmal von Patienten mit Waschzwängen oder Patienten mit Kontrollzwängen spreche, sollten Sie nicht vergessen, dass dies eine Vereinfachung ist und viele Leute Symptome aus mehr als einer Kategorie haben. Wenn das auch auf Sie zutrifft, werden Sie gesondert für jede Art von Symptomen, die Sie haben, die effektivsten Behandlungsmethoden auswählen.

Sie sollten alle folgenden Abschnitte lesen, auch die, bei denen es um Probleme geht, die sich von Ihren unterscheiden. Auch diese vermitteln

Ihnen nämlich eine Vorstellung davon, wie Sie am besten vorgehen können, um Ihre eigenen Fernziele zu erreichen.

Säuberungs- und Waschzwänge

Die meisten Menschen beenden das Händewaschen, wenn sie das Gefühl haben, dass ihre Hände sauber sind. Wenn Sie einen Waschzwang haben, will sich dieses Gefühl bei Ihnen vielleicht nicht einstellen, wie lange Sie auch schrubben und waschen. Vielleicht haben Sie auch gar keine Vorstellung mehr davon, bis zu welchem Ausmaß Händewaschen normal ist und ab wann nicht mehr. Es mag Ihnen zwar etwas peinlich sein, aber Sie sollten mit mindestens drei anderen Personen über diese Frage sprechen, um wieder eine klare Vorstellung davon zu bekommen, was normales Händewaschen ist. Bilden Sie einen Durchschnittswert aus den Angaben und machen Sie diesen zu Ihrem Fernziel.

Im Verlauf der vergangenen Jahre habe ich zahlreiche Patienten und deren Familien gefragt, wann sie das Gefühl haben, sich die Hände waschen zu müssen. Die meisten Antworten, die ich bekommen habe, beziehen sich auf eine der unten als «Regeln für das Waschen» aufgeführten vier Situationen. Nicht ohne Grund habe ich in den Regeln 3 und 4 die Wörter «sieht» und »mit der Aufschrift ... versehen» besonders hervorgehoben; dies soll Sie daran erinnern, dass Sie sich an *objektiven Tatsachen* und nicht an vagen Gefühlen orientieren sollten, wenn Sie die Entscheidung treffen, ob Sie sich waschen sollen oder nicht.

Regeln für das Waschen

1. Es ist in Ordnung, sich die Hände zu waschen, nachdem man auf der Toilette war.
2. Es ist in Ordnung, sich vor dem Essen die Hände zu waschen.
3. Es ist in Ordnung, sich zu waschen, wenn man *sieht*, dass man schmutzig ist.
4. Es ist in Ordnung, sich zu waschen, wenn man etwas berührt hat, was *mit der Aufschrift* «giftig» *versehen* ist.

Wenn Sie diese Liste hilfreich finden, sollten Sie sich Kopien davon machen, diese auf Karteikarten kleben und sich diese Karten gut sichtbar an alle Waschbecken und Duschen Ihrer Wohnung legen. Dann können Sie immer einen Blick auf sie werfen, wenn Sie sich waschen oder duschen wollen. Bevor Sie anfangen, sich zu waschen, stellen Sie sich jedes Mal die Frage: «Muss ich mich jetzt wirklich waschen?» Wenn Sie im Zweifel sind, fragen Sie immer erst Ihren Helfer.

Wenn Ihr Problem aus übermäßigem Baden oder Duschen besteht, sollten Sie am Anfang der Behandlung drei Menschen, die Sie gut kennen (einschließlich Ihres Helfers), fragen, wie lange diese in der Regel unter der Dusche stehen. Bilden Sie dann den Durchschnitt aus diesen Angaben und setzen sie sich diese Zeit als Ihr Fernziel.

Wenn Sie die Schwierigkeit haben, zu viel Zeit mit Kämmen, Schminken, Zähneputzen oder anderen Routineverrichtungen im Badezimmer zu verbringen (besonders morgens, ehe Sie aus dem Haus gehen), sollten Sie Ihren Helfer und zwei weitere Personen fragen, wie lange sie für diese Dinge brauchen. Den Durchschnitt aus diesen Angaben sollten Sie als langfristiges Ziel der Behandlung anstreben.

Wenn Sie insgesamt zu viel Zeit im Bad verbringen, vor allem morgens früh, fragen Sie drei Leute, die Sie gut kennen, wie viel Zeit sie im Allgemeinen im Bad brauchen. Bilden Sie den Durchschnitt aus diesen Angaben und setzen Sie sich diesen Wert als langfristiges Behandlungsziel.

Bei der Therapie von Waschzwängen besteht die Reizkonfrontation darin, ein Objekt zu berühren, das in Ihnen Unbehagen, ängstliche Spannung, Ekel oder Furcht auslöst; beispielsweise eine Mülltonne, die Sie für «verseucht» halten. Zuerst sollte Ihr Helfer das versuchte oder schmutzige Objekt berühren, um zu demonstrieren, dass er nichts von Ihnen verlangt, was er nicht selbst auch tun würde. Dieses Vorgehen, Modell-Lernen genannt, erhöht die Wirksamkeit der Reizkonfrontation.

Die Reaktionsverhinderung sieht bei Säuberungs- und Waschzwängen so aus, dass Sie sich nach der Berührung des Objektes und bis zum Ende der Sitzung dem Drang widersetzen, irgendetwas abzuwischen, sich zu waschen oder die «verseuchten» Kleidungsstücke abzulegen. Ich habe die Erfahrung gemacht, dass – trotz aller negativen Gefühle – fast alle Patienten in der Lage sind, bis zu zwei Stunden nach der Reizkonfrontation auf die Ausführung von Waschhandlungen zu verzichten. In der Reizverhinderungsphase sollten Sie daran denken, dass es nichts Ungewöhnliches ist, wenn der Drang, sich zu waschen, und das Gefühl, verseucht zu sein, noch eine ganze Weile anhält, dass sie aber nach ein bis zwei Stunden zurückgehen werden. Führen Sie Aufzeichnungen über Ihre Übungssitzungen und benutzen Sie dafür den Vordruck «Durchgeführte Konfrontationsübungen».

Die im Folgenden beschriebenen Hilfestellungen können Ihnen die Konfrontationsübungen vielleicht etwas erleichtern. Wenn Ihr Problem aus übermäßigem Duschen oder Baden besteht, sollten Sie bei den Übungssitzungen immer mit einer Uhr oder einer Stoppuhr arbeiten. Es hat keinen Zweck, die Zeit nach Gefühl schätzen zu wollen, Sie werden bestimmt falsch liegen. Am Anfang sollten Sie immer Ihren Helfer dabeihaben, um sich von ihm an die Zeit erinnern zu lassen. Wenn er Ihnen sagt, dass Sie nur noch wenige Minuten haben und Sie noch nicht fertig sind, müssen Sie sich beeilen. Einer unser Patienten ließ sich immer von seinem Helfer durchsagen, wann die Hälfte der Zeit um war und wann er nur noch fünf Minuten hatte. Dies half ihm, sich anzutreiben. Wenn Ihr Helfer Ihnen sagt, dass die Zeit um ist (was auch von einem anderen Raum aus geschehen kann), müssen Sie *sofort* das Wasser abdrehen und aus der Dusche oder der Badewanne kommen. Auch wenn Sie sich noch unsauber fühlen (was wahrscheinlich der Fall sein wird) – Sie *müssen* das Baden bzw. Duschen beenden. Denken Sie daran, Ihr *Verhalten* können Sie immer kontrollieren: Sie *können* aus dem Badezimmer kommen, wenn Ihr Zeitlimit erreicht ist. Ihre Gefühle und Gedanken werden sich später Ihrem geänderten Verhalten anpassen.

Auch wenn Sie an übertriebenen Badezimmerritualen arbeiten, müssen Sie sich dazu zwingen, mit dem, was Sie tun, aufzuhören, sobald Ihr Helfer Ihnen mitteilt, dass Ihre Zeit abgelaufen ist. Mogeln Sie nicht! Legen Sie unverzüglich Zahnbürste, Kamm oder Lippenstift hin und verlassen Sie das Bad.

Unsere Patienten sind sehr einfallsreich im Erfinden von Möglichkeiten, sowohl die Reizkonfrontation als auch die Reaktionsverhinderung wirksam durchzuführen. Ein Mann berichtete mir, dass er eine «idiotensichere» Methode gefunden hatte, die ihn davon abhielt, sich in der Übungszeit die Hände zu waschen: Er hatte sich verschiedene Münzentricks beigebracht und übte nun jedes Mal, wenn ihn der Drang überkam, sich die Hände zu waschen, an einem Trick. Eine Patientin litt unter Angst vor Benzin; ihre Konfrontationsübung bestand darin, an Selbstbedienungstankstellen zu tanken; und um sich vom Händewaschen abzuhalten, fuhr sie danach jedes Mal noch mindestens eine Stunde lang durch die Gegend. Und ein Patient versuchte, seine Angst vor der Benutzung öffentlicher Toiletten dadurch in den Griff zu bekommen, dass er sie regelmäßig aufsuchte, wenn er unterwegs war. Ich musste ihn allerdings daran erinnern, sich auch wirklich mit den Dingen zu konfrontieren, die ihm Angst machten. Da es ihm sehr widerstrebte, in öffentlichen Toiletten die Wasserhähne anzufassen, musste er sich dazu zwingen, sie direkt zu berühren und keine Papierhandtücher zu benutzen, um das Wasser an- oder abzudrehen.

Benutzen Sie jede der hier beschriebenen Möglichkeiten, die Ihnen hilft, Ihre Konfrontationsübungen durchzuführen. Manchen Betroffenen erleichtert es die Sache, wenn sie Entspannungstechniken einsetzen, nachdem sie sich mit «verseuchten» Gegenständen konfrontiert haben. Wenn Sie von großen Sorgen über eine vermeintliche Versuchung befallen werden, sollten Sie versuchen, Ihre Gedanken auf eine «Sorgenzeit» zu verschieben, wie ich es weiter vorn in diesem Kapitel beschrieben habe. Belohnen Sie sich für Erfolge bei der Arbeit an Ihren Übungszielen. Führen Sie sich Ihre Zukunft vor Augen; schreiben Sie auf, was Sie alles tun können, wenn Sie erst Ihren Waschzwang unter Kontrolle haben; stellen Sie sich bildlich vor, wie Sie diese Dinge tun, wenn Ihr Ziel erreicht ist.

Nehmen Sie bei Ihren Übungssitzungen die Liste «Regeln für das Waschen» zur Hand; sie hilft Ihnen dabei, wieder entscheiden zu lernen, wann es nötig ist, sich die Hände zu waschen und wann nicht. Verlassen Sie sich nicht auf Ihr Gefühl, sondern halten Sie sich an die objektiven Regeln, die Sie schwarz auf weiß vor sich haben. Versuchen Sie, mit jedem neuen Übungsziel das Händewaschen weiter und weiter hinauszuzögern.

Mit harter Arbeit werden Sie es schaffen, Ihre Wasch- und Säuberungsrituale mit Verhaltenstherapie unter Kontrolle zu bekommen. Auch Ihre Impulse und Gedanken werden verschwinden und das Ganze wird Ihnen wahrscheinlich längst nicht so schwer fallen, wie Sie gedacht haben. Lassen Sie sich nicht entmutigen, sollte der Drang zu zwanghaftem Waschen in Zukunft einmal in Zeiten besonderer Belastungen wiederkehren. Es wird sich dabei nur um eine vorübergehende Erscheinung handeln, die schnell wieder der Vergangenheit angehören wird.

Kontrollzwänge

Wie erfahren Sie, was normales Kontrollieren ist? Zuerst einmal sollten Sie Ihren Helfer und ein bis zwei weitere Menschen fragen, ob diese in den gleichen Situationen wie Sie Kontrollhandlungen ausführen. Stellen Sie ganz konkrete Fragen, die genau Ihr Problem betreffen. Wenn Sie Türen und Fenster kontrollieren, fragen Sie Ihr Gegenüber, ob es das auch tut. Wenn Sie überprüfen, ob Sie unverletzt sind, fragen Sie die ausgewählten Personen, unter welchen Umständen sie sich von der eigenen Unversehrtheit überzeugen. Eine Betroffene fragte beispielsweise ihren Ehemann, ob er ebenso wie sie einen Krankenwagen rufen würde, wenn er einen Mann unter einem Auto liegen sähe. Zu ihrer Überraschung meinte ihr Mann, sein erster Gedanke in einer solchen Situation wäre, dass der Mann etwas an dem Wagen repariere, und dass er keine Hilfe herbeiholen würde. Notieren Sie sich die Antworten, die Sie bekommen, und ziehen Sie sie zur Festsetzung Ihrer Fernziele heran.

Ich will Ihnen sagen, wie ich meinen Patienten helfe, zu entscheiden, was zwanghaftes und was normales Kontrollieren ist. Joyce war eine junge Frau, die niemals ihr Apartment verließ, ohne zigmal alle Herdschalter und Wasserhähne zu kontrollieren, um dadurch möglichen Bränden oder Überschwemmungen vorzubeugen. In unserer ersten Verhaltenstherapiestunde erzählte ich ihr und ihrer Mutter die Geschichte von einem Mann, der eines Tage zu Pinsel und Farbe griff und sein Haus mit rosafarbenen Punkten bemalte. Als sein Nachbar ihn fragte, warum er das tat, lautete seine Antwort: «Natürlich um die fliegenden Elefanten zu verscheuchen, wozu sonst?» Als sein Nachbar daraufhin meinte, es gäbe keine fliegenden Elefanten, sagte er: «Ich weiß – daran sehen Sie doch, wie gut es funktioniert!»

An dieser Stelle fragte ich Joyce, wie sie versuchen würde, den Mann zu einem konventionelleren Anstrich seines Hauses zu bewegen. Sie meinte: «Ich würde ihm sagen, dass auch dann keine fliegenden Elefanten kämen, wenn er sein Haus *nicht* mit rosa Punkten bemalen würde.» «Aber was wäre», fragte ich, «wenn er nicht dazu bereit wäre, ein Risiko einzugehen und sich selbst davon zu überzeugen?» Da erkannte Joyce den Zusammenhang zwischen dieser Geschichte und ihrem Problem.

Mutter und Tochter bezogen sich sogar darauf, als sie in dieser ersten Sitzung über Reizkonfrontation und Reaktionsverhinderung sprachen. «Herr Baer meint also», sagte die Mutter zu ihrer Tochter, «wenn ich dir dabei helfe, mit dem Kontrollieren aufzuhören, dann ist das so, als wärest du der Mann aus der Geschichte und würdest dein Haus wieder normal anstreichen – irgendwann würdest du merken, dass gar keine fliegenden Elefanten kommen und du dich auch ohne die rosa Punkte sicher fühlen kannst.» Und Joyce begriff, worum es ging.

Bei Patienten mit Kontrollzwängen heißt Reizkonfrontation, dass sie sich gezielt den gefürchteten Situationen aussetzen, indem sie z. B. den Herd nur ein einziges Mal abstellen; Reaktionsverhinderung heißt, dem Drang zu widerstehen, zurückzugehen und zu überprüfen, was man getan hat. Wahrscheinlich kontrollieren Sie hauptsächlich Dinge in Ihrer häuslichen Umgebung und an Ihrem Arbeitsplatz, also an den Orten, an denen

Sie sich verantwortlich fühlen. Manche Patienten befällt aber hin und wieder auch außer Haus der Drang, Kontrollhandlungen auszuführen. Ein Patient betrat nur sehr ungern Geschäfte, weil er befürchtete, einem anderen Kunden die Tür vor der Nase zuzuschlagen. Außerdem nahm er aus Angst, etwas fallen zu lassen, keine Waren in die Hand. In der Therapie begleitete ich ihn beim Besuch von Geschäften und forderte ihn auf, Dinge in die Hand zu nehmen, ohne sich hinterher zu vergewissern, ob er sie nicht beschädigt hatte. Ich machte auch Autofahrten mit einer Frau, die vorher nicht mehr selbst gefahren war, weil sie unter der Furcht litt, ohne es zu bemerken einen Fußgänger zu überfahren oder einen Unfall zu verursachen. Ich forderte sie auf, nicht in den Rückspiegel zu schauen und nicht den Wagen zu wenden, um zu kontrollieren, ob sie nicht doch einen Fußgänger oder ein anderes Auto angefahren hatte. Auf ähnliche Weise übte sie auch zwischen den Therapiestunden mit ihrem Mann. Auch *Ihr* Helfer kann Ihnen bei der Durchführung solcher Übungen behilflich sein.

Auf welche weiteren Hilfen können Sie bei der Durchführung der Konfrontationsübungen zurückgreifen? Und was gibt es dabei zu beachten? Wenn Sie stets den Drang zum Kontrollieren haben, d. h. unabhängig davon, ob Sie allein sind oder jemand anderes anwesend ist, dann kann Ihr Helfer sowohl bei der Reizkonfrontation als auch bei der Reaktionsverhinderung dabeibleiben. Aber wenn die Anwesenheit eines anderen bewirkt, dass Sie keinen Drang zur Ausführung einer Zwangshandlung verspüren, dann müssen Sie bei der Konfrontation selbst allein sein und dürfen sich von Ihrem Helfer nur dabei unterstützen lassen, nicht zum Ort des Geschehens zurückzukehren und zu kontrollieren, ob alles in Ordnung ist – also bei der Reaktionsverhinderung. Eine unserer Patientinnen wurde nur dann nach Verlassen des Hauses von Zweifeln gepackt, wenn niemand da gewesen war, der sie beim Abdrehen von Herd und Wasserhähnen beobachtet hatte. Ihre Konfrontationsübungen bestanden darin, Wasser und Herd nur einmal abzustellen und dann ihre Mutter am anderen Ende der Straße zu besuchen und zwei Stunden bei ihr zu bleiben, ohne dem Drang nachzugeben, zurückzukehren und sich davon zu überzeugen, dass es in ihrem Apartment nicht zu einen Brand oder zu einer Überschwemmung gekommen war. Bat die Tochter ihre Mutter, ihr zu bestätigen, dass alles in Ordnung war, durfte diese den Bitten keinesfalls nachgeben; das wäre nur auf eine andere Form des Kontrollierens hinausgelaufen. Stattdessen sollte sie ihre Tochter darauf aufmerksam machen, dass es zu der Übung gehörte, nicht über das Thema zu sprechen, und das Gespräch auf etwas anderes bringen.

Eine andere Patientin, eine Apothekerin, die immer wieder die Pillen in den Fläschchen nachzählen musste, die sie abgefüllt hatte, erleichterte sich die Übungen damit, dass sie die Fläschchen einfach auf den Kopf stellte, nachdem sie sie verschlossen hatte; dies half ihr dabei, dem Drang zu widerstehen, die Tabletten wieder auszuschütten und sie noch einmal nachzuzählen. Auch las sie während der Übungssitzungen in Illustrierten, um sich auf andere Gedanken zu bringen. Auch Sie können sich überlegen, womit Sie sich die Konfrontationssituationen erleichtern können.

Wenn Sie nach den Übungen unter dem Gedanken leiden, möglicherweise einen gefährlichen Fehler begangen zu haben, sollten Sie das beherzigen, was in diesem Kapitel unter «Lassen Sie Ihre Zwangsgedanken ganz natürlich vorbeiziehen« und «So können Sie die Reizkonfrontation mit Hilfe von Ton- und Videoaufnahmen noch effektiver gestalten» geschrieben steht. Wenn Sie diese Anleitungen befolgen, werden Sie sicher bald merken, dass ihre Gedanken Ihnen nicht mehr so viel ausmachen. Sollten Sie noch nicht zufrieden sein, hilft Ihnen der Abschnitt «Planen Sie eine Sorgenzeit für ihre Zwangsgedanken ein» weiter.

Eine wichtige Hilfe kann es sein, sich Belohnungen zukommen zu lassen. Dadurch wird Ihre Motivation gestärkt, die Kontrollhandlungen einzuschränken. Frau S. beispielsweise führte den ganzen Tag über zahllose kurze Kontrollrituale aus, die darin bestanden, dass sie blitzschnell mit den Augen ihre Kleidung nach Staub und Schmutz absuchte. Dies tat sie so oft, dass ihr eine effektive Reaktionsverhinderung nicht gelang. Stattdessen zählten wir, wie oft am Tag sie etwas kontrollierte, und setzten ein Maximum, das sie nicht überschreiten durfte. Wenn sie es schaffte, unter diesem Limit zu bleiben, belohnte sie sich mit einem guten Film oder einer schönen Musik. Wenn nicht, versagte sie sich diese Dinge. Dieses Programm versetzte sie in die Lage, die Häufigkeit ihrer Kontrollhandlungen schon bald um mehr als 75 Prozent zu senken, und sie macht immer noch Fortschritte.

Ein anderer Patient gab an, ihm hätte es bei der Bekämpfung seines Kontrollzwangs sehr geholfen, sich immer wieder bestimmte Dinge ins Gedächtnis zu rufen. Er habe zum Beispiel oft an etwas gedacht, was ich ihm einmal gesagte hatte: «Die Zwangspatienten, die sich am meisten Sorgen darüber machen, einen Fehler zu begehen, sind diejenigen, denen letztendlich die wenigsten Fehler passieren.» Mit diesem Satz im Kopf und der Unterstützung durch seinen Helfer gelang es ihm, seine vier Jahre alte Zwangsstörung innerhalb von nur 14 Tagen unter Kontrolle zu bringen; es sei für ihn gewesen, als habe man ihm seine Freiheit zurückgegeben, sagte er mir später.

Ihre Übungsziele sollten sich stets auf Situationen beziehen, die in Ihnen Ängste und Sorgen auslösen. Sie können entweder so vorgehen, dass Sie die Anzahl von Malen, wie oft Sie etwas kontrollieren, nach und nach immer weiter reduzieren – dass Sie beispielsweise vom jetzigen Stand ausgehen und immer ein- bis zweimal weniger kontrollieren. Oder aber Sie zögern Ihre Kontrollhandlung nach und nach immer weiter hinaus, fangen beispielsweise damit an, dass Sie Ihrem Drang nur ein paar Minuten widerstehen und diese Zeitspanne immer weiter verlängern, bis Sie hinterher die in Kapitel 2 empfohlene Dauer von ein bis zwei Stunden erreicht haben. Bitten Sie in den Übungen *nicht* Ihren Helfer, Ihnen zu bestätigen, dass alles in Ordnung sei; auch das wäre eine Kontrollhandlung. Aber schenken Sie ihm ein offenes Ohr, wenn er versucht, Ihnen Mut zu machen.

Wenn Sie mit der erforderlichen Ausdauer vorgehen, bekommen Sie Ihre Kontrollzwänge in den Griff. Konzentrieren Sie sich ganz darauf, Ihr *Verhalten* zu verändern, und überlassen Sie es den Gedanken und Gefühlen selbst, sich im Laufe der Zeit auf die veränderte Situation einzustellen. Der Drang, Dinge zu kontrollieren, ist oftmals gewissen Schwankungen in Abhängigkeit von persönlichen Belastungen unterlegen; deshalb werden Sie vielleicht feststellen, dass Sie gute und schlechte Tage haben. Das ist normal.

Wiederhol- und Zählzwänge

Wie bei allen anderen Zwangssymptomen fängt auch die verhaltenstherapeutische Behandlung von Wiederhol- und Zählzwängen damit an, dass Sie wieder eine Vorstellung davon bekommen, was für ein Verhalten auf diesem Gebiet normal ist. Als Hilfe beim Setzen von Fernzielen sollten Sie sich bei zwei oder drei Personen (einschließlich Ihres Helfers) danach erkundigen, ob diese die gleichen Dinge wie Sie wiederholen bzw. zählen. Gewöhnlich wiederholen oder zählen Leute, die keine Zwangsstörung haben, Dinge nur, wenn sie sehr nervös oder zerstreut sind. Man denke etwa an den werdenden Vater, der immer wieder im Wartezimmer auf und ab geht, während er darauf wartet, dass ihm endlich die Geburt seines Kindes mitgeteilt wird. Vielleicht zählt er auch die Fliesen auf dem Fußboden, um sich die Zeit zu vertreiben oder sich abzulenken. Aber wenn man seine Aufmerksamkeit auf diese Rituale lenken würde, wäre er imstande, sofort damit aufzuhören. Auf dieses Ziel sollten Sie hinarbeiten: mit unangemessenem Zählen oder Wiederholen aufzuhören, sobald Sie es bemerken.

Im Unterschied zu Personen ohne eine Zwangsstörung können Zwangspatienten eben *nicht* einfach von ihrem Tun lassen. Eine Frau, die zu mir in die Behandlung kam, musste sich jede Stelle ihres Körpers elfmal waschen und den ganzen Waschvorgang insgesamt siebenmal wiederholen. Ein anderer Patient musste seine Brille jeden Abend, wenn er sie auf den Nachttisch legte, so lange anstarren, bis er bis 1000 gezählt hatte, um sich sicher sein zu können, dass sie ihm nicht auf den Boden gefallen und kaputtgegangen war.

Es ist keine große Frage, wie bei Zähl- und Wiederholzwängen Reizkonfrontation und Reaktionsverhinderung auszusehen haben. Zuerst müssen Sie diejenigen Situationen identifizieren, die Sie zur Ausführung dieser Rituale bringen, beispielsweise das Lesen eines Buches. Dann müssen Sie sich Schritt für Schritt den kritischen Situationen aussetzen und dabei nach und nach immer länger dem Drang widerstehen, Handlungen oder Dinge zu zählen bzw. zu wiederholen.

Für Patienten mit Zähl- und Wiederholzwängen besteht die wahrscheinlich wichtigste Hilfe bei den Konfrontationsübungen darin, einen Helfer dabeizuhaben. Sie haben deutlich bessere Aussichten, Ihr angestrebtes Ziel zu erreichen, wenn Sie mit einem Helfer zusammenarbeiten. Wenn bei der Konfrontation mit kritischen Situationen der Drang, etwas zu zählen oder zu wiederholen, sehr stark wird, kann Ihr Helfer Sie ermahnen, damit aufzuhören, ehe Sie so weit in die teuflische Spirale hineingeraten sind, dass es zu schwierig ist, daraus auszubrechen.

Wenn Sie beim Lesen Passagen, die sie bereits gelesen haben, immer noch einmal lesen müssen, kann Ihnen die folgende Methode nützliche Dienste leisten, die ursprünglich als Übung zur Erhöhung der Lesegeschwindigkeit entwickelt wurde: Setzen Sie Ihren Zeigefinger unter die Zeile, die Sie gerade lesen, und fahren Sie dann mit ihm die Zeile entlang; wenn Sie am Ende der Zeile angekommen sind, wandern Sie mit Ihren Finger zur nächsten Zeile und fangen wieder von vorn an. Auch wenn Sie das Gefühl verspüren, etwas noch einmal lesen zu müssen, folgen Sie immer Ihrem Finger, der sich von Zeile zu Zeile und von Seite zu Seite weiterbewegt. Weil Sie seinen Bewegungen folgen müssen, können Sie gar nicht im Text zurückgehen und etwas noch einmal lesen. Wenn Sie mit dieser Übung beharrlich fortfahren, wird Ihr Drang, Stellen mehrmals zu lesen, langsam nachlassen. Durch einiges Überlegen werden Sie und Ihr Helfer auf ähnliche Methoden kommen, die Ihnen die Reaktionsverhinderung bei Ihrem speziellen Problem erleichtert.

Von Anfang an sollten Sie bei den Übungen Situationen aufsuchen oder herstellen, die den Drang, Dinge zu zählen oder zu wiederholen, in Ihnen auslösen. Diesem Drang sollten Sie wenigstens einige Minuten lang widerstehen, wenn es anfangs noch nicht länger geht. Später, nach erfolgreicher Arbeit an den ersten Übungszielen, können Sie die Reaktionsverhinderung auf die vollen ein bis zwei Stunden ausdehnen.

Das Standardverfahren der Reizkonfrontation mit Reaktionsverhinderung wird Ihnen bei dem Versuch, Kontrolle über Ihre Wiederhol- und Zählzwänge zu gewinnen, gute Dienste leisten. Die Patientin, die ich weiter oben erwähnte, war nach der Konfrontationsbehandlung in der Lage, zu duschen und dabei jede Körperstelle nur einmal zu reinigen. Und der Mann konnte innerhalb von 15 Sekunden seine Brille ablegen und sich von der Stelle, an der sie lag, abwenden. Wie es bei vielen anderen Zwangssymptomen auch der Fall ist, kann der Drang zur Ausführung der Rituale in Zeiten besonderer Belastungen wieder stärker werden. Es ist dann sehr wichtig, diesem Drang zu widerstehen; wenn Ihnen dies gelingt, werden Sie die Feststellung machen können, dass er wieder abnehmen wird, sobald der Stress vorüber ist.

Hort- und Sammelzwänge

Wenn Sie mit Verhaltenstherapie Ihre Hort- und Sammelzwänge in den Griff bekommen wollen, sollte Ihr erster Schritt darin bestehen, sich wieder damit vertraut zu machen, bis zu welchem Grad Sammeln und Horten normal ist. Erkundigen Sie sich bei Ihrem Helfer und ein bis zwei anderen Personen nach Dingen, von denen diese sich nicht trennen können. Fragen Sie sie, wie lange sie Werbeprospekte oder alte Verpackungen und Zeitungen aufbewahren. Laden Sie sie zu sich nach Hause ein, zeigen Sie ihnen Ihre Räume und bitten Sie sie, Ihnen bei der Entscheidung zu helfen, was alles weggeworfen werden kann. Vielleicht werden Sie sich über ihre Antworten wundern, trotzdem sollten Sie sie zur Grundlage bei der Bestimmung Ihrer Fernziele machen.

Bei dieser Art von Zwangsstörung heißt Reizkonfrontation, dass Sie Dinge wegwerfen, die Sie bisher aufgehoben haben. Zur Reaktionsverhinderung gehört, dass sie dem Drang widerstehen, das Weggeworfene danach wieder aus dem Mülleimer zu holen.

Wahrscheinlich werden Sie anfangs eng mit Ihrem Helfer zusammenarbeiten müssen, um Dinge wegwerfen zu können. Nachdem Sie gemeinsam mit ihm entschieden haben, was alles Müll ist und fortgeworfen werden kann, sollte er seinerseits zuerst etwas in den Mülleimer werfen, damit Sie sehen können, dass dies ungefährlich ist. Als Nächstes sollten Sie mit seiner Hilfe selbst etwas fortwerfen und dann dem Drang widerstehen, es wieder aus dem Müll zu holen. Denken Sie daran, dass es nicht einfach darum geht, Ihre Wohnung aufzuräumen und zu säubern; dies könnten Sie auch von jemand anderem machen lassen. Ihr Ziel ist es, sich wieder daran zu gewöhnen, wertvolle Dinge von unnützen zu unterscheiden und letztere dann wegzuwerfen. Wenn Ihr Problem darin besteht, Dinge von der Straße auflesen zu müssen, wird Ihr Helfer mit Ihnen in der Stadt umhergehen und Sie werden gemeinsam daran arbeiten, diesem Drang widerstehen zu lernen.

Ein Patient bat seine Schwester, eine ganze Woche bei ihm zu bleiben, um ihm bei seinen Konfrontationsübungen zur Seite zu stehen; jeden Tag ging er in ihrer Begleitung von Raum zu Raum, wählte Dinge aus, die auf den Müll gehörten, und warf sie fort. Er hatte sich überlegt, dass er sein Problem schneller in den Griff bekommen würde, wenn er täglich mehrere Stunden daran arbeitete und sich dabei von jemandem unterstützen ließ, dem er vertraute, der aber auch streng sein konnte.

Die Zusammenarbeit mit einem Helfer ist die wichtigste Hilfe bei der Therapie von Sammel- und Hortzwängen. Eine weitere Hilfe kann der Einsatz der Visualisierungstechnik sein, d. h., dass Sie sich vorstellen, wie es sein wird, wenn Sie Ihre Fernziele erreicht haben. Dem Mann aus dem obigen Beispiel war sein mit wertlosem Krempel vollgestopftes Zuhause z. B. mittlerweile so peinlich geworden, dass er niemanden mehr zu sich einlud. Um sich zu motivieren, stellte er sich vor, Gäste einzuladen und mit ihnen die Tatsache zu feiern, dass er es geschafft hatte, den ganzen Müll fortzuwerfen.

Meiner Erfahrung zufolge ist es günstig, wenn die Patienten eine Liste mit all den Dingen zusammenstellen, die weggeworfen werden können. Diese Liste bildet dann die Grundlage für das Setzen der Übungsziele. Ein Beispiel wäre eine Patientin, die nichts wegwerfen konnte, was sich in ihrem Auto befand. Auf dem Rücksitz und im Kofferraum des Wagens hatten sich Papiere, Pullover, Flaschen und zahllose andere Dinge angesammelt. Ich ließ sie erst einmal eine Zusammenstellung aller Dinge anfertigen, die sich in ihrem Auto befanden. Danach schätzte sie mit Hilfe der SBW-Skala ein, wie schwer es ihr fallen würde, die einzelnen Gegenstände fortzuwerfen. Dann wählte sie einige Sachen aus, von denen sie sich ohne allzu große Schwierigkeiten trennen konnte, warf sie weg und kämpfte gegen den

Drang an, sie zurückzuholen. Dieses Vorgehen wiederholte sie bei der nächsten Übungssitzung mit Dingen, die wegzuwerfen ihr etwas größere Schwierigkeiten bereiteten.

Hier sind einige Vorschläge, die Sie bei der Arbeit an Ihren Sammel- und Hortzwängen beherzigen sollten. Lassen Sie sich bei den ersten Übungen immer von Ihrem Helfer unterstützen. Erstellen Sie eine Liste mit all den Dingen, die weggeworfen werden müssen, und bringen Sie sie in eine Reihenfolge vom leichtesten bis zum schwierigsten. Es ist immer ratsam, mit den leichtesten Gegenständen anzufangen, die ohne jeglichen materiellen oder ideellen Wert für Sie sind. Schauen Sie sich die Sachen nicht zu lange an, bevor Sie sie wegwerfen, und holen Sie sie auf keinen Fall wieder aus dem Müll.

Sie werden entdecken, dass die Angst, die Sie haben, *bevor* Sie etwas wegwerfen, viel schlimmer ist, als die Angst, die entsteht, wenn Sie es tatsächlich tun. Sobald Sie es geschafft haben, etwas auf den Müll zu werfen, ist das Schlimmste schon vorbei. Wenn Sie oft genug daran denken, dass Sie ja genau wissen, was wertvoll ist und was nicht, und lang genug mit Ihrem Helfer Ihre Übungen machen, werden Sie langsam, aber sicher die Oberhand über Ihre Zwänge gewinnen. Da Sie ständig neuen Versuchungen ausgesetzt sind, Dinge zu sammeln – z. B. Werbesendungen oder leere Verpackungen –, werden Sie sich besonders gut vor einem möglichen Rückfall in Acht nehmen müssen. Dabei hilft Ihnen Kapitel 6.

Abergläubische Zwangsgedanken und Zwangshandlungen

Wir alle sind manchmal abergläubisch, fürchten uns vor schwarzen Katzen, davor, unter Leitern herzugehen, oder vor einem Freitag, den 13. Aber Leute, die keine Zwangsstörung haben, lassen nicht zu, dass diese abergläubischen Ängste die Herrschaft über ihr gesamtes Leben übernehmen. Wenn Sie abergläubische Zwänge haben, sollten Sie die Verhaltenstherapie damit beginnen, dass Sie Ihren Helfer und ein bis zwei andere Personen danach fragen, was diese über die Dinge denken, die Ihnen Angst bereiten. Auf der Grundlage der Antworten, die Sie bekommen, sollten Sie dann Ihre Fernziele formulieren.

Auch bei abergläubischen Zwangsgedanken und -handlungen sind die wichtigsten Bestandteile der Verhaltenstherapie Reizkonfrontation und Reaktionsverhinderung. Die Reizkonfrontation besteht in diesem Fall aus dem Aufsuchen oder Herstellen gefürchteter Situationen – wie zum Beispiel dem Besuch «Unglück bringender» Orte (Friedhöfe, okkultistische Buchhandlungen usw.) oder dem Tragen von Kleidungsstücken mit «Unglück bringenden» Farben. Reaktionsverhinderung bedeutet, dass Sie dem Drang widerstehen müssen, bestimmte Rituale auszuführen, etwa Gebete aufzusagen oder «gute» Dinge zu tun, um «schlechte» Dinge ungeschehen zu machen.

Weil Sie wahrscheinlich einen sehr starken Widerstand gegen das Aufsuchen der Ihrer Meinung nach unheilvollen Situationen empfinden werden, brauchen Sie einen Helfer, der mit Ihnen zusammenarbeitet. Seine wichtigste Funktion besteht darin, sicherzustellen, dass Sie sich den gefürchteten Situationen aussetzen und keine Rituale ausführen, um das Eintreten eines Unglücks zu verhindern. Zuerst sollte der Helfer selbst die jeweilige Konfrontationsübung durchführen, um Ihnen zu demonstrieren, dass das, was von Ihnen erwartet wird, ungefährlich ist. Es ist wichtig, sich zu vergegenwärtigen, dass jeder von uns manchmal Pech im Leben hat. Sollte Ihnen etwas Unangenehmes zustoßen, sprechen Sie mit Ihrem Helfer darüber. Und geben Sie vor allem nicht der Versuchung nach, die Konfrontationsübungen dafür verantwortlich zu machen.

Manche Betroffenen geben sich große Mühe, Dinge zu tun, die «Unglück bringen», und bekommen dadurch ihre Ängste schnell in den Griff. Ein Mann – nennen wir ihn John Smith –, der Angst vor allem hatte, was mit Tod und Beerdigungen in Zusammenhang stand, rief auf mein Anraten hin bei einem Bestattungsunternehmen an und fragte, ob an dem betreffenden Tag jemand mit dem Namen Smith beerdigt würde. Nachdem er sich wiederholt solchen Situationen ausgesetzt hatte, verschwanden seine Ängste langsam.

Belohnungen können Ihnen dabei helfen, sich für das Angehen schwieriger Übungsziele zu motivieren. Wenn bei Ihnen nach den Übungen zwanghafte Ängste über ein zu erwartendes Unglück auftreten sollten, setzen Sie Entspannungstechniken oder das Verschieben von Gedanken auf eine «Sorgenzeit» ein.

Berücksichtigen Sie bei der Formulierung Ihrer Übungsziele die Hinweise, die im Abschnitt «So können Sie die Reizkonfrontation mit Hilfe von Ton- und Videoaufnahmen noch effektiver gestalten» gegeben werden. Achten Sie darauf, dass Sie sich so früh wie möglich mit den Dingen bzw. Situationen konfrontieren, die für Sie mit den größten Ängsten verbunden sind. Weil die meisten Patienten mit abergläubischen Zwängen dazu neigen, verschiedene «Unglück bringende» Dinge miteinander in Verbindung zu bringen, kann auf diese Weise der Ausweitung abergläubischer Ängste am ehesten Einhalt geboten werden. Erinnern Sie sich noch an den Vergleich mit einer Zielscheibe, den ich in Kapitel 4 gebraucht habe? Mit einer Patientin, deren Ängste um das Thema Tod kreisten, vereinbarte ich beispielsweise, dass sie bereits in den ersten Wochen der Behandlung Friedhöfe und Leichenhallen aufsuchte. Ein anderer Patient verbrachte einige Zeit in einem okkultistischen Buchladen und kaufte dort verschiedene «das Unglück herausfordernde» Dinge ein. Eine Patientin hatte Angst vor besitzanzeigenden Fürwörtern in Büchern und Zeitschriftenartikeln, weil sie darin Zeichen magischer Besessenheit sah; ich gab ihr die Aufgabe, die Tageszeitung zu nehmen und einen Kringel um alle *Meins, Deins, Seins, Ihrs* usw. zu machen, die sie finden konnte. Alle diese Patienten machten die Erfahrung, dass sich ihre abergläubischen Gedanken nach und nach veränderten, je mehr Übungen sie machten. Meine Rolle bestand darin, ihnen Mut zu machen und ihnen zu versichern, dass sie sich nicht in Gefahr begaben, wenn sie Konfrontationsübungen durchführten. Das ist auch die Rolle, die Ihr Helfer bei Ihrer Behandlung übernehmen wird.

Konzentrieren Sie sich ganz auf die Veränderung Ihres *Verhaltens*; das allein reicht, um Ihre abergläubischen Zwänge unter Kontrolle zu bekommen. Kümmern Sie sich nicht um die Impulse und Gedanken; deren Veränderung dauert länger, aber auch sie werden mit der Zeit an Stärke verlieren. Und möglicherweise treten diese Gedanken und Impulse in Zeiten, in denen Sie starken Belastungen ausgesetzt sind, erneut auf, sie werden aber wieder abflauen, sobald die Belastungen vorbei sind.

Zwanghafte Langsamkeit

Die Therapie Ihrer Langsamkeit sollten Sie damit beginnen, dass Sie Ihren Helfer und ein bis zwei andere Personen, denen Sie Vertrauen schenken, fragen, wie viel Zeit diese für verschiedene Dinge benötigen, mit denen Sie Schwierigkeiten haben. Erkundigen Sie sich, wie lange sie dafür brauchen, sich zu waschen, ihre Mahlzeiten einzunehmen, sich anzuziehen, einen Scheck auszustellen oder irgendetwas anderes zu tun, was für Sie zum Problem geworden ist. Ziehen Sie die Antworten dann zu Durchschnittswerten zusammen und greifen Sie auf diese zurück, wenn Sie sich Ihre Fernziele setzen.

Die Forschung hat gezeigt, dass das verhaltenstherapeutische Standardverfahren – Reizkonfrontation mit Reaktionsverhinderung – sehr schwierig auf das Problem der zwanghaften Langsamkeit anzuwenden ist.

Die Methoden, die bei dieser Symptomatik am erfolgversprechendsten sind, heißen *shaping* (Verhaltensformung) und *prompting*. Mit *prompting* ist gemeint, dass Ihr Helfer Ihnen direkt Anstöße oder Kommandos gibt, die Sie dazu bringen sollen, Dinge innerhalb einer bestimmten Zeit zu tun. *Shaping* heißt, dass Sie nach und nach die Zeitdauer herunterschrauben, die Sie für die Ausführung bestimmter Tätigkeiten benötigen; auf diese Weise wird Ihr Verhalten «umgeformt» und nähert sich langsam normalem Verhalten an. Um Sie beispielsweise in die Lage zu versetzen, sich ohne zu stocken hinzusetzen, würde Ihr Helfer Ihnen dies zuerst selbst demonstrieren und Ihnen danach die Anweisung geben, sich innerhalb einer vereinbarten Zahl von Sekunden oder Minuten, die er laut mitzählen würde, hinzusetzen *(prompting)*. Danach würden Sie die Zeitdauer, die Sie brauchen, um sich hinzusetzen, nach und nach immer weiter verringern, bis ein normales Maß erreicht ist *(shaping)*.

Sie werden nicht ohne einen Helfer auskommen, der Ihnen Mut macht und Sie dabei unterstützt, Ihre Langsamkeit in den Griff zu bekommen. Ihr Helfer muss eine gewisse Strenge walten lassen, wenn er Ihnen dabei helfen will, sich an das jeweils gesetzte Zeitlimit zu halten.

Um Ihnen und Ihrem Helfer die Arbeit zu erleichtern, können Sie sich vorstellen, an einem sportlichen Wettbewerb teilzunehmen, bei dem es darum geht, so schnell wie möglich zu sein und einen neuen Rekord aufzustellen. Jedes Mal, wenn Sie ein neues Übungsziel angehen, sollten Sie versuchen, es innerhalb kurzer Zeit zu erreichen, um Ihre bisherige persönliche Bestzeit zu unterbieten. Wenn Sie auf diese Weise an die Sache herangehen, werden Sie nicht so leicht von lästigen zwanghaften Gedanken aufgehalten. Arbeiten Sie immer mit einer Uhr oder einer Stoppuhr; es hat keinen Sinn, die benötigte Zeit schätzen zu wollen.

In der verhaltenstherapeutischen Behandlung zwanghafter Langsamkeit besteht die wichtigste Strategie zur Erhöhung der Erfolgsaussichten darin, mit einem Helfer zusammenzuarbeiten. Darüber hinaus können Sie sich auch jedes Mal eine Belohnung zukommen lassen, wenn Sie ein neues Zeitlimit unterschritten haben. Einer unser Patienten machte die Erfahrung, dass er seine Motivation, mit den Übungen fortzufahren, stärken konnte, indem er sich vorstellte, wie es sein würde, wenn er erst sein langfristiges Ziel – allein leben zu können – erreicht haben würde.

Ehe Sie mit den Übungen beginnen, sollten Sie messen, wie viel Zeit Sie momentan für die betreffenden Tätigkeiten benötigen. Setzen Sie sich dann ein Übungsziel, das etwas unter dieser Zeitspanne liegt. Wenn Sie z. B. jetzt zwei Stunden brauchen, um sich anzukleiden, könnte Ihr erstes Ziel darin bestehen, dies in eineinhalb Stunden zu tun. Sollte das noch zu schwierig sein, versuchen Sie es zunächst mit einer Stunde und 50 Minuten. Jedes Mal, wenn Sie ein Übungsziel erreicht haben, setzen Sie sich ein niedrigeres Zeitlimit, bis Sie schließlich Ihre Fernziele erreicht haben. Verlieren Sie dabei nicht die Geduld; es kann ein langwieriger Prozess sein, zwanghafte Langsamkeit in den Griff zu bekommen.

Sie müssen mit dem Auftreten von Angst rechnen, wenn Sie beginnen, das Tempo von Verhaltensabläufen zu erhöhen. Diese Angst ist normal. Wenn Sie bereit sind, dies in Kauf zu nehmen, und – unterstützt von Ihrem Helfer – genügend Arbeit investieren, sollten Sie in der Lage sein, Ihre Übungsziele zu erreichen und nach und nach schneller zu werden. Mehr noch als Patienten mit anderen Zwangssymptomen brauchen Sie jedoch vor allem Geduld. Für Sie ist es wichtig, daran zu arbeiten, ein befriedigendes Leben zu führen – *auch wenn* Sie manche Dinge sehr langsam tun.

Zwangsgedanken ohne Zwangshandlungen

Jeder von uns hat hin und wieder zwanghafte Gedanken. Die Forschung hat gezeigt, dass fast alle Menschen gelegentlich von störenden sexuellen Vorstellungen oder von Gedanken, in den Graben zu fahren oder jemanden vor den Zug zu stoßen, befallen werden. Wer keine Zwangsstörung hat, ist aber in der Lage, solche Gedanken schnell wieder zu verbannen, und macht sich keine besonderen Sorgen ihretwegen. Ihre Fernziele sollten darin bestehen, sich in die verschiedensten Situationen begeben zu können, ohne unerträgliche Zwangsgedanken zu haben, und in der Lage zu sein, jeden zwanghaften Gedanken, der sich Ihrem Bewusstsein aufdrängt, unter Kontrolle zu bringen.

Wenn Ihre Zwangsgedanken durch bestimmte Situationen ausgelöst werden, beispielsweise Gedanken, die sich um das Thema Homosexualität drehen, durch das Zusammensein mit Männern bzw. Frauen, dann werden Sie Reizkonfrontationsübungen machen müssen, die so aussehen, dass Sie sich diesen Situationen gezielt aussetzen. Und Reaktionsverhinderung heißt, dass Sie so lange wie möglich in diesen Situationen bleiben.

Ihr Helfer sollte Sie dabei unterstützen, sich in die Situationen zu begeben, die Ihre Zwangsgedanken in Gang setzen. Er wird Ihnen helfen, in der Situation zu verbleiben und mit den aufkommenden Gedanken und Ängsten so lange fertig zu werden, bis sie verschwinden.

Gemeinsam mit Ihrem Helfer sollten Sie sich überlegen, wie Sie am besten Situationen aufsuchen können, die bei Ihnen Zwangsgedanken auslösen. Einer unser Patienten, der beim Anblick von «schmuddeligen» oder «abgerissen aussehenden» Leuten zwanghafte Gedanken bekam, zwang sich selbst dazu, bestimmte Kneipen und andere Orte aufzusuchen, an denen er solchen Personen begegnen konnte. Nachdem er dies eine Zeit lang getan hatte, gingen seine zwanghaften Gedanken zurück.

Versuchen Sie, Ihre Zwangsgedanken ganz natürlich vorüberziehen zu lassen, so wie ich es weiter oben in diesem Kapitel beschreiben habe. Greifen Sie auch auf das zurück, was ich im Abschnitt über den Einsatz von Video- und Tonbändern gesagt habe; ich setzt eines dieser Medien mittlerweile bei allen meiner Patienten ein, die unter quälenden Zwangsgedanken leiden.

Wenn Sie sich Übungsziele für Zwangsgedanken setzen, die sich allein auf eine bestimmte Krankheit beziehen, wie z. B. Krebs oder Aids, können Sie sich nach und nach – unterstützt von Ihrem Helfer – mit gefürchtetem (aber ungefährlichem) Material konfrontieren. Beispielsweise könnten erst Ihr Helfer und dann Sie Broschüren in die Hand nehmen, in denen über die betreffende Krankheit informiert wird, oder sich auf Stühle setzen, auf denen Menschen mit diesen Krankheiten gesessen haben könnten. Ein Patient, dessen Zwangsgedanken um die Gefahr kreisten, an Krebs zu erkranken, setzte sich die Aufgabe, Zeitungs- und Zeitschriftenartikel über Krebs zu lesen und sich in medizinischen Fachbüchern Abbildungen von Tumoren anzusehen.

Die Oberhand über Ihre Zwangsgedanken zu gewinnen wird für Sie mit harter Arbeit verbunden sein. Einen Versuch unter Einsatz der hier beschriebenen Methoden ist es in jedem Fall wert. Aber wenn Sie nach 20 Übungsstunden noch keinen spürbaren Erfolg zu verzeichnen haben, sollten Sie es mit einer neuen Behandlungsmethode versuchen: der kognitiven Therapie. Suchen Sie sich dazu einen Therapeuten, der sich in der Behandlung der Zwangsstörung mit kognitiver Therapie auskennt.[34]

Auch mit Serotonin-Wiederaufnahme-Hemmern lassen sich Zwangsgedanken ohne Zwangshandlungen oft wirksam behandeln. Über medikamentöse Behandlungsmöglichkeiten werden Sie eingehend in Kapitel 8 informiert.

---

[34] Eine Beschreibung dieser Behandlungsmethode geben Steketee et al. («Cognitive Therory and Treamtent of OCD», in Jenike et al., *Obsessive-Compulsive Disorders,* 3rd ed, 1998).

Greifen Sie bei Ihren Übungen öfter auf die Darstellung der verschiedenen Methoden und die Hinweise in diesem Kapitel zurück. Je nachdem, an welchem Übungsziel Sie gerade arbeiten, werden Sie sich wahrscheinlich immer wieder neue Anregungen holen können.

6. Kapitel

Dauerhafte Sicherung des Erfolgs

Ausdauer ist durch nichts auf der Welt zu ersetzen.

Calvin Coolidge (1872-1933)

Frau L. hatte eine Zwangsstörung und kam zu mir, um sich helfen zu lassen. «Zuerst einmal», sagte sie, «möchte ich mit Ihnen über die Broschüre *Mit Zwangsgedanken und Zwangshandlungen zu leben lernen*[35] sprechen, die mich ziemlich aus der Fassung gebracht hat. Die Vorstellung hat mich ziemlich schockiert, dass es keine Heilung für die Zwangsstörung gibt, dass ich lernen muss, damit zu leben wie mit einer chronischen Krankheit, und dass ständig die Gefahr besteht, dass sie wieder ausbricht.»

Ich brachte Frau L. gegenüber zum Ausdruck, dass ich ihre Sorgen nachvollziehen konnte, dass aber die Broschüre nicht sagte, dass Zwangspatienten ihr Leben lang unter Zwängen leiden müssen und sich damit abzufinden haben, sondern dass die Verfasser nur sagen wollten, dass wir, auch wenn wir Zwangsgedanken und Zwangshandlungen noch nicht vollständig heilen können, die Symptome doch durch eine Behandlung deutlich abschwächen können. In gewisser Weise verhält es sich mit der Zwangsstörung tatsächlich wie mit chronischen Krankheiten. In Zeiten großer Belastungen mögen die Impulse zur Ausführung von Ritualen oder die Zwangsgedanken wieder zunehmen. Das heißt aber nicht, wie ich auch Frau L. versicherte, dass die Zwänge eine ständige Beeinträchtigung Ihres Lebens darstellen müssen.

Jetzt, da Sie nicht mehr so sehr von Ihren Zwängen beherrscht werden, ist es ganz natürlich, dass Sie etwas darüber wissen wollen, was die Zukunft Ihnen bringen wird. Es hat Sie einiges an Mühe und Arbeit gekostet, Ihre Symptome in den Griff zu bekommen. Wie lässt sich das Erreichte

[35] Diese ausgezeichnete Informationsbroschüre wurde von Barbara Livingston und Steven Rasmussen vom Butler Hospital in Providence verfasst, beide Experten auf dem Gebiet der Zwangsstörung.

sichern? Nun, auch hier kommt es entscheidend auf zwei Dinge an: Wissen und Ausdauer.

Den Patienten, die heute zu mir in die Therapie kommen, kann ich ziemlich genau sagen, was sie von der Behandlung erwarten können. Ich kann ihnen mit ruhigem Gewissen versichern, dass ihre Ängste nachlassen werden, wenn sie beständig Konfrontationsübungen machen. Ich kann ihnen garantieren, dass keine Gefahr besteht, vor Angst verrückt zu werden. Und ich kann ihnen versichern, dass sie ihre Probleme auch in Zukunft im Griff behalten werden. Woher nehme ich meine Sicherheit? Vermutlich ist es das Zusammenspiel von eigener Erfahrung mit der Verhaltenstherapie bei Hunderten von Patienten und der Beschäftigung mit Forschungsergebnissen bei der Behandlung unzähliger weiterer Patienten auf der ganzen Welt.

Aber als ich vor etwa zwanzig Jahren Herrn J., meinem ersten Zwangspatienten, gegenübersaß, war ich mir keineswegs ganz sicher, was uns erwarten würde. In gewisser Weise befand ich mich in der gleichen Lage wie Sie jetzt; mir waren die Grundprinzipien der verhaltenstherapeutischen Behandlung von Zwängen bekannt und ich fand sie vernünftig und sinnvoll. Aber solange man etwas nicht persönlich ausprobiert hat, kann man auch nicht hundertprozentig daran glauben oder es nachvollziehen. Bei den Japanern gibt es ein Sprichwort, das genau dies ausdrückt. Es lautet: «Wer etwas kennt und es nicht tut, der kennt es nicht.»

Deshalb hörte ich mir erst einmal an, was Herr J. zu erzählen hatte. Er war von der Angst besessen, sich durch die Berührung «schmutziger» Dinge, von denen es seiner Meinung nach eine ganze Menge gab, mit einer Krankheit infizieren zu können. Seine rechte Hand hielt er stets «sauber», indem er es beispielsweise vermied, sie jemandem zur Begrüßung oder zum Abschied zu reichen. Er steckte sie noch nicht einmal in die eigene Hosentasche. Um nicht direkt mit «verseuchten» Objekten wie seiner schmutzigen Wäsche, seinem Bett, Türgriffen in öffentlichen Toilettenanlagen, seinen Schuhen oder dem Tankdeckel seines Wagens in Kontakt zu kommen, bedeckte er sie mit Papierhandtüchern, ehe er sie berührte. In öffentlichen Toiletten wickelte er erst ein Papierhandtuch um den Griff des Wasserhahns, bevor er das Wasser andrehte, und danach benutzte er das Handtuch, um damit die Türklinke am Ausgang abzudecken, ehe er sie herunterdrückte.

Wenn sich die Berührung eines dieser «schmutzigen» Gegenstände nicht umgehen ließ, fühlte sich Herr J. irgendwie verdreckt und unbehaglich. Er begann dann immer sofort damit, sich wieder und wieder die Hände zu waschen, und sobald er zu Hause war, steckte er alle Kleidungsstücke, die er während der Berührung des kritischen Objektes getragen hatte, in die Waschmaschine.

Wegen seiner Zwangssymptome war Herr J., eigentlich ein sehr intelligenter und begabter junger Mann, nicht mehr in der Lage, einer Vollzeitbeschäftigung nachzugehen. Als ich ihm zum ersten Mal begegnete, arbeitete er nur einige Stunden in der Woche, und auch sein Privatleben hatte deutlich darunter gelitten, dass er so viel Zeit damit verbrachte, sich Sorgen um eine mögliche Verseuchung zu machen oder sich zu waschen, um vermeintliche Verschmutzungen und Bazillen zu entfernen.

Ich teilte Herrn J. mit, was ich über die Behandlung seiner Symptome mit Verhaltenstherapie wusste. Dann brachte ich ihn zuerst dazu, «schmutzige» Dinge in unseren Räumen – die Sitzflächen der Stühle im Sprechzimmer, die Wasserhähne und Türklinken auf der Toilette – anzufassen, ohne sich danach die Hände zu waschen, was alles gut klappte. Aber in der folgenden Woche kam er zu mir, ohne zu Hause die Übungen gemacht zu haben, auf die wir uns geeinigt hatten. Nachdem sich dies einige Wochen lang wiederholte, erkannten wir, dass die Behandlung so nicht funktionierte, weil Herr J. sich allein nicht dazu überwinden konnte, seine ungewaschene Wäsche und andere Dinge anzufassen, ohne sich danach die Hände zu waschen. Deshalb besuchte ich ihn mehrere Male in seiner Wohnung und half ihm dabei, immer wieder seine Wäsche, seine Schuhe, sein Bett, seine Badezimmerarmaturen und andere «schmutzige» Dinge zu berühren und dem Drang zu widerstehen, sich danach die Hände zu waschen.

Und tatsächlich – die Behandlung mit Reizkonfrontation und Reaktionsverhinderung wurde von Erfolg gekrönt. Nach drei Monaten hatte Herr J. fast alle seine Symptome unter Kontrolle. Ich sagte ihm, dass die meisten Patienten über viele Jahre hinweg das Erreichte sichern können. Und in seinem Fall hatte ich die Gelegenheit, mich selbst davon zu überzeugen. Nach sechs Monaten kam Herr J. zur Nachuntersuchung zu mir und es war alles in Ordnung. Auch ein Jahr später war die Lage unverändert. Das letzte Mal, als ich Herrn J. sah, hatte er seine Probleme bereits seit über sechs Jahren gut im Griff und führte wieder ein völlig normales Leben.

Diese ersten Erfahrungen, die ich in der Therapie von Herrn J. machen konnte, wiederholten sich bei vielen anderen Patienten, deren Zustand sich durch die Behandlung mit Verhaltenstherapie deutlich besserte und die auch Jahre später ihre Symptome noch unter Kontrolle hatten. Aber ich stellte auch fest, dass bestimmte Formen der Zwangsstörung schwieriger zu behandeln sind als andere. Einige Jahre später führte ich für ein Kapitel in einem wissenschaftlichen Handbuch einige Untersuchungen durch und kam zu dem Schluss, dass Patienten mit Waschzwängen und solche mit Kontrollzwängen am besten mit der Verhaltenstherapie zurechtkommen.

Zwar erreichen unsere Patienten durch eine Verhaltenstherapie nur in Ausnahmefällen ein hundertprozentiges Verschwinden ihrer Symptome, trotzdem sind die meisten sehr glücklich über die Fortschritte, die sie machen. Wohl treten ihre Zwangssymptome in Zeiten großer Belastungen häufig erneut in Erscheinung, sie führen aber nicht mehr zu Beeinträchtigungen in ihrem Berufs- oder Privatleben.

Um Ihnen eine Vorstellung davon zu vermitteln, mit welchen Ergebnissen Sie rechnen können, wollen wir uns nun einmal damit beschäftigen, wie es einigen der Patienten, mit denen Sie in Kapitel 1 bekannt gemacht wurden, heute geht. Weil es sich bei diesen Patienten um Männer und Frauen mit sehr unterschiedlichen Zwangssymptomen handelt, werden Sie wahrscheinlich einen Teil Ihrer eigenen Probleme bei ihnen wiederfinden und können sich deshalb ein Bild davon machen, was Sie selbst von der Verhaltenstherapie zu erwarten haben, wie Sie Ihre Erfolge auf Dauer sichern können und mit welchen Problemen und Schwierigkeiten Sie dabei rechnen müssen.

Langfristige Therapieergebnisse

Frau P.: Reinigungs- und Waschzwänge

Frau P. hatte unter der Angst gelitten, sich mit einer Krankheit zu infizieren. Bei allen Fernzielen, die sie sich erarbeitet hatte, konnte sie das Erreichte behaupten, d. h., drei Jahre nach der Behandlung beeinträchtigten sie die Probleme, die sie mit Verhaltenstherapie angegangen war, nicht mehr in ihrer Lebensführung. Wenn Sie sich noch einmal ihre in Kapitel 4 aufgeführten Fernziele ansehen, können Sie sich eine Vorstellung davon machen, in welchem Zustand sie sich bei Beginn der Therapie befand.

Um genau zu sein, folgende Fernziele hat sie erreicht: Sie wäscht sich die Hände nur, wenn sie wirklich schmutzig sind; sie ist in der Lage, im Supermarkt einen Einkaufswagen zu benutzen; sie macht keinen Bogen mehr um Leute, die krank aussehen; sie kann sich auf Stühle und Sessel setzen, auf denen vorher kranke Menschen gesessen haben; sie kann ihre Wäsche im Waschsalon waschen; sie bereitet in ihrer eigenen Küche Mahlzeiten zu; sie kann «saubere» und «schmutzige» Kleidungsstücke durcheinander in den Kleiderschrank hängen; wenn sie ein Bad nimmt, dauert dies nur noch 20 Minuten, anstatt zwei oder drei Stunden wie früher; sie badet nur noch einmal am Tag und nicht mehr vier- bis fünfmal; und die Arbeitsflächen ihrer Küche reinigt sie mit normalen Küchenreinigern, anstatt mit Desinfektionsmitteln.

Frau P. hat in der Therapie allerdings nicht alle Fernziele, die sie sich gesteckt hatte, erreicht. In einigen Fällen sah sie sich einfach außerstande, die geplanten Konfrontationsübungen durchzuführen. Sie muss sich immer noch zwischendurch die Hände waschen, wenn sie ihre Wäsche wäscht; sie vermeidet es, anderen Menschen die Hand zu geben oder sie zu streifen, und sie verlässt nach Benutzung der Toilette meist nicht das Haus, ehe sie geduscht hat. Jedes Mal, wenn Frau P. sich ein Übungsziel gesetzt hatte, um eins dieser Probleme anzugehen, war sie zwar voller guter Vorsätze, schaffte es aber aus verschiedenen Gründen nie, das betreffende Ziel ganz zu erreichen.

Insgesamt ist Frau P. sehr zufrieden mit den Fortschritten, die sie gemacht hat. Ihre größten Probleme aus dem Bereich der Zwangshandlungen hat sie im Griff und auch ihre zwanghaften Gedanken sind deutlich zurückgegangen. Zwar führt sie noch das eine oder andere Ritual aus, aber das behindert sie nicht mehr in ihrer Lebensführung.

Wie schwierig fand Frau P. die Therapie? In der Anfangsphase der Behandlung sagte sie mir einmal: «Ich hätte nie gedacht, dass ich in der Lage bin, all dies zu tun. Ich habe diese Zwänge jetzt seit mindestens 15 Jahren und ich kann es noch gar nicht glauben, dass ich sie so schnell losgeworden bin – wenigstens in meiner Wohnung.» Frau P. war angenehm überrascht, dass sie bei den Übungssitzungen so wenig Angst verspürte, und sagte mir, dass die Angst, die sie immer kurz vor den Konfrontationsübungen gehabt hatte, viel größer gewesen war, als die, die bei den Übungen selbst aufkam. Wie sie sich beim Berühren eines Rollstuhls, eines der gefürchtetsten Dinge auf ihrer Liste, fühlte, beschrieb sie folgendermaßen: «Es hat mir gar nicht so viel ausgemacht. Ich hätte es zwar lieber nicht getan, habe mich aber überwinden können. Und dann wurde der Stolz darüber, mein Ziel erreicht zu haben, schnell viel größer als mein innerer Widerstand.»

Schließlich betonte sie noch, wie wichtig es für sie gewesen war, auf die Unterstützung durch einen Helfer zurückgreifen zu können: «Wenn ich in Versuchung geriet, irgendetwas zu vermeiden, war sofort mein Freund da, der es mir ausreden konnte. Deshalb habe ich durchgehalten – und ich habe es überlebt.»

Insgesamt hat die Verhaltenstherapie bei Frau P. zu schnellen und durchschlagenden Erfolgen geführt. Nach vier Wochen hatte sie bereits mehr als die Hälfte ihrer Probleme im Griff. So wie bei Frau P. führt die Verhaltenstherapie bei den meisten Patienten mit einem Waschzwang schon nach kurzer Zeit zu Fortschritten und in der Regel behalten diese Patienten ihre Probleme auch nach Beendigung der Therapie unter Kontrolle.

Heute macht Frau P. die Erfahrung, dass ihr Drang zur Ausführung von Waschritualen immer dann wieder zunimmt, wenn es in ihrer Familie zu Problemen und Spannungen kommt. Aber sie schafft es auch dann, diesem Drang zu widerstehen, und er lässt wieder nach, sobald die Belastungen überstanden sind.

Herr T.: Kontrollzwänge

Wenden wir uns nun Herrn T. zu, dem Lehrer, der zahlreiche Kontrollrituale ausführte und ständig unter der Angst litt, Schüler angegriffen zu haben. Wie ist es ihm mit seiner Verhaltenstherapie ergangen? Sein heutiger Zustand gleicht dem von Frau P.: Die Probleme, an denen er effektiv arbeiten konnte, indem er sich Nahziele setzte und sie erreichte, hat er nach wie vor im Griff.

Andere Symptome dagegen, zu deren Bekämpfung er sich Übungsziele gesetzt hatte, die er nicht erreichen konnte, sind immer noch ein Problem, auch wenn geringfügige Verbesserungen eingetreten sind. Und in einigen wenigen Fällen ließ der Drang, Dinge zu kontrollieren, trotz erfolgreicher Durchführung der betreffenden Konfrontationsübungen nicht nach. Mit anderen Worten heißt das, dass er manchmal immer noch im Zweifel war, ob er nicht einem Schüler etwas angetan hatte, obwohl er mehrere Wochen lang seine Kontrollhandlungen eingeschränkt hatte.

Wie schwer fiel Herrn T. die Durchführung der Konfrontationsübungen? Ich fragte ihn, wie es ihm bei der Arbeit an den Übungszielen, die Teil seiner Verhaltenstherapie waren, ergangen war. (Um sich noch einmal seine Therapieziele zu vergegenwärtigen, können Sie auf die entsprechende Auflistung in Kapitel 4 zurückgreifen.)

Wie Herr T. mir mitteilte, fiel es ihm sehr schwer, im Rahmen seiner Therapie einen Hefter mit in das Klassenzimmer zu nehmen und in Gegenwart seiner Schüler zu benutzen. «Ich habe eine ganze Weile damit zu kämpfen gehabt. Aber mit der Zeit ist es dann leichter geworden. Und heute benutze ich den Hefter, ohne mir noch irgendwelche Gedanken dabei zu machen.»

Ein anderes Problem, das Herr T. gehabt hatte, bestand darin, dass er immer mit Kohlepapier Durchschriften seiner Korrekturen anfertigen musste, wenn er die Hefte seiner Schüler nachsah. Dies hatte den Zweck, später kontrollieren zu können, dass er ihnen keine Obszönitäten ins Heft geschrieben hatte. Er zwang sich dazu, keine Durchschriften mehr zu machen, und beschrieb seine Erfahrungen damit folgendermaßen: «Zuerst habe ich immer wieder kontrolliert, was ich geschrieben hatte. Später habe ich es dann geschafft, nur noch ein- oder zweimal meine Korrekturen zu kontrollieren und mich trotzdem nicht unwohl dabei zu fühlen.»

Eins von Herrn T.s Zielen war es, keine elektrischen Stecker und Schalter mehr zu überprüfen. Er musste feststellen, dass es «nicht leicht war. Ich habe viel gezählt. Mein Bruder hat mir geholfen. Wenn er sagte, dass alles abgestellt war, alles klar war, konnte ich mich abwenden. Ihm konnte ich vertrauen.» (Vielleicht ist Ihnen aufgefallen, dass der Bruder von Herrn T. damit den Fehler beging, ihm zu bestätigen, dass alles in Ordnung war, und Herrn T. damit eine andere Form des Kontrollierens ermöglichte.)

Ein wichtiges Ziel von Herrn T. bestand darin, nicht mehr zu kontrollieren, ob er seinen Fuß über eine Kreidemarkierung gesetzt hatte. Diese hatte er auf dem Boden gezogen, um überprüfen zu können, dass er keine Schüler attackiert hatte. «Es war sehr schwer», berichtete Herr T., «diesem Drang nicht nachzugeben. Ich brauchte irgendeinen Bezugspunkt, um mir sagen zu können, dass ich mich nicht bewegt hatte. Ich merkte, dass ich nun irgendwelche anderen Dinge anstarrte – einen Fussel oder eine Matte auf dem Boden und dass dann der Drang innerhalb von zwei Sekunden verschwand.»

Herr T. sprach auch über seine Erfahrungen im Kampf gegen den Zwang, Eltern anzurufen, um sich nach dem Wohlbefinden eines Schülers zu erkundigen: «Das ist alles andere als einfach gewesen. Manchmal habe ich es aufgegeben. Aber dann habe ich mir den Befehl gegeben, den Anruf wenigstens einen Tag aufzuschieben. Heute tue ich das gar nicht mehr.»

Es ist nicht zu übersehen, dass die Angst von Herrn T. bei den Konfrontationsübungen stärker war als die von Frau P. Viele Patienten mit Kontrollzwängen fühlen sich während der Reaktionsverhinderung sehr verunsichert und haben das Gefühl, in Gefahr zu sein. In solchen Momenten einen Helfer zu haben kann über Erfolg oder Misserfolg bei der Arbeit an einem bestimmten Ziel entscheiden. Auch die Einnahme von Fluoxetin

(Fluctin), das seinen starken Kontrolldrang etwas minderte, war für Herrn T. eine Hilfe. Der Einsatz von Medikamenten in Kombination mit Verhaltenstherapie wird ausführlich in Kapitel 8 behandelt.

Herr T. hat heute einen Großteil seiner Kontrollrituale im Griff, wenn er zu Hause ist. In der Schule ist sein Drang, Dinge zu kontrollieren, jedoch manchmal noch relativ stark, besonders, wenn er wütend oder nervös ist. Einige Patienten mit Kontrollzwängen machen die Feststellung, dass sie zwar ihre Kontrollrituale deutlich reduzieren konnten – und wieder ein normales Leben führen können –, dass aber ihre Unsicherheitsgefühle bis zu einem gewissen Grad bestehen bleiben.

Warum sind Frau P. und Herr T. nicht alle ihre Probleme losgeworden? Zuerst einmal muss man feststellen, dass dies bei der Zwangsstörung nicht selten vorkommt. Man könnte es sich einfach machen und als Grund angeben, dass sie es nicht geschafft haben, alle erforderlichen Übungen zu machen. Schön und gut, aber *warum* haben sie das nicht geschafft?

Meines Erachtens liegt die Ursache in einem ungünstigen Kosten-Nutzen-Verhältnis. Wenn, um es kurz zu sagen, der Nutzen, den man aus einer bestimmten Handlung zieht, die Kosten (Mühen oder Schwierigkeiten) weit übersteigt, dann ist man bestrebt, die Handlung auszuführen. Aber wenn Nutzen und Kosten einander in etwa aufwiegen, fällt die Entscheidung für oder gegen die Handlung sehr schwer; oft ist man regelrecht gelähmt und kann sich weder dafür noch dagegen entscheiden. Beispielsweise legt man oft ohne Bedenken eine Strecke von mehreren hundert Kilometern zurück, wenn es darum geht, einen guten alten Freund zu besuchen, kann sich aber kaum dazu aufraffen, die sieben Kilometer zum Zahnarzt zu fahren.

Zu Anfang werden meine Patienten oft noch völlig von ihren Zwangssymptomen beherrscht und sind bereit, fast alles zu tun, um dies zu ändern. An diesem Punkt stellen sich ihnen das Führen von Aufzeichnungen und die Konfrontationsübungen noch als Möglichkeiten zur Lösung ihrer Probleme dar, die die Mühe, die sie kosten, wert sind.

Mit den Fortschritten, die die Patienten machen, nimmt die Beeinträchtigung durch die Zwänge dann immer weiter ab und schließlich kommen sie an einen Punkt, an dem die wenigen Zwänge, die sie noch haben, keine besonderen Einschränkungen mehr für sie darstellen. Jetzt wiegt ihrem Gefühl nach der Nutzen, den sie aus der Beseitigung dieser letzten Zwänge ziehen könnten, die Mühen nicht mehr auf, die damit für sie verbunden wären. Zwar nehmen sich viele Patienten vor, die Verhaltenstherapie fortzuführen, um auch noch ihre letzten Probleme in den Griff zu bekommen, schaffen es aber aus einer Reihe von Gründen nicht, die nötigen Übungen zu machen. Sie können sich das nicht erklären und versprechen, sich in der folgenden Woche größere Mühe zu geben. Aber das Gleiche passiert erneut. In der traditionellen Psychotherapie bezeichnet man derartiges Verhalten als Widerstand gegen die Behandlung. Ich dagegen ziehe das neutralere Konzept eines ungünstigen Kosten-Nutzen-Verhältnisses als Erklärung vor. Achten Sie in Ihrer eigenen Therapie auf dieses Verhältnis und forschen Sie nach den Gründen, wenn Sie einmal ein bestimmtes Niveau erreicht haben und nicht weiterkommen.

Herr K.: Wiederhol- und Zählzwänge

Wir wollen uns jetzt damit beschäftigen, welche Erfahrungen Patienten, die unter selteneren Zwangssymptomen leiden, mit der Verhaltenstherapie machen. Über die verhaltenstherapeutische Behandlung dieser Probleme ist noch nicht so viel bekannt, wir haben allerdings feststellen können, dass die meisten Patienten in der Lage sind, ihre Symptome zumindest in gewissem Ausmaß mit Methoden der Verhaltenstherapie in den Griff zu bekommen. Lassen Sie uns zuerst einen Blick darauf werfen, wie es Herrn K. erging, der wegen zahlreicher Zähl- und Wiederholzwänge, die sich sehr störend auf sein Leben ausgewirkt hatten, in die Therapie gekommen war.

Die Fortschritte, die er gemacht hat, fasste Herr K. vor kurzem folgendermaßen zusammen: «Insgesamt kann ich sagen, dass alles, was ich bei den Übungen hundertprozentig in den Griff bekommen habe, nicht wieder aufgetaucht ist.» Er arbeitete mit großem Einsatz an seinen Übungszielen (von denen Sie einige noch einmal in Kapitel 4 nachlesen können, wenn Sie möchten) und erreichte im Laufe von sechs Monaten fast alle Fernziele, die er sich gesetzt hatte. Die entsprechenden Probleme hatte er nun seit drei Jahren unter Kontrolle. Andere Probleme, für die er sich Ziele gesetzt hatte, die unerreicht blieben, sind seiner Kontrolle wieder entglitten, eine Erfahrung, die ja, wie Sie bereits wissen, viele Zwangspatienten machen müssen.

Herr K. kann heute ein Leben führen, das nicht mehr durch ständiges Zählen oder Wiederholen beeinträchtigt wird. Aber, wie er mir mitteilte, wird sein Drang, Dinge zu zählen und zu wiederholen, immer dann wieder stärker, wenn er unter Stress steht. (Auch diese Erfahrung teilt er mit vielen seiner Leidensgenossen.) In solchen Zeiten ruft er sich die Methoden ins

Gedächtnis, mit denen ich ihn vertraut gemacht habe, und widersetzt sich mit ihrer Hilfe diesen vorübergehenden Impulsen.

Herr K. äußerte sich folgendermaßen über seine Verhaltenstherapie: «Am Anfang sah ich dem Ganzen etwas skeptisch entgegen, da ich schon sechs Jahre Psychotherapie hinter mir hatte, davon vier Jahre Psychoanalyse. Ich weiß alles über meine Kindheit, aber dadurch hat sich meine Zwangsstörung nicht gebessert. Am schwersten fiel es mir, ohne besondere Rituale zu duschen, wenn mir niemand dabei half. Es hat lange gedauert, ehe ich das hinkriegte. Und es war viel einfacher am Anfang, als mir noch ein Freund bei den Übungen zur Seite stand.»

Das erste Ziel, das Herr K. erreichte, war, die Treppe hinunterzugehen, ohne dabei irgendwelche Dinge zu sagen. In unseren ersten Sitzungen half ich ihm dabei, das zu tun. Auch sein Helfer war dabei, um die Hilfestellungen kennen zu lernen, mit denen er Herrn K. bei den häuslichen Übungen unterstützen konnte. «Das werde ich nie vergessen. Sie meinten einfach, wir sollten es versuchen. Als Sie den Startschuss gaben, wusste ich, dass ich Ihnen vertrauen konnte, wusste ich, dass ich es schaffen konnte. Es war, als würde eine schwere Last von meinen Schultern genommen. Sie überzeugten mich, dass alle anderen Menschen das auch tun. Es war nicht einmal schwierig beim ersten Mal, auch später nie. Als ich dann allein weitermachte, wurden die Impulse nach und nach immer schwächer – und waren auf einmal ganz verschwunden.»

Frau J.: Hort- und Sammelzwänge

Betrachten wir nun, wie es der Frau aus dem Vorwort, die nichts wegwerfen konnte, mittlerweile geht. Ihre Verhaltenstherapie versetzte Frau J. in die Lage, zum ersten Mal seit über zehn Jahren wieder Dinge auf den Müll zu werfen. Bei den ersten Übungen zu Hause sank zwischenzeitlich noch einmal ihr Mut, als sie sich darüber klar wurde, in welch furchtbarem Zustand sie die ganze Zeit gelebt hatte. Aber ihre Therapie bei mir ging weiter und inzwischen ist es wieder möglich, in ihrem Schlafzimmer von der Tür zum Bett zu gelangen, ohne sich erst einen Weg freischaufeln zu müssen; Schritt für Schritt räumt sie die Räume ihrer Wohnung frei und dabei fallen jede Woche mehrere Eimer Müll an.

Frau J. hofft, bald wieder ihre Arbeit aufnehmen zu können, ohne dass ihr Sammeldrang ihr dabei im Weg steht. Sobald sie dieses Problem im

Griff haben wird, werden wir uns ihrem anderen wichtigen Fernziel zuwenden, der Reduzierung ihres Bedürfnisses, sich unwichtige Dinge zu merken.

Es folgen einige Äußerungen Frau J.s über ihre persönlichen Erfahrungen mit der Therapie: «Es geht mir nach den Übungen nicht schlecht. Aber vorher es ist immer sehr schwer, einen Anfang zu finden. Manchmal habe ich das Gefühl, es ist noch so viel, was ich wegwerfen muss, dass es mir über den Kopf wächst.» «An den Tagen vor den Übungen, fühle ich mich, als hätte ich eine Blinddarmoperation vor mir, aber wenn ich erst einmal angefangen habe, Dinge auf den Müll zu schmeißen, geht es mir prächtig. Ich stelle fest, dass meine Wohnung tatsächlich einen Fußboden hat. Es wird immer leichter, den Krempel wegzuwerfen, ohne ihn anzusehen. Und es fällt mir auch nicht mehr so schwer, zu entscheiden, was Müll ist und was ich noch brauche.»

Frau J. bekam vor allem dann Angst, wenn sie sich *vor* den Übungen *vorstellte*, etwas wegzuwerfen, und nicht, wenn sie es tatsächlich tat. Ohne die Unterstützung durch einen Helfer hätte der Erfolg vermutlich länger auf sich warten lassen. Zu diesem Thema meinte sie: «Wenn ich allein bin, klappt es nicht so gut, wie wenn mein Freund mir hilft. Ich könnte nicht so viele Dinge fortwerfen, wenn Fred nicht so oft bei mir wäre, um mich anzuspornen.»

Frau N.: Abergläubische Zwänge

Welche Wirkung hat Verhaltenstherapie bei zwanghaft abergläubischem Denken und Handeln? Um diese Frage zu beantworten, wollen wir einmal betrachten, wie es Frau N. ergangen ist, die mit einer ganzen Reihe von abergläubischen Ängsten und Ritualen, welche fast alle Bereiche ihres Lebens betrafen, in die Therapie gekommen war.

Frau N. hat hart an ihren Übungszielen gearbeitet und in den Bereichen, in denen sie ihre Ziele (die in Kapitel 4 aufgeführt sind) erreicht hat, ist es zu dauerhaften Verbesserungen gekommen. Diese Probleme hat sie nun seit mehr als zwei Jahren unter Kontrolle. Manchmal kommt es allerdings noch zum Auftreten zwanghafter Gedanken, wenn sie unter Anspannung steht.

Frau N. kann nun wieder ganztägig arbeiten gehen, ist aus ihrer Isolation herausgekommen und die noch bestehenden Zwangssymptome behindern sie nicht in ihrer Lebensführung. Obwohl sie nicht völlig geheilt ist, hat sie doch die Kontrolle über ihr Verhalten zurückgewonnen.

Bei vielen Übungen erlebte Frau N. starke Ängste. Es folgen einige Bemerkungen, mit denen sie ihre persönlichen Erfahrungen mit dem verhaltenstherapeutischen Vorgehen kommentierte: «Mit den Ritualen ist es zwar besser geworden, aber ich bin immer noch sehr unruhig – ich muss ständig gegen die Gedanken angehen», «Am Anfang war es ganz schön schwer für mich, eine Uhr zu tragen» (sie hatte Angst vor bestimmten Zahlen), «Ich habe es geschafft, nichts dreizehnmal zu wiederholen, aber die Gedanken sind immer noch da», «Wenn ich nervös bin, fällt es mir sehr schwer, nichts zu wiederholen», «Wenn Sie mir sagen, es ist in Ordnung, dies oder jenes zu tun, dann weiß ich, dass es wirklich in Ordnung ist.»

Für Frau N. sind die Konfrontationsübungen eindeutig eine größere Belastung gewesen als für die vorher genannten Patienten. Die Einnahme von Clomipramin (Anafranil), einem Antidepressivum, hat ihr die Arbeit an ihren Ängsten und Impulsen erleichtert. Viele Patienten mit starken abergläubischen Zwängen machen die Erfahrung, dass ihnen die Verhaltenstherapie weniger Schwierigkeiten bereitet, wenn sie gleichzeitig ein Medikament einnehmen.

Herr B.: Zwanghafte Langsamkeit

Herr B., der Patient, der alles sehr langsam tat, hat großartige Fortschritte in seiner Therapie gemacht. Aber es war nicht leicht für alle Beteiligten. Jede seiner extrem langsamen Handlungen musste einzeln angegangen werden. Es versteht sich von selbst, dass dazu viel Ausdauer und Geduld nötig war. Der Verhaltenstherapeut arbeitete lange mit den Angehörigen von Herrn B., um ihnen zu zeigen, wie sie die Behandlung unterstützen konnten.

Anfangs hatte Herr B. Gedanken wie: «Es wird jemandem das Leben kosten, wenn ich nicht alles ganz genau mache», «Ein Unglück wird geschehen und ich werde schuld daran sein, wenn ich nicht vorsichtig genug bin und das nicht ganz genau mache», oder «Wenn ich das hier nicht hundertprozentig hinkriege, wird man mich einen Versager nennen.» Sein Therapeut wies ihn an, seine zwanghaften Gedanken, dass etwas Schlimmes passieren würde, wenn er einen Fehler machte, auf die Probe zu stellen. Er gab Herrn B. Karteikarten, auf die Aussagen geschrieben waren, die im Widerspruch zu seinen Zwangsgedanken standen, z. B.: «Es wird nichts Schlimmes passieren, wenn ich das hier nicht ganz genau mache.» In den

Übungssitzungen nahm Herr B. die Karteikarten zur Hand und dies half ihm, die vereinbarten Zeitlimits einzuhalten.

Neben seiner Verhaltenstherapie benötigte Herr B. noch mehrere Medikamente. Wegen der häufigen Streitereien mit seinen Eltern war es auch notwendig, ihn davon zu überzeugen, das Haus der Eltern zu verlassen und in ein Übergangsheim zu ziehen, das sich als deutlich weniger belastende Umgebung herausstellte. Wie der Fall von Herrn B. demonstriert, ist die Behandlung zwanghafter Langsamkeit oft komplizierter als die anderer Zwangsstörungen.

Herr P.: Zwangsgedanken ohne Zwangshandlungen

Abschließend wollen wir betrachten, was aus Herrn P. geworden ist, dem Mann, der von der grässlichen Vorstellung heimgesucht wurde, sich an einem Kind vergangen zu haben. Zwei Monate nachdem er mit verhaltenstherapeutischen Methoden vertraut gemacht worden war, erzählte er mir: «Die Gedanken an die Sache kommen nicht mehr so oft. Aber wenn sie kommen, ist das immer noch schlimm für mich.»

Ehe er zu mir kam, hatte Herr P. das Antidepressivum Fluvoxamin (Fevarin, Floxyfral, s. Kapitel 8) gegen seine Zwangssymptome genommen. Das Mittel hatte zwar Wirkung auf seine depressive Verstimmung und seine wenigen Kontrollrituale gezeigt, seine zwanghafte Vorstellung, ein Kind missbraucht zu haben, waren aber in unverminderter Stärke bestehen geblieben. Erst mit Hilfe der verhaltenstherapeutischen Methoden, mit denen ich ihn vertraut machte, gelang es Herrn P., seine Zwangsgedanken in den Griff zu bekommen. Hin und wieder treten sie zwar noch auf, aber nicht mehr in dem Ausmaß wie vorher, und sie behindern ihn auch nicht mehr bei der Ausübung seines Berufs oder in seinem Privatleben. Interessant ist, dass es Herrn P., wie er mir sagte, allein dadurch schon besser gegangen war, dass er erfahren hatte, dass es Methoden gab, mit denen er seine störenden Gedanken zumindest teilweise besiegen konnte.

Zusammenfassend kann festgehalten werden, dass Herr P. durch medikamentöse und verhaltenstherapeutische Behandlung in die Lage versetzt wurde, seine Gedanken in 90 Prozent der Zeit in den Griff zu bekommen – und dies seit mittlerweile mehr als einem Jahr.

Was man selbst tun kann, um seine Erfolge zu sichern

Wahrscheinlich haben Sie gemerkt, dass es einige Gemeinsamkeiten zwischen den verschiedenen Patienten gibt. Zuerst einmal waren die Verbesserungen, die sie erzielten, meist von Dauer. Wenn Sie lange Zeit Probleme mit Zwängen hatten, werden Sie sich bestimmt mit Sorge fragen, ob diese nicht irgendwann erneut auftreten werden. Zum Glück können wir sagen, dass ein großes Plus der Verhaltenstherapie darin besteht, dass Patienten Symptome, über die sie einmal die Oberhand gewonnen haben, auch weiterhin unter Kontrolle behalten. Verschiedene Forschungsarbeiten sind zu dem Ergebnis gekommen, dass Verbesserungen am Ende der Therapie nach einer Zeit von ein bis fünf Jahren meist gehalten werden können (bzw. dass sogar noch weitere Fortschritte gemacht werden). Einige der Patienten aus diesen Studien benötigten allerdings hin und wieder Auffrischungssitzungen, um die erarbeiteten Erfolge zu sichern. Aber diese Nachbehandlungen bestehen nur aus einigen wenigen Therapiestunden und die Patienten bekommen ihre Probleme sehr viel schneller in den Griff als bei ihrer ersten Verhaltenstherapie. Im weiteren Verlauf des Kapitels werden Sie noch erfahren, woran Sie feststellen können, ob Sie eine Nachbehandlung benötigen.

Den geschilderten Fällen konnten Sie auch entnehmen, dass Sie jedes einzelne Ziel gesondert angehen müssen; die Erreichung *eines* Fernziels bedeutet nicht zwangsläufig, dass Sie auch die anderen Ziele erreichen werden. Wie die Erfahrungen dieser Patienten Ihnen gezeigt haben, wird Ihr Erfolg auf diejenigen Ziele beschränkt bleiben, die Sie sich mit den erforderlichen Übungen erarbeiten konnten. Die Forschung auf dem Gebiet der Zwangsstörung bestätigt diese Beobachtung. In einer Untersuchung wurde eine Frau, die sowohl unter Wasch- als auch unter Sammelzwängen litt, mit Verhaltenstherapie behandelt. Während sie ihre Waschrituale mit den erforderlichen Konfrontationsübungen anging und hier auch Erfolge erzielte, blieben die Sammelzwänge unbehandelt, was dazu führte, dass sie auf diesem Gebiet keine Fortschritte machte.[36] Natürlich erleben manche Patienten auch positive Überraschungen und stellen fest, dass sich durch die Arbeit an einzelnen Problemen auch andere abschwächen.

Schließlich führen Ihnen die Erfahrungen, die Frau P., Herr T. und Herr K. gemacht haben, auch noch einmal vor Augen, dass Zwangsge-

---

36 Rachman & Hodgson, *Obsessions and Compulsions*, 1980.

danken und der Drang zur Ausführung von Zwangshandlungen unter Stress vorübergehend wieder zunehmen können. Ein Mann sagte mir: «In solchen Zeiten wache ich morgens auf und weiß einfach, dass es ein schwerer Tag wird. An solchen Tagen erscheint mir meine Erwartungsangst erhöht und meine Motivation geschwächt. Dann arbeite ich umso härter und schaffe es, die Kontrolle zu behalten, bis der Drang wieder nachlässt.»

In solchen Phasen ist es besonders wichtig, so lange beharrlich mit den Übungen fortzufahren, bis die Impulse und Gedanken wieder zurückgehen. Dies ist die beste Garantie für einen dauerhaften Erfolg.

Wie können Sie dieses Wissen nun für sich persönlich nutzen, um das in der Therapie Erreichte auf Dauer zu sichern? Es folgen einige allgemeine Grundregeln hierzu.

Vorsicht bei Stress und Medikamentenumstellungen

Wie Sie schon wissen, können besondere Belastungen, denen Sie ausgesetzt sind, zu einer Zunahme zwanghafter Impulse führen. Lassen Sie sich nicht entmutigen, wenn Sie dies bei sich selbst beobachten; es handelt sich nur um einen vorübergehenden Rückschlag. Frau J., die ich Ihnen bereits in Kapitel 1 vorstellte, bekämpfte mit Verhaltenstherapie ihre Waschzwänge und ihre verschiedenen Ängste vor dem Tod und vor Krankheitserregern. Am Ende der Therapie hatte sie alle Probleme, an denen sie gearbeitet hatte, im Griff – außer in Zeiten extremer Belastungen. Als ihre Tochter krank wurde, erstarkte der Drang zu zwanghaftem Waschen wieder. Zwei verhaltenstherapeutische Auffrischungssitzungen halfen Frau J., ihre Probleme wieder in den Griff zu bekommen. Als 18 Monate später bei ihr selbst eine ernste körperliche Erkrankung diagnostiziert wurde, stellte sie ein erneutes Wiederaufflackern ihrer Symptome fest. Noch einmal kam sie zu zwei Therapiesitzungen zu mir. In ihrem Fall war die Rückkehr der zwanghaften Impulse wahrscheinlich auf die körperlichen und seelischen Belastungen in Verbindung mit ihrer Neigung zurückzuführen, in Stressphasen keine Übungen mehr zu machen (und wieder verschiedenen Dingen aus dem Weg zu gehen).

Eine besondere Form von Belastung sollte an dieser Stelle besonders erwähnt werden, da sie ein häufiger Grund für einen Rückfall bei Zwangspatienten darstellt: Belastungen durch Ehe- oder Familienprobleme. Leider musste ich bei einigen Patienten, die im Verlauf ihrer stationären Behandlung in unserer Klinik enorme Fortschritte gemacht hatten, feststellen, dass sich die Symptomatik nach ihrer Rückkehr in eine schwierige häusliche Situation, an der sich nichts geändert hatte, nach und nach wieder verschlimmerte.

Wenn Sie merken, dass Ihre Zwangssymptome wieder zurückkehren, nachdem Sie zunächst mit Hilfe der in diesem Buch beschriebenen Methoden gute Fortschritte gemacht haben, sollten Sie sich fragen: «Wird in unserer Familie zu viel aneinander herumkritisiert? Lassen wir einander zu wenig Freiraum?[37] Gibt es emotionale Probleme, über die wir eigentlich einmal miteinander reden müssten?» Wenn Sie irgendeine dieser Fragen mit Ja beantworten müssen, sollten Sie gemeinsam mit Ihrer Familie versuchen, diese Probleme mit Hilfe professioneller Unterstützung zu lösen – nicht nur, um Ihre Fortschritte zu sichern, sondern auch, um ein glücklicheres Leben zu führen.

Manche Patienten, die begleitend zur Verhaltenstherapie ein Antidepressivum eingenommen haben, machen die Erfahrung, dass ihre Symptome nach dem Absetzen des Medikaments zurückkehren. Wenn dies bei Ihnen der Fall sein sollte, wird Ihnen Ihr Arzt vielleicht empfehlen, mit der Einnahme des Medikaments fortzufahren, ein anderes Mittel auszuprobieren oder es mit Verhaltenstherapie zu versuchen. Mit einer dieser drei Möglichkeiten kann den meisten Patienten geholfen werden, ihre Symptome wieder unter Kontrolle zu bekommen.

Ein interessantes Beispiel für einen Rückfall nach dem Absetzen eines Medikaments war Frau P., die Patientin mit Verseuchungsängsten. Nachdem sie bereits einen Großteil ihrer Zwangssymptome im Griff hatte, begann sie, Clomipramin einzunehmen, was ihr half, die Zwangsgedanken noch weiter zurückzudrängen. Aber als sie die Einnahme nach einem halben Jahr beendete, nahmen auch die Gedanken und Impulse, die sie vor der Clomipraminbehandlung bereits im Griff gehabt hatte, vorübergehend wieder an Stärke zu. Eine Nachbehandlung mit Verhaltenstherapie half ihr, die Zwänge erneut unter Kontrolle zu bekommen.

---

[37] Dieses familiäre Muster wird als «emotionales Überengagement» *(high expressed emotion)* bezeichnet und ist ein häufiger Grund für Rückfälle bei Zwangspatienten, wie Steketee und Van Noppen ausführlich darstellen («Group and Family Therapy for Obsessive-Compulsive Disorder», in Jenike et al., *Obsessive-Compulsive Disorders,* 3rd ed., 1998).

Wenn Sie schon einmal die Durchführung eines Fitnessprogramms geplant und begonnen haben, sind Sie wahrscheinlich zu der Erkenntnis gelangt, dass der einzige Weg, Ihrem Vorhaben treu zu bleiben, darin bestand, das Programm zu einem festen Bestandteil Ihres Alltags zu machen. Sobald Sie damit aufhörten, sich regelmäßig zu betätigen, mussten Sie vermutlich feststellen, dass Sie trotz aller guten Vorsätze irgendwann wieder ganz damit aufhörten, Ihre Übungen zu machen. Auch die Verhaltenstherapie muss zu einem festen Bestandteil Ihres Alltags werden. Erst dadurch werden Ihnen die Verhaltensweisen, die Sie neu erworben haben, zur zweiten Natur.

Für die Arbeit an Ihren Zwangssymptomen heißt das, dass Sie sich am besten noch einmal die Aufstellung Ihrer langfristigen Ziele vornehmen und sich überlegen, wie Sie jedes dieser Ziele in Ihren Alltag einbauen können. Wie Sie erfahren haben, ist die Wahrscheinlichkeit groß, dass Sie die Kontrolle über diejenigen Probleme behalten, für die Sie die entsprechenden Übungsziele erreichen.

Beispielsweise werden die Ziele, die sich Frau P. gesetzt hatte – Lebensmittel ins Haus zu bringen, «schmutzige» und «saubere» Kleidungsstücke durcheinander in den Schrank zu hängen und öffentliche Waschsalons zu benutzen –, ihr ganzes Leben lang Teil ihres Alltags bleiben. Nach einer gewissen Zeit werden ihr diese Dinge zur Routine werden und sie wird sie nicht mehr ausdrücklich als Übungen betrachten. Die Vorteile, die ihre neuen Verhaltensweisen mit sich bringen, werden ihr helfen, sie beizubehalten. Um Ihre Probleme auf Dauer im Griff zu behalten, sollten Sie sich daher Übungsziele stecken, die zu einem Verhalten führen, das sich gut damit in Einklang bringen lässt, wie Sie Ihr Leben einmal zu führen gedenken. Dadurch umgehen Sie eine der wichtigsten Gefährdungen eines dauerhaften Therapieerfolgs – nicht genügend an seinen Übungszielen zu arbeiten. Ich habe die Erfahrung gemacht, dass Schwierigkeiten, die Patienten mit ihren Übungszielen haben, meistens auf eine von zwei Ursachen zurückzuführen sind. Zum einen kann es daran liegen, dass sie keinen Helfer haben. Es ist sehr viel schwieriger, ein Ziel ohne die Unterstützung durch einen Helfer zu erreichen. Das heißt nicht, dass es prinzipiell unmöglich wäre, aber warum einen Misserfolg riskieren, anstatt auf Nummer Sicher zu gehen? Zum anderen kann es daran liegen, dass sie sich Übungen vornehmen, die zu schwierig sind. Erinnern Sie sich noch an die 80-Prozent-Frage? Wer sich Ziele setzt, bei denen die Wahrscheinlichkeit, sie zu erreichen, zu gering ist, geht die Gefahr eines Scheiterns seiner Bemühungen ein. Aber auch *zu leichte* Übungen können sich als hinderlich erweisen, weil man dann nämlich keine Fortschritte in Richtung auf seine langfristigen Ziele macht. Je mehr Kontrolle man über seine Symptome gewinnt, desto schwierigere Aufgaben sollte man sich stellen. Behalten Sie das Bild der Schießscheibe vor Ihrem inneren Auge und bewegen Sie sich immer weiter auf das Schwarze der Scheibe zu – und nicht einfach entlang eines der äußeren Ringe.

Überprüfen Sie die Stabilität Ihrer Erfolge

Um sicherzugehen, dass Sie das Erreichte auch behaupten können, sollten Sie sich hin und wieder einem Selbsttest unterziehen. Wenn Sie Ihre Probleme über einen Zeitraum von sechs Monaten im Griff haben, ist dies nur noch etwa zweimal im Jahr nötig.

Um zu überprüfen, ob Sie nicht, ohne es zu merken, in irgendeine schlechte Gewohnheit zurückverfallen sind, sollten Sie die Tests aus Kapitel 3 wiederholen. Besonders sorgfältig sollten Sie sich auch nach dem Eintreten körperlich und psychisch belastender Ereignisse beobachten, wozu sowohl negative (Krankheiten, Todesfälle) als auch positive Erfahrungen (Umzug an einen anderen Ort, Wechsel des Arbeitsplatzes, Heirat) gehören können. Frauen, die zur Entwicklung von Zwangssymptomen neigen, sollten ihr Verhalten und ihre Gedanken besonders intensiv während und nach einer Schwangerschaft unter die Lupe nehmen. Auch wer längere Zeit unbeschäftigt ist, sollte überprüfen, ob er nicht wieder die alten Gewohnheiten aufgenommen hat, um dadurch die viele freie Zeit auszufüllen.

Führen Sie Nachbehandlungen durch

Wenn Sie irgendwelche Rückschritte feststellen, sollten Sie sofort eine Auffrischungsbehandlung durchführen. Es gibt keinen Grund, den Mut sinken zu lassen – etwa einer von vier Zwangspatienten benötigt hin und wieder eine kurze Nachbehandlung, um das Erreichte zu sichern.

Folgendermaßen sollten Sie dabei vorgehen. Zuerst lesen Sie am besten noch einmal die Kapitel 4 und 5, in denen beschrieben wird, wie Sie sich bei Ihren speziellen Problemen Ziele setzen können und wie Ihre Konfrontationsübungen aussehen müssen. Wenn Sie dann Ihr Gedächtnis wieder aufgefrischt und sich Ziele gesetzt haben, sollten Sie mit der Unterstützung eines Helfers wieder mit den Übungen beginnen. Sie werden merken, dass

Sie Ihr Problem diesmal viel schneller im Griff haben als bei Ihrer ersten Verhaltenstherapie.

Was ist, wenn Sie zwar Ihre zwanghaften Verhaltensweisen unter Kontrolle gebracht haben, sich dies aber nicht auf Ihre Gedanken und Impulse ausgewirkt hat? Wenn Sie, wie vorgeschlagen, mindestens 20 Stunden mit Übungen verbracht haben, einen Helfer hatten und die Konfrontationsübungen nach Plan durchgeführt haben und Ihre Impulse und Gedanken dennoch *überhaupt nicht* nachgelassen haben, dann sollten Sie einen qualifizierten Psychiater oder Psychologen aufsuchen, um herauszufinden, welche weiteren Möglichkeiten es gibt, um Ihnen zu helfen.

Fühlen Sie sich nicht als Versager! Wie ich bereits sagte, ist alles, was Sie selbst kontrollieren können, Ihr Verhalten, und das haben Sie getan. Wahrscheinlich hat sich allein schon dadurch die eine oder andere Verbesserung in Ihrem Leben eingestellt, dass Sie Ihre Zwangshandlungen und Ihr Vermeidungsverhalten etwas eingeschränkt haben. Behalten Sie dies bei, solange Sie Ausschau nach einem geeigneten Therapeuten halten. Die Chancen stehen nicht schlecht, dass Sie mit Hilfe eines professionellen Therapeuten schließlich Ihre Probleme doch noch in den Griff bekommen.

7. Kapitel

Probleme in den Griff bekommen, die mit der Zwangsstörung verwandt sind

Das Schlimme in diesem Leben ist, dass es viel leichter ist, gute Gewohnheiten aufzugeben als schlechte.

W. Somerset Maugham (1874-1965)

Vielleicht haben Sie geduldig die vorigen Kapitel gelesen und gehofft, Hinweise zur Bewältigung Ihres Problems zu finden, das zwar viele Ähnlichkeiten mit der Zwangsstörung aufweist, aber nicht in eine der beschriebenen Kategorien fällt. Kann Ihnen die Verhaltenstherapie helfen? In vielen Fällen lässt sich diese Frage mit Ja beantworten. Aber die Art der Anwendung der Verhaltenstherapie sieht bei den Störungen, um die es in diesem Kapitel geht – Trichotillomanie, Tourettestörung und übermäßige Besorgtheit um den eigenen Körper – etwas anders aus als bei den klassischen Zwangssymptomen, wie ich sie in Kapitel 1 beschrieben habe. In diesem Kapitel werden nun Methoden vorgestellt, mit denen diese anderen Probleme angegangen werden können.

Zuerst gilt es, eine Warnung auszusprechen. Bei einem Großteil der Probleme, die in diesem Kapitel zur Sprache kommen, handelt es sich um schwere Störungen. Darüber hinaus ist die Anwendung der speziellen verhaltenstherapeutischen Methoden, die bei ihnen zum Einsatz kommen, oft mit großen Schwierigkeiten verbunden, da die beteiligten Impulse sehr stark sein können. Deshalb sollten Sie auf jeden Fall versuchen, einen Helfer zu finden, der Sie bei der Durchführung der Übungen unterstützt. Sie können versuchen, Ihre Probleme mit den in diesem Buch beschriebenen Methoden unter Kontrolle zu bringen, wenn Sie aber merken, dass es nicht funktioniert, sollten Sie so bald wie möglich professionelle Hilfe hinzuziehen. In vielen Fällen werden Sie, wenn Sie an einer der in diesem Kapitel beschriebenen Störungen leiden, auch auf die Unterstützung durch eine medikamentöse Behandlung angewiesen sein, um möglichst gute Ergebnisse zu erreichen.

Trichotillomanie

Frau S. war eine junge Patientin, die zu mir kam, um sich behandeln zu lassen. Sie schilderte mir, dass sie immer wieder Phasen hatte, in denen sie sich Haare auszupfen musste. Stets begann es mit den Wimpern. Wenn sie diese vollständig entfernt hatte, ging sie zu den Augenbrauen über, und zuletzt war dann das Kopfhaar an der Reihe. Sie berichtete, dass die Symptome immer dann auftauchten, wenn sie unter emotionaler Anspannung stand.

Frau S. gab zu, dass sie es als angenehm empfand, sich Haare auszuzupfen; ja, dies war für sie eine der wenigen Möglichkeiten, sich Erleichterung von den Belastungen ihres Alltags zu verschaffen. Wenn sie erst einmal mit dem Zupfen angefangen hatte, war sie kurz darauf nicht mehr in der Lage, sich zu zügeln. Aus Minuten wurden Stunden – und ein Haar nach dem anderen musste dran glauben. Die Folgen ihres Zwangs waren nicht zu übersehen: Mitten auf dem Kopf und an beiden Schläfen befanden sich mehrere Zentimeter breite kahle Stellen, ihr eigentlicher Haaransatz war kaum noch zu erkennen.

Frau S. trug die verräterischen Male der Trichotillomanie: Beim ersten Mal, als sie in mein Büro kam, hatte sie sich ein Tuch um den Kopf gebunden und beim zweiten Mal ihr Haar zu einem Knoten geschlungen. Dies waren Versuche, die Beweise für ihre destruktive Gewohnheit vor der Umwelt zu verbergen. Wenn ihre Probleme unbehandelt geblieben wären, hätte sie schließlich irgendwann Zuflucht zu einer Perücke nehmen müssen. (Wir haben Patienten gehabt, die sich – Haar für Haar – die ganze Kopfhaut kahl gezupft hatten.)

Wenn Sie sich Haare – Wimpern, Augenbrauen-, Kopf-, Bart- oder Schamhaare – ausreißen[38], dann leiden Sie möglicherweise unter einer Störung, die wir als Trichotillomanie (abgeleitet von dem griechischen Wort

---

38 Anstatt sich die Haare auszu*reißen*, nehmen einige Betroffene auch Haare zwischen die Finger und drehen und zerren so lange an ihnen herum, bis sie sich aus der Haut lösen.

trichos für «Haar») bezeichnen. Judith Rapoport ist der Überzeugung, dass die Trichotillomanie ebenso wie die Zwangsstörung sehr viel häufiger vorkommt, als gemeinhin angenommen wird. Sie meint, dass eine großer Anteil der Frauen, die Perücken tragen, dies tun, um die Folgen ihres Haareausreißens zu verbergen. Anders als Zwangsgedanken und -handlungen, die bei Männern und Frauen etwa gleich oft vorkommen, ist die Trichotillomanie fast ausschließlich bei Frauen anzutreffen.

Ursprünglich sind in erster Linie Kinder und Jugendliche mit Trichotillomanie verhaltenstherapeutisch behandelt worden. Obwohl bis jetzt keine kontrollierten wissenschaftlichen Studien zur Verhaltenstherapie bei Trichotillomanie vorliegen, gibt es zahlreiche Einzelberichte, denen zufolge bei Kindern und Jugendlichen durchgeführte Verhaltenstherapien zu dauerhaften Erfolgen führten.

Verschiedene Methoden aus dem Bereich der Verhaltenstherapie und der Hypnose sind bislang – mit unterschiedlichem Erfolg – gegen die Trichotillomanie eingesetzt worden. Die Methode, die sich als die effektivste erwiesen hat, ist ein von Nathan Azrin entwickeltes systematisches Programm zur Veränderung von schlechten Gewohnheiten *(habit reversal)*. Es handelt sich um eine sichere Methode, mit der Sie Ihr Haareausreißen gut in den Griff bekommen können. Wir wollen uns dieses Programm etwas genauer ansehen.

Die systematische Abgewöhnung (habit reversal)

Das Programm zur systematischen Abgewöhnung schlechter Gewohnheiten besteht aus fünf Schritten: Aufmerksamkeitstraining, Erlernen einer konkurrierenden Reaktion, Entspannungstraining, Verstärkung und Generalisierungstraining. Jeder dieser Schritte ist zur erfolgreichen Anwendung des Programms notwendig. Ich werde Ihnen die Schritte so genau beschreiben, wie ich es gegenüber Trichotillomaniepatienten am Anfang der Therapie zu tun pflege.[39] Die einzelnen Schritte werde ich auch deshalb so ausführlich darstellen, weil die systematische Abgewöhnung auch die Therapiemethode der Wahl bei Tourettepatienten ist.

---

39 Eine ausführlichere Darstellung des Programms findet sich in dem einfachen, aber seinen Zweck erfüllenden Buch *Habit Control in a Day* von Azrin und Nunn, 1977.

1. Aufmerksamkeitstraining

Der erste Bestandteil des Aufmerksamkeitstrainings besteht darin, genaue Aufzeichnungen über die Gewohnheit zu führen. Sie sollten ständig ein kleines Notizbuch bei sich haben, in das sie jedes Mal *sofort* nach dem Haareausreißen das Datum, die Uhrzeit, die Situation, Ihre Gefühle und die Dauer des Auszupfens eintragen. Schreiben Sie sich all diese Angaben sofort auf, nachdem Sie mit dem Ausreißen aufgehört haben; verlassen Sie sich nicht auf Ihr Gedächtnis. Manche Patienten machen die Erfahrung, dass manchmal allein das Festhalten dieser Informationen schon die Häufigkeit des Verhaltens senkt. Von Verhaltenstherapeuten wird dieses Verfahren meist als «Selbstbeobachtung» oder «Selbstüberwachung» bezeichnet.

Als Nächstes gehört es zum Aufmerksamkeitstraining – und zur Bekämpfung schlechter Gewohnheiten überhaupt –, sich genau der allerersten Bewegung, die mit der Gewohnheit verbunden ist, bewusst zu werden. Wenn man eine bestimmte Gewohnheit bereits lange Zeit hat, ist man sich ihrer gar nicht mehr bewusst. Das ist es ja, was eine Gewohnheit ausmacht – etwas zu tun, ohne es bewusst zu steuern. Sie sollten sich auf den Anfang des Verhaltensablaufs konzentrieren, denn wenn das Verhalten erst einmal in Gang gekommen ist, ist es ungleich schwerer, das problematische Tun muss sozusagen bereits im Keim erstickt werden.

Achten Sie *ganz genau* auf die erste kritische Bewegung Ihrer Hand. Wenn Sie Augenbrauenhärchen oder Wimpern zupfen, sollten Sie sehr aufmerksam die erste Bewegung Ihrer Hand in Richtung auf Ihre Augen verfolgen. Wenn Sie Kopfhaare ausreißen, passen Sie genau auf, wenn Ihre Hand sich auf Ihren Kopf zubewegt.

Was ist das Ziel des Aufmerksamkeitstrainings? Nach der zweiten Therapiestunde erwarte ich von meinen Patienten, dass sie in der Lage sind, mir alles über die Situationen zu sagen, in denen sie sich Haare ausreißen. Vermutlich wird es Sie überraschen, die Feststellung zu machen, dass es meist nur einige wenige Situationen sind, in denen diese Gewohnheit zum Vorschein kommt.

Beth, ein zehnjähriges Mädchen mit langen Haaren, fand zu ihrer eigenen Überraschung heraus, dass es nur zwei Situationen gab, in denen sie sich Haare (aus dem Hinterkopf) auszupfte. Die eine dieser Situationen sah so aus, dass sie auf dem Boden liegend eine Fernsehsendung anschaute und ihren Kopf auf die rechte Hand gestützt hatte. Ich ließ sie und ihre Eltern ihre Gewohnheit genau in den Blick nehmen, und wir fanden heraus, dass es immer damit begann, dass sie sich Haare um mehrere Finger ihrer rechten Hand wickelte; danach begann sie dann mit dem Ausreißen. Die andere Situation bestand darin, dass sie auf einem Stuhl saß und Schulaufgaben machte, wobei sie auch hier wieder ihren Kopf auf die rechte Hand stützte, mit den Fingern dieser Hand in ihr Haar ging und dann begann, einzelne Haare herauszureißen. Wie Beth mir sagte, waren dies die Gelegenheiten, bei denen sie sich am meisten langweilte. Nachdem sie sich der kritischen Situationen und Gefühle bewusst geworden war, konnte sie nun bei diesen Gelegenheiten genau auf jede Bewegung ihrer Hand in Richtung auf ihre Haare achten. Damit war das Problem für Beth von einer unbewussten Gewohnheit zu einer Abfolge bewusster Bewegungseinheiten geworden, die in bestimmten Situationen auftraten, auf die sie gezielt achten konnte.

Wie können Sie sich Ihre eigenen Gewohnheiten so bewusst machen wie Beth? Es folgen einige Fragen, die ich meine Patienten immer zu beantworten bitte. Stellen Sie sich diese Fragen und wenn Sie auf die eine oder andere keine Antwort finden, dann müssen Sie noch genauer auf Ihr Verhalten achten oder jemanden, mit dem Sie zusammenleben, darum bitten, Sie zu beobachten. Auf keinen Fall sollten Sie mit der systematischen Abgewöhnung fortfahren, ehe Sie nicht alle diese Fragen beantworten können.

- Welche Hand nehmen Sie normalerweise, um sich Haare auszureißen?
- In welchen Situationen reißen Sie sich normalerweise Haare aus (wenn Sie sich im Spiegel betrachten, beim Fernsehen oder Lesen, in der Schule)?
- In welcher Position befindet sich Ihr Körper in der Regel, wenn Sie mit dem Haareausreißen beginnen?
- Fangen Sie meistens mit den Wimpern, den Augenbrauenhaaren oder dem Kopfhaar an?
- Was für Gefühle haben Sie in der Regel, kurz bevor Sie mit dem Ausreißen der Haare beginnen?

Wenn Sie diese Fragen beantworten können, sind Sie sich schon ganz gut darüber im Klaren, unter welchen Bedingungen Ihr Problem auftaucht. Jetzt können Sie den zweiten wichtigen Schritt zur Bekämpfung Ihres Symptoms machen und eine so genannte konkurrierende Reaktion erlernen. Diese stellt das Herz des systematischen Abgewöhnungsprogramms dar.

2. Das Erlernen einer konkurrierenden Reaktion

Das Grundprinzip der systematischen Abgewöhnung ist überaus einfach: Jedes Mal, wenn man den Drang verspürt, die Gewohnheit auszuführen, zwingt man sich zu einem Verhalten, das einen schon rein physisch von der Ausführung der schlechten Gewohnheit abhält. Dieses Verhalten nennen wir eine konkurrierende Reaktion, weil die Muskelbewegungen, die damit verbunden sind, mit denen, die zur Ausführung der Gewohnheit nötig sind, *konkurrieren*, nicht in Einklang zu bringen sind. Wenn Sie beispielsweise die Gewohnheit hätten, Ihren Kopf in den Nacken zu werfen, könnten Sie sich zwingen, Ihre Nackenmuskeln anzuspannen und Ihr Kinn leicht nach unten zu bewegen, um zu erreichen, dass Ihr Kopf in der Senkrechten bleibt. Diese Position würden Sie etwa zwei Minuten beibehalten oder so lange, bis der Drang wieder verschwunden ist. Bei der systematischen Abgewöhnung schlechter Gewohnheiten trainieren Sie also Ihre Muskeln darauf, als Reaktion auf Ihre unerwünschten Impulse eine andere Bewegung auszuführen, *eine Bewegung, die die Ausführung des störenden Verhaltens unmöglich macht.*

Als konkurrierende Reaktionen bei Trichotillomanie sind alle Bewegungen geeignet, die verhindern, dass Sie Ihre Hände an Ihren Kopf oder Ihr Gesicht führen. Wenn Sie den Drang verspüren, sich Haare auszureißen, verschränken Sie die Hände und lassen sie zwei Minuten oder so lange, bis der Drang vorüber ist, gefaltet. Wenn Sie gerade ein Buch lesen, nehmen Sie das Buch einfach zwei Minuten lang fest in beide Hände. Wenn es Sie beim Autofahren überkommt, umklammern Sie das Steuer und lokkern Ihren Griff erst wieder, wenn zwei Minuten vergangen sind oder der Impuls nicht mehr zu spüren ist.

Die ersten Male sollten Sie während der konkurrierenden Reaktion auf die Uhr sehen. Wenn Sie nach den zwei Minuten immer noch einen starken Drang verspüren, sich Haare auszureißen, sollten Sie die Übung um zwei Minuten verlängern, und wenn nötig noch einmal um zwei Minuten, usw. Nach einigen Malen werden Sie, auch ohne auf die Uhr zu schauen, einschätzen können, wie lang zwei Minuten sind. Dann können Sie die Uhr beiseite lassen, auf ein paar Sekunden mehr oder weniger kommt es nicht an.

Wenn Sie eine richtige konkurrierende Reaktion ausführen, werden Sie merken, dass Sie sich gar keine Haare ausreißen *können*: Es ist für Ihre Muskeln einfach unmöglich, zur selben Zeit zwei verschiedene Dinge zu tun. Und mit fortschreitender Übung werden Ihre Muskeln nach und nach die alte Gewohnheit als Reaktion auf Ihre inneren Impulse verlernen und Sie werden in der Lage sein, Bewegungen Ihrer Hand in Richtung auf Ihr Gesicht, Ihre Augen oder Ihren Kopf zu unterbrechen. Einigen meiner Patienten gelang es, schon nach unserer ersten Sitzung ihr Haareausreißen um mehr als 90 Prozent zu reduzieren, bloß indem sie ihr Verhalten genau unter die Lupe nahmen und eine konkurrierende Reaktion aufbauten.

Beth schlug ich beispielsweise vor, gerade zu sitzen, wenn sie ihre Hausaufgaben machte oder fernsah. Und sobald sie den Drang verspürte, sich Haare auszurupfen, sollte sie ihre Hände fest zusammenpressen und sie zwei Minuten lang so halten. Als sie in der folgenden Woche zu mir kam, berichtete sie: «Meistens war der Drang weg, wenn die zwei Minuten um waren. Und wenn nicht, habe ich das Ganze noch mal gemacht, und dann war es gut.»

3. Entspannungstraining

Nachdem Beth gelernt hatte, konkurrierende Reaktionen auszuführen, machte ich sie mit der dritten Komponente des Abgewöhnungsprogramms vertraut: der Entspannung. Die Entspannungsübungen sollten ihr helfen, den Drang abzuschwächen, der sie immer zum Ausreißen ihrer Haare trieb. In Kapitel 2 habe ich gesagt, dass die Impulse der Zwangsstörung nachlassen, wenn man keine entsprechenden Rituale mehr ausführt; dies ist bei Problemen wie der Trichotillomanie und der Tourettestörung etwas anders – hier gehen die Impulse in der Regel nicht ohne Entspannungsübungen zurück. Deshalb ist das Entspannungstraining ein äußerst wichtiger Teil des Programms.

Das folgende Beispiel zeigt, wie wichtig es sein kann, bei Trichotillomanie mit Entspannung zu arbeiten. Von Frau S., der bereits erwähnten Patientin, erfuhr ich in unserer ersten Sitzung, dass sie bereits von einem Arzt mit der Methode der konkurrierenden Reaktion vertraut gemacht worden war und dass sie dadurch zum ersten Mal seit Jahren ihr Haareausreißen in den Griff bekommen hatte. Leider hatte ihr der Arzt kein Entspannungstraining beigebracht, und als einige Monate später Probleme in der Beziehung zu ihrem Freund auftraten, wurde sie von Gefühlen der Angst und des Ärgers überwältigt und begann wieder, sich Haare auszureißen.

Das Üben einer konkurrierenden Reaktion führt den Bruch mit der Gewohnheit selbst herbei, während die Entspannung den inneren Drang abbaut, der das Haareausreißen auslöst. Insofern entsprechen diese beiden

Methoden denen der Reizkonfrontation und der Reaktionsverhinderung, die ja auch immer gemeinsam angewendet werden müssen.

Die erste Entspannungstechnik, die ich im Rahmen des Abgewöhnungsprogramms einsetze, ist die Muskelentspannung. Wenn Sie sich diese Technik aneignen, machen Sie sich als Erstes das Gefühl der Spannung in Ihren Muskeln bewusst. Dies geschieht, indem Sie eine einzelne Muskelgruppe fest anspannen, die Spannung etwa zehn Sekunden halten und die Muskeln dann wieder entspannen. So merken Sie, wie sich der Unterschied zwischen Spannung und Entspannung in diesem Teil Ihrer Muskulatur anfühlt.

Probieren Sie es jetzt einmal selbst aus. Spannen Sie zuerst die Muskeln Ihrer rechten Hand an, indem Sie die Hand zur Faust ballen. Drücken Sie die Finger fest zusammen und achten Sie auf die Spannung in der Hand und dem Arm. Zählen Sie bis zehn und entspannen dann die Hand wieder. Vergleichen Sie das Gefühl, das Sie jetzt im rechten Arm haben, mit dem, das Sie verspürten, als Sie die Hand zur Faust geballt hatten. Versuchen Sie es gleich noch einmal und achten Sie wieder besonders auf den Unterschied zwischen Spannung und Entspannung.

Die meisten Menschen sind sich gar nicht darüber im Klaren, dass man gar nichts Besonderes *tun* muss, um sich zu entspannen. Als ich Sie aufforderte, eine Faust zu machen, wussten Sie automatisch, welche Muskeln Sie dazu anspannen mussten. Und was haben Sie getan, als ich Sie bat, Ihre Hand zu entspannen? Nichts – Sie haben einfach die vorhandene Spannung aus Ihrer Hand entweichen lassen. Sie wussten automatisch, wie Sie dies geschehen lassen konnten – und es passierte einfach. Um Muskeln zu entspannen, bedarf es keiner besonderen Aktivität, die man neu lernen muss, man muss einfach das Gegenteil dessen tun, was man tut, wenn man die Muskeln anspannt.

Als Nächstes werden Sie üben, andere wichtige Muskelgruppen Ihres Körpers anzuspannen und zu entspannen. Dadurch, dass Sie lernen, diese Muskeln zu entspannen, werden Sie in der Lage sein, Spannungsgefühle in Ihrem Körper abzubauen.

1. Rechte Hand und rechter Arm: Ballen Sie die Hand fest zur Faust.
2. Linke Hand und linker Arm: Ballen Sie die Hand fest zur Faust.
3. Rechte Schulter: Ziehen Sie die Schulter hoch.
4. Linke Schulter: Ziehen Sie die Schulter hoch.
5. Rechter Fuß und rechtes Bein: Strecken Sie Zehen und Fuß nach oben.

6. Linker Fuß und linkes Bein: Strecken Sie Zehen und Fuß nach oben.
7. Bauch und Brust: Ziehen Sie den Bauch ein.
8. Augen und Stirn: Schließen Sie fest die Augen.
9. Mund und Kiefer: Pressen Sie die Lippen aufeinander.

Zur Durchführung dieser neun Übungen, aus denen das Entspannungsverfahren besteht, sollten Sie sich bequem hinsetzen, die Füße gerade auf den Boden stellen und die Hände in den Schoß legen. Spannen Sie die einzelnen Muskelgruppen an, indem Sie die jeweils angegebene Bewegung machen. Halten Sie die Spannung und zählen Sie bis zehn. Achten Sie dabei auf das Gefühl in den Muskeln. Wenn Sie bei zehn angelangt sind, lassen Sie die Muskeln wieder in den Normalzustand zurückkehren; tun Sie dazu einfach genau das Gegenteil dessen, was Sie taten, als Sie sie anspannten. Sollte Ihnen irgendeine Bewegung Schmerzen verursachen, versuchen Sie, diese etwas weniger heftig auszuführen. Wenn es dann immer noch weh tut, lassen Sie diese Bewegung einfach weg.

Üben Sie diese Methode der Muskelanspannung und -entspannung mindestens zwei Wochen lang jeden Tag. Nach der ersten Woche werden Sie die einzelnen Schritte auswendig können und brauchen bei den Übungen nicht mehr auf die Anleitung zu sehen. Im Rahmen der systematischen Abgewöhnung werden diese Übungen gezielt während der zwei Minuten eingesetzt, in denen man die konkurrierende Reaktion ausführt. Wenn Sie bei der konkurrierenden Reaktion Ihre Hände benötigen (wenn Sie sie z. B. falten müssen), können Sie natürlich nicht gleichzeitig die Schritte 1 und 2 der Muskelentspannung ausführen. Überspringen Sie alle Schritte, die Sie nicht ausführen können, und machen Sie mit den anderen weiter.

Nach den Übungen sollten sich Ihre Spannungsgefühle und der Drang zur Ausführung Ihres Rituals reduziert haben. Sie können dies überprüfen, indem Sie mit Hilfe der SBW-Skala einschätzen, wie Sie sich jeweils vor und nach der Entspannung fühlen.

Wenn Sie die Entspannungsübungen einige Wochen lang durchgeführt haben und sie gut beherrschen, können Sie versuchen, den Schritt der Anspannung der Muskeln auszulassen – konzentrieren Sie sich einfach auf einzelne Muskelgruppen und versuchen Sie, sie zu entspannen.

Die zweite nützliche Entspannungsmethode, mit der ich meine Patienten vertraut mache, ist die Zwerchfellatmung. Hierbei geht es darum, zu lernen, mit dem Zwerchfell, anstatt mit dem Brustkorb zu atmen. Vielleicht haben Sie schon einmal etwas über Zwerchfellatmung gehört; viele Schauspieler und Sänger wenden sie an, damit ihre Stimme in großen Theatern besser zur Geltung kommt.

Ehe Sie die Zwerchfellatmung üben, sollen Sie etwas drüber erfahren, wie der menschliche Körper atmet. Stellen Sie sich einen großen Vogelkäfig vor. Die Stäbe des Käfigs sind Ihre Rippen und sein Boden Ihr Zwerchfell, der Muskel, der am unteren Ende des Brustkorbs gespannt ist.

Sie haben zwei Möglichkeiten, Luft zu holen. Eine besteht darin, dass Sie mit Hilfe Ihres Brustkorbs Ihre Lungen ausdehnen. So atmen Menschen, wenn sie das Gefühl haben, nicht genug Luft zu bekommen. Man erkennt diese Atmungsart leicht daran, dass Ihre Brust sich beim Einatmen hebt und beim Ausatmen senkt. Diese Art zu atmen ist mit körperlicher Anspannung und Furchtreaktionen assoziiert.

Besser ist es, mit Hilfe des Zwerchfells ein- und auszuatmen. Diese Atmungsart erkennt man daran, dass sich hierbei die Brust kaum bewegt, dafür aber um so mehr der Bauch. Beim Einatmen wölbt er sich nach vorn und beim Ausatmen geht er zurück. Die Zwerchfellatmung ist mit Ruhe und Entspannung assoziiert.

Probieren Sie das an sich selbst aus. Legen Sie Ihre linke Hand auf die Brust und die rechte auf den Bauch, direkt oberhalb des Nabels. Atmen Sie tief ein und achten Sie dabei auf Ihre Hände. Die meisten meiner Patienten stellen fest, dass sich ihre linke Hand (diejenige, die auf der Brust liegt) stärker bewegt. Sie hebt sich, wenn sie einatmen, und senkt sich, wenn sie ausatmen. Wenn dies auch bei Ihnen der Fall ist, neigen Sie zur Brustatmung.

Versuchen Sie jetzt, mit dem Zwerchfell zu atmen. Lassen Sie Ihre Hände auf Bauch und Brust liegen und machen Sie einen tiefen Atemzug. Stellen Sie sich vor, wie sich Ihr Bauch mit Luft füllt; vielleicht denken Sie sich Ihren Bauch als Luftballon, den Sie beim Einatmen aufpumpen und aus dem Sie beim Ausatmen die Luft herauslassen. Achten Sie auf Ihre Hände. Wenn sich die Hand auf der Brust mehr als die auf dem Bauch hebt und senkt, machen Sie es richtig. Versuchen Sie, zwei bis drei Minuten lang mit dem Zwerchfell zu atmen.

Wenn Sie den Dreh noch nicht heraushaben, versuchen Sie es einmal mit folgendem Trick: Strecken Sie beide Arme hinter Ihrem Kopf in die Luft. Atmen Sie jetzt tief ein und halten dabei die Arme gestreckt nach oben. Wahrscheinlich werden Sie gemerkt haben, dass Sie diesmal wirklich mit dem Zwerchfell geatmet haben – aus dem einfachen Grund, dass Sie die Brustmuskulatur gestreckt hatten und deshalb die Rippen die Atmung nicht unterstützen konnten. Versuchen Sie, ein bis zwei Minuten – so lange, wie

Sie Ihre Hände über dem Kopf halten können – auf diese Weise zu atmen. Wenn Sie sich an den Rhythmus gewöhnt haben, legen Sie Ihre Hände wieder auf Brust und Bauch und versuchen, die Zwerchfellatmung in dieser Position fortzuführen.

Wenn es Ihnen immer noch nicht richtig gelingen will, mit dem Zwerchfell zu atmen, machen Sie sich deswegen keine Sorgen. Seit vielen Jahren sind Sie an die Brustatmung gewöhnt; jetzt gewöhnen Sie sich etwas Neues an und das dauert eben seine Zeit. Vielen Menschen fällt es leichter, im Liegen die neue Atmungsart zu erlernen, weil sie dann nicht gegen die Schwerkraft arbeiten müssen. Vielleicht versuchen auch Sie es einmal im Liegen; Sie können hierbei genau so vorgehen, wie ich es gerade für die Zwerchfellatmung im Sitzen beschrieben habe.[40]

Wenn Sie die Zwerchfellatmung beherrschen, halten Sie den Mund geschlossen[41] und atmen Sie ausschließlich durch die Nase; dadurch atmen Sie automatisch langsamer und können sich besser konzentrieren. Sie brauchen den Atem nicht anzuhalten, lassen Sie ihn fließen – so, wie es Ihrem natürlichen Rhythmus entspricht. Woran können Sie merken, dass sie nicht zu schnell atmen? Lauschen Sie auf Ihren Atem – wenn Sie hören können, wie die Luft durch Ihre Nasenlöcher streicht, dann verlangsamen Sie Ihre Atmung ein wenig, bis Sie nichts mehr hören. Das ist dann der richtige Rhythmus für Sie.

Denken Sie schließlich an das Wort «Ruhe» wenn Sie Ihre Atemübung machen. Beim Einatmen sagen Sie leise zu sich die Silbe «Ru-» und beim Ausatmen die Silbe «-he». Vor Ihrem inneren Ohr kann sich das so anhören: «(einatmen) *Ruuuuuu*, (ausatmen) *heeeeee*.»

Machen Sie jetzt die vollständige Übung, ohne einen Schritt auszulassen:

1. Legen Sie sich eine Hand auf den Bauch und die andere auf die Brust.
2. Atmen Sie so, dass sich die Hand auf Ihrem Bauch beim Einatmen hebt und beim Ausatmen senkt.
3. Atmen Sie geräuschlos durch die Nase.
4. Denken Sie «Ru-», wenn Sie einatmen, und «-he», wenn Sie ausatmen.

---

40 Sehr klar und ausführlich beschreiben Albert Forgione und Frederic Bauer Muskelentspannung und Zwerchfellatmung in ihrem Buch *Fearless Flying*, 1980.

41 Wenn es Ihnen schwer fällt, mit völlig geschlossenem Mund zu atmen, können Sie ihn auch leicht geöffnet halten.

Sobald Sie das Vorgehen beherrschen, können Sie die Hände von Brust und Bauch nehmen und schließlich auch anfangen, Zwerchfellatmung im Stehen zu üben.

Diese Technik können Sie in Ihr Abgewöhnungsprogramm einbauen, indem Sie während der ganzen zwei Minuten, in der Sie die konkurrierende Reaktion ausführen, mit dem Zwerchfell atmen. Dabei können Sie sich wahrscheinlich am besten entspannen, wenn Sie die Augen schließen; wenn dies aber nicht möglich ist (weil beispielsweise andere Menschen um Sie herum sind oder weil Sie gerade am Steuer sitzen), dann halten Sie die Augen ruhig offen.

4. Verstärkung

Um einen dauerhaften Erfolg zu erzielen, ist es wichtig, dass entweder Sie selbst oder Freunde bzw. Familienmitglieder Ihre neuen Gewohnheiten belohnen. Systematische Verstärkung («Kontingenzmanagement») heißt, dass Bedingungen – oder Kontingenzen – geschaffen werden, die dazu führen, dass dies möglichst oft geschieht. Um sich selbst zu belohnen, könnten Sie beispielsweise auf einer Karteikarte einerseits Beispiele für die ganzen Unannehmlichkeiten, Peinlichkeiten und Schmerzen notieren, die Ihnen Ihr Haareausreißen verursacht, und andererseits die Vorteile, die Sie genießen werden, wenn Sie es erst unter Kontrolle gebracht haben. Schauen Sie sich diese Karteikarte möglichst oft an, um Ihre Motivation aufrechtzuerhalten und um sich zu belohnen, jedes Mal wenn Sie dem Drang, sich Haare auszuziehen, widerstanden haben. Für Fortschritte, die Sie machen, sollten Sie sich auch mit schönen Unternehmungen belohnen, die Ihnen in der Vergangenheit wegen Ihrer Trichotillomanie verwehrt waren.

Auch Freunde und Familienmitglieder können Sie verstärken, indem sie positive Kommentare über Ihr besseres Aussehen abgeben, wann immer sie merken, dass es Ihnen eine Zeit lang gelungen ist, Ihre Gewohnheit im Zaum zu halten. Dies gilt besonders bei Kindern, die meist Ermutigungen seitens ihrer Eltern oder Lehrer benötigen, um das Abgewöhnungsprogramm mit der nötigen Ausdauer zu betreiben. Man kann die Kinder auch Punkte verdienen lassen, die gesammelt und dann gegen eine Unternehmung ihrer Wahl eingetauscht werden können (Genaueres darüber, wie man Kinder verstärken kann, findet sich in Kapitel 5).

5. Generalisierungstraining

Es ist sehr wichtig, dass Sie lernen, sich in vielen verschiedenen Situationen Ihres Lebens Ihren störenden Impulsen zu widersetzen. Dazu sollten Sie, nachdem Sie das Abgewöhnungsprogramm in einer bestimmten Situation (etwa in Ihrem Zimmer) mit Erfolg anwenden können, eine Liste mit anderen Gelegenheiten erstellen, in denen Sie häufig den Drang zum Haareausreißen verspüren. Stellen Sie sich dann vor Ihrem inneren Auge vor, wie Sie auch in diesen Situationen erfolgreich das Abgewöhnungsprogramm anwenden.

Es folgt nun ein Beispiel für eine erfolgreiche Anwendung des vorgestellten Programms bei Trichotillomanie.

Durch ihre Frisur gelang es Frau S., der jungen Frau, die ich Ihnen bereits vorgestellt habe, zwar, die Folgen ihrer Trichotillomanie auf ihrem Kopf unsichtbar zu machen; dass sie aber auch ihre oberen Augenlider und ihre Augenbrauen kahl gezupft hatte, konnte sie nicht verbergen.

Sie erzählte mir, dass sie seit ihrem siebten Lebensjahr die Gewohnheit hatte, sich Haare auszureißen. Mit den Wimpern hatte es damals angefangen. Etwas später zupfte sie dann auch Haare von den Augenbrauen, wenn sie traurig oder wütend war, und schließlich auch Kopfhaare. In den vergangen zwei Jahren hatte sich ihr Problem so zugespitzt, dass es völlig außer Kontrolle geraten war und sie sich in Behandlung begeben hatte. Es war so weit gekommen, dass sie mindestens einmal am Tag einen «Trichotillomanie-Anfall» hatte.

Frau S. lernte schnell, das Abgewöhnungsprogramm einzusetzen. Wie gesagt, kannte sie bereits die Methode der konkurrierenden Reaktion. Jetzt machte ich sie mit den anderen Bestandteilen der systematischen Abgewöhnung vertraut: mit dem Aufmerksamkeitstraining, der Entspannung (durch Zwerchfellatmung), der systematischen Verstärkung und dem Generalisierungstraining. Gegen Ende der ersten Sitzung kannte sie das Programm gut und nahm sich vor, es zu Hause in die Tat umzusetzen. Als sie zu ihrer zweiten Therapiestunde kam, sagte sie mir, dass sie das Programm problemlos angewandt hatte, und in den folgenden drei Wochen riss sie sich nicht ein einziges Haar aus.

Bei ihrer dritten Sitzung berichtete Frau S., dass sie unter großer Anspannung stand, weil es zu Auseinandersetzungen mit ihrem Freund und mit Familienmitgliedern gekommen war und sie außerdem einen Arbeitsplatz suchte. Dies hatte zu einem Wiedererstarken des Drangs, sich

Haare auszureißen, geführt. Wir gingen noch einmal alle Schritte des Abgewöhnungsprogramms durch und ich gab ihr einige Ratschläge zur besseren Bewältigung ihrer Probleme. Sie setzte die Ausführung des Programms fort und es kam in den folgenden beiden Monaten trotz Fortdauer ihres Stresses bloß zweimal dazu, dass sie sich – jeweils etwa fünf Minuten lang – Haare ausriss. Es war für sie sehr schön, zu sehen, wie ihr Haar nun auf den vormals kahlen Stellen nachwachsen konnte, und sie wurde auch sozial aktiver.

Wenn Sie versuchen, mit Hilfe der dargestellten Verfahren Ihre Trichotillomanie in den Griff zu bekommen, sollten Sie sich möglichst vollständig an das Programm halten. Auch wenn Sie nur ein einziges Mal dem Drang nachgeben, sich Haare auszuziehen, könnte dies dazu führen, dass Sie schließlich zwei Stunden in die alte Gewohnheit zurückverfallen und dabei große Flächen kahl zupfen. Jedes Mal, wenn Sie ein Haar ausreißen, erhöht sich die Gefahr, dass der Haarfollikel beschädigt wird und das Haar nicht mehr nachwachsen kann. Und auch wenn das Haar nachwächst, wird es lange Zeit brauchen, bis es wieder seine ursprüngliche Länge erreicht hat, und es wird vielleicht anfangs aussehen wie ein Pfirsichflaum.

Trichotillomaniepatienten haben – wie Zwangspatienten – die besten Aussichten, das Vorgenommene zu erreichen, wenn sie auf die Unterstützung eines Helfers bauen können. Lassen Sie Ihren Helfer zuerst die Stellen dieses Buches lesen, die sich auf Ihr Problem beziehen. Bitten Sie ihn dann, Sie zu beobachten und Ihnen sofort Bescheid zu geben, wenn Sie mit Ihrem Ritual beginnen. Sprechen Sie jeden Tag mit Ihrem Helfer darüber, wie es Ihnen geht, und lassen Sie sich von ihm beraten und ermutigen.

Auch wenn Ihr Ziel die hundertprozentige Befolgung des Programms ist, lassen Sie sich nicht zu sehr entmutigen, sollten Sie das eine oder andere Mal in Ihre alte Gewohnheit zurückverfallen. Dies passiert den meisten Patienten früher oder später einmal; wie Menschen mit einer Zwangsstörung werden auch Sie wahrscheinlich Tage haben, an denen es gut, und andere, an denen es weniger gut klappt. Geben Sie auch an den schwierigen Tagen nicht auf. Besprechen Sie Ihre Probleme mit Ihrem Helfer und versuchen Sie, die Ursachen für Ausrutscher herauszufinden und sich zu überlegen, wie Sie es schaffen können, beim nächsten Mal standhaft zu bleiben. Achten Sie auch genau auf die Fortschritte, die Sie machen. Ist es Ihnen gelungen, die Häufigkeit Ihres Haareausreißens um 10 Prozent oder mehr zu verringern? Sind irgendwelche nachwachsenden Haare zu sehen? Dann haben Sie schon Fortschritte gemacht und können stolz auf sich sein.

Nachdem Sie das Abgewöhnungsprogramm einige Wochen lang angewendet haben, sollten Ihre Impulse sich allmählich abschwächen. Auch wenn Sie bereits deutliche Fortschritte feststellen, sollten Sie noch einige Monate mit dem Programm weitermachen, bis Sie ganz sicher sind, das Problem im Griff zu haben.

Vielen Patienten, die das Haareausreißen nicht vollständig unter Kontrolle bekommen, kann mit einer kombinierten Behandlung aus Verhaltenstherapie und Serotonin-Wiederaufnahme-Hemmern geholfen werden. Nach einer vier- bis zwölfwöchigen Einnahme dieses Mittels bemerken die meisten Patienten eine Abnahme ihres Drangs, sich Haare auszureißen. Einzelheiten über Dosierung und Nebeneffekte dieser Medikamente finden Sie in Kapitel 8.

Neurotische Exkoriation

Im Zuge des zunehmenden Bekanntheitsgrad der Trichotillomanie melden sich in letzter Zeit auch immer mehr Patienten bei uns, die unter einem ähnlichen Problem leiden: Sie bohren und quetschen zwanghaft an Flecken, Pickeln, Mitessern und wunden Hautstellen herum. Fachleute nennen diese Art und Weise, die eigene Haut zu beschädigen, neurotische Exkoriation. Am häufigsten suchen sich die Betroffenen dazu Stellen im Gesicht, dem oberen Teil des Rückens oder der Brust aus, aber auch alle anderen Partien des Körpers kommen in Frage – eine Frau hatte sich beispielsweise in ihre Fußsohle ein Loch gebohrt, das fast bis zum Knochen reichte. Wie das Haareausreißen bei der Trichotillomanie kommt es auch bei der neurotischen Exkoriation zu regelrechten «Anfällen», und zwar meist als Reaktion auf eine innere Anspannung oder Langeweile, jedoch in der Regel ohne irgendwelche Zwangsgedanken. Zum Glück gilt die Parallele zwischen den beiden Störungen auch in Bezug auf die Möglichkeit der Behandlung: Viele unserer Patienten sprechen gut auf eine systematische Abgewöhnung *(habit reversal)* an, oft in Kombination mit einem Serotonin-Wiederaufnahme-Hemmer. Wenn Sie zu den Patienten gehören, die die eigene Haut auf die beschriebene Weise verletzen, sollten Sie es zunächst mit der oben beschriebenen Methode des systematischen Abgewöhnens versuchen. In besonders schweren Fällen oder wenn Sie es nicht schaffen, das Problem mit dem beschriebenen Vorgehen in den Griff zu bekommen, empfiehlt es sich, einen Psychiater zu Rate zu ziehen und es mit einem Serotonin-Wiederaufnahme-Hemmer zu versuchen (ggf. in Kombination mit anderen Medikamenten).

Die Tourettestörung

Als kleiner Junge war es für Herrn S. zu einer Qual geworden, in die Kirche zu gehen, nachdem er zum ersten Mal vor allen Leuten schlimme Wörter ausgestoßen hatte. Aber seine Eltern fanden heraus, dass es nicht seine Schuld war: Vom Arzt erfuhren sie, dass ihr Sohn eine Tourettestörung und daher keine Kontrolle über seine Zuckungen und die Grunzlaute und Obszönitäten hatte, die aus ihm heraussprudelten.

Herr S. wurde älter und seine Symptome veränderten sich. Als er das erste Mal zu mir kam, stieß er keine Obszönitäten mehr aus, obwohl er hin und wieder noch den Drang dazu verspürte. Stattdessen beschrieb er mir zahlreiche Marotten und Zuckungen (oder Tics), die er beinah ständig hatte. Er konnte keine vernünftige Erklärung dafür abgeben, warum er all diese «absonderlichen Dinge» tat: auf der Stelle zu hüpfen, zu grunzen, zu schnüffeln, an seinen Hemdtaschen zu zerren oder die Bauchmuskeln anzuspannen – Verhaltensweisen, die ihm einen großen Teil seiner Zeit und seiner Energie raubten; er hatte einfach das Gefühl, nicht anders zu können. Zwar konnte er seinen Impulsen immer eine Weile widerstehen, aber mit der Zeit wurde der Druck dann immer stärker – wie in einem Dampfkochtopf auf offener Flamme. Wurde schließlich «der Deckel vom Topf genommen», kamen die Tics einer nach dem anderen heraus, bis sich Herr S. von seinem Druck befreit fühlte.

Einmal las ich Herrn S. eine Beschreibung der Tourettestörung durch einen Betroffenen vor[42], der seine Bewegungen und Laute als verzweifelte Versuche schilderte, eine «juckende Stelle im Inneren» zu «kratzen». Das Kratzen dieser Stelle konnte zwar eine Zeit lang verschoben werden, aber das Jucken wurde dann immer stärker und steigerte sich zu einer regel-

---

42 J. Bliss, «Sensory Experiences of Gilles de la Tourette Syndrome», 1980.

rechten Folter, von der einen nur die Tics befreien konnten. Wie Herr S. mir versicherte, traf diese Beschreibung auch auf seine Probleme zu.[43]

Es folgen einige der Verhaltensweisen, zu denen sich Herr S. im Laufe der Jahre immer wieder gedrängt gefühlt hatte, um sein inneres Jucken abzustellen: mit den Augen zwinkern; Grimassen schneiden; den Kopf zurückwerfen; mit den Schultern zucken; den Bauch blitzartig herausstrecken und wieder einziehen; verschiedene Bewegungen mit Fingern oder Händen machen; die Beine nach vorn werfen; grunzen; verschiedene Tiergeräusche nachahmen, z. B. wie ein Hund zu bellen; schnauben; schnüffeln oder sich räuspern; die Worte anderer Leute wiederholen; Obszönitäten ausstoßen; Fremden und Freunden Schimpfwörter an den Kopf werfen.

Wenn Sie solche Symptome haben oder in der Vergangenheit hatten, dann sind Sie vielleicht auch von der Störung betroffen, die nach dem französischen Neurologen Georges Gilles de la Tourette benannt ist, der sie im Jahr 1885 als Erster beschrieben hatte. Wenn diese Probleme Sie in Ihrer Lebensführung beeinträchtigen, sollten Sie einen Neurologen konsultieren, der Erfahrung mit der Behandlung der Tourettestörung hat, um Sicherheit darüber zu erlangen, ob Sie sie haben oder nicht.

Ein Unterschied zwischen der Zwangs- und der Tourettestörung ist, dass Zwangspatienten zwar manchmal den Impuls verspüren, obszöne Dinge zu sagen oder andere zu beschimpfen, dies aber nie tun, Tourettepatienten dagegen lassen diesen Impulsen oft Taten folgen. Und so meinen einige Forscher auch, dass «ein Hauptunterschied zwischen Patienten mit einer Zwangsstörung und solchen mit einem Tourettesyndrom darin besteht, dass die Zwangspatienten nur die zwanghafte Vorstellung haben, in der Kirche Obszönitäten auszustoßen, während die armen Tourettepatienten dies tatsächlich tun!»[44]

Ein anderer wichtiger Unterschied zwischen der Zwangsstörung und der Tourettestörung ist, dass Patienten mit Zwängen in der Regel eine Erklärung dafür haben, warum sie ein bestimmtes Ritual ausführen. Wenn sie

---

43 Vielleicht hilft es, sich zur Verdeutlichung des Unterschieds zwischen Tourette-Tics und Zwangshandlungen noch einmal die Abbildung auf Seite 79 über die «typischen Veränderungen von Zwängen in der Verhaltenstherapie» anzusehen. Wenn Tics unterdrückt werden (wie in der Verhaltenskurve angezeigt), kommt es nicht zu einem *Rückgang*, sondern zu einem *Anstieg* der Gefühle und Gedanken, die erst dann wieder abklingen, wenn das Tic-Verhalten ausgeführt wird.

44 Green & Pitman, «Tourette Syndrome and Obsessive-Compulsive Disorder: Clinical relationships», 1990.

gefragt werden: «Warum haben Sie das gerade getan?», antworten sie z.B.: «Ich habe das Schloss kontrolliert, damit keine Diebe in mein Haus kommen.» Demgegenüber kann der Tourettepatient normalerweise nicht erklären, warum er sich immer wieder räuspert, auf der Stelle hüpft, mit den Schultern zuckt oder seinen Kopf zur Seite dreht. Oft spult er so lange seine Tics ab, bis er mit einem von ihnen die juckende Stelle im Inneren kratzen kann.

Dieser Unterschied ist sehr gut zu beobachten an Patienten, die sowohl eine Zwangs- als auch eine Tourettestörung haben. Wie viele andere Tourettepatienten litt auch Herr S. zusätzlich noch an Zwangssymptomen. In unserem ersten Gespräch sagte er mir, dass er die Zwangssymptome gut erkennen konnte: «Wenn ich mir die Hände waschen muss, um mich nicht mit einer Krankheit anzustecken, oder irgendetwas überprüfe, damit kein Unglück passiert, dann weiß ich, das ist ein Zwangssymptom.» Die Symptome seiner Tourettestörung beschrieb er wie folgt: «Manchmal habe ich einfach das Gefühl, ich muss hüpfen oder an meiner Brusttasche zerren oder in den Rückwärtsgang schalten. Ich weiß, es gibt keinen Grund, diese Dinge zu tun, aber ich kann nicht anders. Das sind die Tourettesymptome.»

Patienten, die sowohl Zwangssymptome als auch eine Tourettestörung haben, bekommen ihre Zwangsgedanken und Zwangshandlungen in der Regel mit Hilfe der verhaltenstherapeutischen Standardmethode der Reizkonfrontation mit Reaktionsverhinderung in den Griff. Wenn bei Ihnen eine Tourette- und eine Zwangsstörung diagnostiziert wird, sollten Sie mit den in den vorherigen Kapiteln dargestellten Methoden arbeiten und Konfrontationsübungen durchführen, um Ihre Zwänge unter Kontrolle zu bekommen.

Auch Serotonin-Wiederaufnahme-Hemmer können wahrscheinlich Ihren Drang, Rituale auszuführen, abschwächen. Diese Arzneien können jedoch nichts gegen Ihre Tourettesymptome ausrichten. Diese müssen mit anderen Medikamenten und verhaltenstherapeutischen Methoden angegangen werden.

Nathan Azrin und seine Mitarbeiter setzen die systematische Abgewöhnung bei Patienten mit einer Tourettestörung ein.[45] Es folgen einige seiner Empfehlungen, mit welchen konkurrierenden Reaktionen Sie das Auftreten Ihrer Tics verhindern können. Gegen Bellen schlägt Azrin ruhiges Atmen durch die Nase vor (ähnlich wie bei der oben dargestellten Zwerchfellat-

---

45 Azrin & Peterson, «Behavior Therapy for Tourette's Syndrome and Tic Disorder», 1988.

mung), wobei das Ausatmen etwas länger als das Einatmen dauern sollte. Gegen Augenblinzeln empfiehlt er, die Augen alle ein bis drei Sekunden sanft zu schließen und wieder zu öffnen und dabei den Blick alle fünf bis zehn Sekunden nach unten zu richten. Patienten mit Schulterzuckungen sollten seinem Rat zufolge die Hände nach unten und nach hinten gegen einen Widerstand drücken, z. B. gegen die Armlehnen eines Stuhls beim Sitzen oder gegen ihre Oberschenkel beim Stehen.

Meist haben Tourettepatienten eine große Anzahl motorischer (Zuckungen) und vokaler Tics (z. B. Bellen oder das Ausstoßen von Obszönitäten). Deshalb ist die Verhaltenstherapie bei ihnen ein sehr komplizierter Prozess. Wichtig ist, sich ein oder zwei Tics herauszusuchen und für jeden eine konkurrierende Reaktion zu suchen. Parallel zur Ausführung der konkurrierenden Reaktion setzt der Patient Entspannung ein, um den Drang (das «Jucken im Inneren») abzuschwächen, der die Bewegung auslöst. Wenn Sie mit Hilfe des systematischen Abgewöhnungsprogramms Ihre Tourettesymptome in den Griff bekommen wollen, sollten Sie Ausschau nach einem Verhaltenstherapeuten halten, der Erfahrungen mit der Behandlung dieser Störung hat.

Wie bereits gesagt, sind die Medikamente, die mit Erfolg gegen Zwangssymptome eingesetzt werden können, bei der Tourettestörung relativ wirkungslos. Dafür können andere Medikamente helfen wie Haloperidol (Haldol) und Pimozid (Orap), die auf den Neurotransmitter Dopamin wirken. Da diese Mittel allerdings schwerwiegende Nebenwirkungen haben können, muss ihre Einnahme von einem Arzt überwacht werden, und sie sind abzusetzen, wenn der erhoffte Effekt ausbleibt. Wenn Sie sich wegen Ihrer Tourettestörung medikamentös behandeln lassen wollen, sollten Sie einen erfahrenen Psychiater (oder Neurologen) aufsuchen.

Übermäßige Besorgtheit um den eigenen Körper

Die unter dieser Überschrift behandelten Störungen haben Eines miteinander gemein. Der Betroffene wird von dem zwanghaften Gedanken gequält, dass etwas mit seinem Körper nicht in Ordnung ist – entweder mit dessen Aussehen (körperdysmorphe Störung), mit einzelnen Funktionen (Zwangsgedanken um körperliche Ausscheidungen) oder in Bezug auf ein bestimmtes medizinisches Problem (Hypochondrie).

Körperdysmorphe Störung

Manche Patienten sind von der Vorstellung besessen, in irgendeiner Hinsicht fürchterlich entstellt zu sein. Ihre Mitmenschen mögen ihnen noch so oft bestätigen, dass mit ihrem Aussehen alles in Ordnung ist – sie lassen sich nicht von ihrer Überzeugung abbringen.

Stellen Sie sich vor, Sie schauen eines Morgens nach dem Aufstehen in den Spiegel und stellen zum ersten Mal fest, dass Ihre Nase völlig missgestaltet ist – oder Ihre Ohren oder Ihr Kopf. Sie fragen sich, warum Ihnen das vorher nie aufgefallen ist, jetzt sind Sie sich dessen jedenfalls 24 Stunden am Tag schmerzlich bewusst. Ihr Partner hat wahrscheinlich nur aus Rücksicht auf Ihre Gefühle das Thema bislang niemals angeschnitten, glauben Sie und fragen sich, wie andere überhaupt Tag für Tag Ihren Anblick ertragen können. Gegen Sie muss selbst der Glöckner von Notre Dame eine wahre Schönheit gewesen sein.

Frau L. war eine Patientin, die unter einem derartigen Problem litt. Eines Tages blickte sie in den Spiegel und meinte zu sehen, dass ihr Gesicht von hässlichen tiefen Falten durchzogen war. Keine normalen Fältchen, sondern schrecklich aussehende Runzeln um die Augen herum und auf der Stirn. Wie kommt eine 30jährige Frau an solche Falten, fragte sie sich. Ihr Ehemann versuchte, sie davon zu überzeugen, dass Ihr Äußeres völlig normal war, aber sie ließ sich nicht beruhigen.

Diese Störung wird heute als «körperdysmorphe Störung» bezeichnet (kurz: KDS; bis vor kurzem sprach man noch von «Dysmorphophobie»), was aus dem Griechischen abgeleitet ist: *Dys* bedeutet so viel wie «schlecht» und *morphe* so viel wie «Form». Die Betroffenen haben also die Überzeugung, dass ihre «Form» (ihre äußere Erscheinung) «schlecht» (missgestaltet) ist.

Patienten mit einer KDS haben, wie gesagt, einige Gemeinsamkeiten mit Zwangspatienten, die ausschließlich Zwangsgedanken haben. Beide Patientengruppen zeigen kein zwanghaftes Verhalten, haben keine Zwangsrituale. Die körperdysmorphe Störung unterscheidet sich vor allem darin von Zwangsgedanken, dass sie sich nicht auf sexuelle, aggressive oder religiöse Themen bezieht; anstelle davon ist hier stets die unzutreffende (wahnhafte) Überzeugung im Spiel, dass etwas mit dem eigenen Körper nicht stimmt.

Kann die Verhaltenstherapie etwas gegen die KDS ausrichten? Neueren Untersuchungen zufolge, die unter der Leitung von Dr. Sabine Wilhelm an unserem Behandlungszentrum durchgeführt wurden, lässt sich diese Frage mit Ja beantworten. Dr. Wilhelm stellte deutliche Verbesserungen bei den

Teilnehmern ihres verhaltenstherapeutischen Gruppenprogramms für KDS-Patienten fest (anscheinend hat es einen therapeutischen Effekt, in einer Gruppe mit anderen Menschen zusammenzukommen, die unter dem gleichen Problem leiden wie man selbst). Bei der Behandlung der körperdysmorphen Störungen scheinen vor allem folgende Elemente eine Rolle zu spielen: (1) zu lernen, automatische irrationale Gedanken über das eigene Äußere zu korrigieren (Gedanken wie «Ich bin der hässlichste Mensch auf der Welt» oder «Bei meinem grauenhaften Aussehen werde ich niemals einen Partner finden»), (2) eine bestimmte Zeit in den Spiegel schauen und sich dabei *objektiv* beschreiben zu können (anstatt beispielsweise sofort bei einem Gedanken wie «meine Nase ist abscheulich» hängen zu bleiben mit objektiven Tatsachen anzufangen: «Meine Haare sind dunkelbraun und lockig, meine Stirn ist größtenteils glatt mit ein paar kleinen Fältchen» usw.), (3) sich mit den verschiedenen sozialen Situationen zu konfrontieren, denen man in der Vergangenheit aus dem Weg gegangen ist (z. B. auf Partys zu gehen, sich mit Freunden zu verabreden oder einfach einen Spaziergang oder einen Einkaufsbummel zu machen).

Die KDS kann eine ernste Störung sein. Wenn Sie betroffen sind, sollten Sie versuchen, einen qualifizierten Verhaltenstherapeuten zu finden, der sich mit dieser Problematik auskennt. Sie sollten auch einen Psychiater konsultieren und sich ggf. zusätzlich zur Verhaltenstherapie einen Serotonin-Wiederaufnahme-Hemmer verschreiben lassen. Dr. Katherine Phillips, eine Pionierin auf dem Gebiet der KDS-Behandlung, hat herausgefunden, dass vielen Betroffenen mit diesen Medikamenten geholfen werden kann.[46]

Zwangsgedanken um körperliche Ausscheidungen

Einige der von uns behandelten Patienten haben zwanghafte Gedanken über die Ausscheidungsfunktionen ihres Körpers. Manche sind beispielsweise überzeugt, aus dem After einen üblen Geruch abzusondern, den andere bemerken müssten. In Wirklichkeit ist nichts zu riechen. Andere Patienten sind von der Furcht besessen, außer Haus plötzlich Stuhlgang haben zu müssen und keine Toilette erreichen zu können. Diese Angst kann das Ausmaß von Zwangsgedanken annehmen und dazu führen, dass die Betroffenen vor Verlassen ihrer Wohnung Stunden auf der Toilette verbrin-

---

[46] Das ausgezeichnete Buch von Katherine Phillips zur KDS (*The Broken Mirror*, New York: Oxford Press, 1996) geht ausführlich auf die Behandlung dieser oft sehr beeinträchtigenden Störung ein.

gen, um sicherzustellen, dass sie «völlig leer» sind. Schließlich gibt es noch Patienten, die bestimmte Rituale entwickelt haben, um zu erreichen dass sich ihre Blase vollständig entleert. Sie nehmen beim Harnlassen z. B. eine bestimmte Position ein oder denken bestimmte Dinge. Die zwanghaften Ängste und Gedanken dieser Patienten können schließlich die Herrschaft über ihr ganzes Leben übernehmen.

Es ist im Moment noch schwierig, allgemeine Aussagen über Behandlungsmöglichkeiten bei diesen Problemen zu machen, weil auf dem Gebiet bislang wenig geforscht worden ist. Einige Patienten schaffen es aber, ihre Symptome mit Hilfe einer medikamentösen und verhaltenstherapeutischen Behandlung unter Kontrolle zu bringen, wie der folgende Fall veranschaulicht.

Die 57jährige Frau D. kam wegen Agoraphobie und Ängstlichkeit in unser Behandlungszentrum. Ihre Symptome waren zum ersten Mal vor 20 Jahren aufgetaucht, als sie beim Einkaufen plötzlich ein starkes Defäkationsbedürfnis verspürt hatte. Von da an trat bei ihr oft die Furcht auf, die Kontrolle über ihren Darm zu verlieren, besonders in Geschäften. Sie ging niemals aus dem Haus, ohne erst zur Toilette zu gehen. Seit einigen Jahren hatte sie auch Panikattacken und vermied Situationen, in denen sie das Auftreten dieser Attacken befürchtete. Sie machte einen sehr angespannten Eindruck, hatte aber ihren Angaben zufolge keine depressiven Symptome.

Nachdem ihre Symptome zum ersten Mal aufgetreten waren, war Frau D. internistisch und psychiatrisch untersucht worden, und man hatte ihr gesagt, dass das Problem nur in ihrem Kopf bestünde. Es wurde dann ein erfolgloser Versuch unternommen, ihre Ängste medikamentös zu behandeln. Wie sie sagte, hatte sie vorher nie unter psychischen Störungen gelitten und auch in der Familie keinen psychiatrischen Fall gehabt, mit Ausnahme ihrer Tochter, die unter Agoraphobie mit Panikattacken litt.

Nachdem sie zwei Wochen lang täglich 50 bis 70 Milligramm Imipramin eingenommen hatte, verschwanden Frau D.s Angst- und Zwangssymptome. Parallel zur Imipraminbehandlung begann sie auch eine Verhaltenstherapie, die aus Entspannung, Korrektur ihrer irrationalen Gedanken und Konfrontationsübungen bestand, bei denen sie allein oder in Begleitung ihres Therapeuten längere Spaziergänge unternahm und Geschäfte betrat. Zum Zeitpunkt ihrer letzten Nachuntersuchung hatte sie 21 Sitzungen Verhaltenstherapie hinter sich und war nach wie vor frei von Zwangsgedanken über ihre Darmfunktionen.[47]

Wenn Sie irgendwelche Rituale oder Zwangsgedanken entwickelt haben, die in Verbindung mit körperlichen Ausscheidungen stehen, können Sie versuchen, durch Reizkonfrontation mit Reaktionsverhinderung ihre Symptome selbst in den Griff zu bekommen, vorzugsweise in Zusammenarbeit mit einem Helfer. Da es sich aber um Probleme aus einem sehr intimen Bereich handelt, wollen viele Betroffene nicht mit einem Helfer zusammenarbeiten. Wenn Sie merken, dass Sie allein mit der Durchführung der Konfrontationsübungen nicht zurechtkommen, sollten Sie Kontakt zu einem Verhaltenstherapeuten aufnehmen, der über Erfahrung auf diesem Gebiet verfügt.

Serotonin-Wiederaufnahme-Hemmer und einige der älteren Antidepressiva wie Imipramin sind sehr wirksam bei diesen Zwangsgedanken. In unserem Behandlungszentrum überweisen wir Patienten mit Zwangsgedanken um körperliche Ausscheidungen stets zur medikamentösen Behandlung an einen Psychiater, unabhängig davon, ob sie eine Verhaltenstherapie machen oder nicht. Diese Probleme können das ganze Leben der Patienten beherrschen und wir wollen alles tun, damit sie sie so schnell wie möglich in den Griff bekommen.

Hypochondrie

Stellen Sie sich Folgendes vor: Sie sind sich hundertprozentig sicher, dass etwas mit Ihrem Körper nicht stimmt, dass da irgendwo eine fürchterliche Krankheit lauert. Zwar versichern Ihnen die Ärzte, dass alles in Ordnung sei, aber die sind im Irrtum – das wissen Sie genau. Sie *haben* ein krankes Herz. Nicht mehr lange und Sie werden von einem Herzschlag niedergestreckt. Setzte Ihr Herz da nicht gerade schon einen Moment aus? Das ist der Beweis! Es steht außer Zweifel, dass Sie nicht mehr lange zu leben haben.

So erging es Herrn R.; er hatte nicht nur Wasch- und Kontrollzwänge, sondern war auch davon überzeugt, sehr krank zu sein. Am meisten fürchtete er, einen Herzinfarkt zu bekommen. Manchmal meinte er aber auch, Mundkrebs, Darmkrebs oder Aids zu haben.

---

[47] Dieser Fall ist dargestellt in Jenike et al., «Bowel Obsessions Responsive to Tricyclic Antidepressants in Four Patients», 1987.

Während Herr R. seine Zwangsstörung mit Verhaltenstherapie gut in den Griff bekam, blieb seine Hypochondrie – die Sorge um seine Gesundheit – bestehen. Wichtig ist, zu betonen, dass Herr R. keinerlei Gründe für seine Annahme hatte, krank zu sein. Zwar hatte er wie die meisten Menschen hin und wieder ein Wehwehchen, aber alle medizinischen Untersuchungen blieben ohne Befund, und die Ärzte versichterten ihm immer wieder, dass er bei guter Gesundheit war.

Ob es einen Zusammenhang zwischen der Zwangsstörung und der Hypochondrie gibt, ist noch ungeklärt. Die *monosymptomatische* Hypochondrie ist eine Spezialform, die sich etwas von der Hypochondrie, der allgemeinen Besorgtheit über die eigene gesundheitliche Verfassung, unterscheidet. Hypochondrische Patienten wie Herr R. machen sich Sorgen über die unterschiedlichsten Aspekte ihrer Gesundheit und die Krankheiten, an denen sie zu leiden glauben, ändern sich von Mal zu Mal. *Monosymptomatisch* heißt «auf ein Symptom bezogen». Der Patient mit dieser Störung meint, dass ausschließlich etwas mit einem bestimmten Teil seines Körpers nicht stimmt. Befürchtete Herr R. beispielsweise immer nur, dass ein bestimmter Teil seines Körpers erkrankt wäre oder einen üblen Geruch absonderte, hätte er eine monosymptomatische Hypochondrie.

Kann die Verhaltenstherapie bei Hypochondrie etwas ausrichten? Diese Frage ist nicht ganz leicht zu beantworten. Einerseits lässt sich diese Störung mit Hilfe von Verhaltenstherapie nicht *heilen*, andererseits kann die Verhaltenstherapie den Betroffenen durchaus dabei helfen, ihre Befürchtungen in Schach zu halten, so dass sie gut mit ihnen leben können. Im Gegensatz zu den meisten Zwangspatienten glauben Hypochondrie-Betroffene in der Regel, dass sie *wirklich* eine Krankheit haben: Die Ärzte haben sie nur noch nicht gefunden. Wie Sie wissen, ist solchen «fixen Ideen» oft nicht durch Reizkonfrontation beizukommen, da das nächste Symptom, das auftaucht (und es wird bestimmt wieder eines auftauchen, da wir alle körperliche Empfindungen haben, die uns Sorgen bereiten könnten, wenn wir uns die ganze Zeit mit ihnen beschäftigen würden!), die Betroffenen in Ihrer Überzeugung bestärkt, tatsächlich sehr krank zu sein. Wenn Sie in dieser Situation wieder zum Arzt gehen und sich erneut untersuchen lassen, werden Ihre Befürchtungen schon recht bald in voller Stärke zurückkommen. Dr. Paul Salkovskis vertritt die Auffassung, dass hier kognitive Therapie helfen kann: Dabei lernen Sie, Ihre irrationalen automatischen Gedanken über Ihre Gesundheit zu überprüfen und zu korrigieren.

Meiner Erfahrung nach ist es äußerst wichtig, dass Sie sich *einen* Arzt suchen, den Sie mögen und dem Sie vertrauen und der Verständnis für Ihre hypochondrischen Befürchtungen hat. Ihr Arzt sollte offen und ehrlich mit Ihnen sprechen, dabei freundlich sein, aber auch nicht zu sehr auf Ihren Wunsch eingehen, immer wieder versichert zu bekommen, dass Sie gesund sind.

Wenn Sie glauben, eine Hypochondrie zu haben, und medizinisch gründlich untersucht worden sind, sollten Sie sich einen Psychiater mit Erfahrung auf diesem Gebiet suchen.

Ob Sie nun Verhaltenstherapie oder Medikamente einsetzen – Sie brauchen auf jeden Fall die Unterstützung eines Therapeuten, um Ihr Problem in den Griff zu bekommen.

Eine abschließende Bemerkung zur Behandlung der Hypochondrie: Einige hypochondrische Patienten, die ich behandelt habe, litten auch unter einer Panikstörung (eine Auflistung der Symptome einer Panikattacke finden Sie in Kapitel 5). Diese Patienten interpretieren Angstsymptome fälschlicherweise als Anzeichen einer schweren Krankheit.

Wenn Sie von Hypochondrie *und* Panikattacken betroffen sind, kann ein Verhaltenstherapeut Ihnen beibringen, wie Sie Ihre Panik unter Kontrolle bringen und die Signale Ihres Körpers richtig deuten können. Halten Sie Ausschau nach einem Verhaltenstherapeuten, der Erfahrung in der Behandlung dieses Problems hat. Auch Medikamente gegen Panikanfälle können Ihnen wahrscheinlich helfen, wie beispielsweise Alprazolam (Tafil, Xanax, Xanor) und Donazempam (Klonopin).

8. Kapitel

Medikamentöse Behandlung der Zwangsstörung

Hast du, so klar, in deinen blauen Tiefen Medizin für einen Fall wie den meinen?

Walt Whitman (1819-1892)

Oft entscheidet man sich heute für eine gleichzeitige Behandlung mit Verhaltenstherapie und einem Antidepressivum. Warum ist das so? Als in den 60er und 70er Jahren des 20. Jahrhunderts verhaltenstherapeutische Methoden zur Behandlung von Zwängen entwickelt wurden, gab es noch keine anderen wirksamen Behandlungsmöglichkeiten für diese chronische Störung. Zwar hatte man verschiedene Medikamente ausprobiert, konnte jedoch mit keinem beständige Erfolge verzeichnen. In den vergangenen zehn Jahren, in denen sich die Erkenntnis durchsetzte, dass wohl etwa zwei bis drei Prozent der Bevölkerung irgendwann in ihrem Leben einmal Zwangssymptome haben, sind eine große Anzahl von experimentellen Untersuchungen mit effektiveren Medikamenten, zumeist Antidepressiva, durchgeführt worden, etwa mit Clomipramin (Anafranil) und Fluoxetin (Fluctin).

Verglichen mit Verhaltenstherapie, haben diese Medikamente sowohl Vor- als auch Nachteile. Positiv ist zu nennen, dass es sehr viel einfacher ist, ein Medikament zu nehmen, als eine – meist mit harter Arbeit verbundene – Verhaltenstherapie durchzuführen. Zu den Nachteilen der Medikamente gehört, dass sie – wie die meisten Arzneimittel – Nebenwirkungen haben. In der Regel handelt es sich zwar um milde und gut verträgliche Mittel, jedoch kommt es hin und wieder doch zu unerwünschten Wirkungen, die ein Absetzen erforderlich machen. Darüber hinaus erleben viele Patienten bald nach Beendigung der Einnahme einen Rückfall.

Frau M., die Patientin aus Kapitel 2, die fest davon überzeugt war, sich mit Krebs anstecken zu können, ist ein gutes Beispiel für die Notwendigkeit, bei Patienten, denen mit Verhaltenstherapie allein nicht geholfen werden kann, Medikamente einzusetzen. Erst nachdem sie mit der

Einnahme von Fluoxetin begonnen hatte, konnte ich sie erfolgreich mit Verhaltenstherapie behandeln.

Nachdem sie das Medikament einige Wochen lang genommen hatte, begannen sich Frau M.s Gedanken zu verändern. Zwar war sie immer noch sehr vorsichtig, war sich aber nicht mehr ganz sicher, ob sie sich wirklich mit Krebs anstecken konnte. In der Folge war es ihr möglich, ihre Ängste auch mit Verhaltenstherapie anzugehen, und zwei Monate später lebte sie wieder in ihrer Wohnung und ging wieder arbeiten. Als ich sie zum letzten Mal gesprochen habe, nahm sie noch Fluoxetin und berichtete mir stolz, wie sie in Eigenregie die Verhaltenstherapie durchgeführt hatte, wozu sie einige Monate zuvor noch nicht in der Lage gewesen war.

Bei Patienten, deren Zwangsstörung nur aus Zwangsgedanken besteht, kommt es oft zu raschen Verbesserungen durch Medikamente, wenn eine Verhaltenstherapie allein nichts ausrichten kann. Diese Erfahrung konnte ich aus erster Hand bei einer meiner ersten Zwangspatientinnen machen. Diese junge Frau wachte eines Morgens auf und war besessen von den Zweifeln: «Bin ich lesbisch?» und «Könnte ich lesbisch werden?» Sie hatte keine homosexuellen Bedürfnisse und war völlig verstört durch diese Gedanken. Sie entwickelte keine Rituale, grübelte aber Tag und Nacht so intensiv über diese Fragen, dass ihr Leben vor die Hunde zu gehen drohte.

Kurz nachdem die junge Frau zum ersten Mal bei mir gewesen war, bekam sie von ihrem Psychiater den MAO-Hemmer Phenelzin. Als ich sie nach zwei Wochen wiedersah, war ich erstaunt über die bemerkenswerte Besserung – ihre Gedanken waren einfach verschwunden. Wie sie mir sagte, verlief ihr Leben wieder völlig normal. Solange sie das Medikament nahm, blieben ihre Gedanken unter Kontrolle. Versuchte sie, es abzusetzen, kamen die Gedanken zurück.

In diesem Kapitel werden Sie etwas darüber erfahren, welche Rolle Medikamente in der Behandlung der Zwangsstörung spielen, und darüber, welche Mittel in welchen Dosierungen wirksam sind und mit welchen Nebenwirkungen zu rechnen ist. Häufig in diesem Zusammenhang gestellte Fragen werden beantwortet und es wird die Kombinationsbehandlung aus Verhaltenstherapie und Medikamenten diskutiert. Wenn Sie dieses Kapitel gelesen haben, werden Sie das Wichtigste über Arzneien gegen Zwänge wissen und eine Vorstellung davon haben, ob eine medikamentöse Behandlung für Sie persönlich in Frage kommt. Selbstverständlich müssen die Medikamente stets unter Aufsicht eines Arztes eingenommen werden.

Serotonin-Wiederaufnahme-Hemmer

In den vergangenen zehn Jahren sind mehrere Medikamente auf den Markt gekommen, die die Symptome der Zwangsstörung deutlich mildern können. Bevor ich auf die einzelnen Präparate eingehe, möchte ich kurz auf die Serotonin-Wiederaufnahme-Hemmer als *Gruppe* von Medikamenten (so wie sie von vielen Behandlern heute gesehen werden) eingehen. Als erste Substanz aus dieser Gruppe stand das Clomipramim (Anafranil) zur Verfügung: das erste Medikament, das von der US-amerikanischen Gesundheitsbehörde für die Behandlung der Zwangsstörung zugelassen wurde. Als Nächstes kam das Fluoxetin (Fluctin), ein Medikament, das vor allem in den USA als Mittel gegen Depressionen Furore machte und sich auch in der Behandlung von Zwängen als hilfreich erwiesen hat. Danach kam das Fluvoxamin (Fevarin, Floxyfral) auf den Markt, gefolgt vom Sertralin (Zoloft, Gladem), Paroxetin (Tagonis) und als Letztes das Citalopram (Seropram, Cipramil).

Diese sechs Serotonin-Wiederaufnahme-Hemmer haben zwei sehr wichtige gemeinsame Eigenschaften: Alle schwächen erstens Zwangssymptome bei den meisten Patienten, die sie nehmen, ab (ohne sie ganz zu beseitigen) und erhöhen zweitens die Verfügbarkeit des Neurotransmitters Serotonin im Gehirn. Zwar gibt es unterschiedliche Ansichten darüber, welches dieser Medikamente das wirkungsvollste ist – wahrscheinlich gibt es jedoch keine größeren Unterschiede hinsichtlich der Wirksamkeit[48], wohl aber in Bezug auf die auftretenden Nebenwirkungen.

Wenn Sie sich ein Medikament gegen Zwangssymptome verschreiben lassen, wird es im Regelfall eines der genannten sein. Sollte Ihr Arzt Ihnen etwas anderes verschreiben, sollten Sie sich höflich erkundigen, warum Sie es nicht erst einmal mit einem der Präparate versuchen wollen, die heute in der Behandlung der Zwangsstörung als Mittel der ersten Wahl gelten. Ihr Arzt wird Ihnen einen Serotonin-Wiederaufnahme-Hemmer verschreiben, nachdem er sich mit Ihnen über Ihre persönliche Situation unterhalten hat. Wenn das erste Medikament nicht wirken sollte (nachdem Sie es in genügend hoher Dosierung mindestens drei Monate lang genommen haben), schlägt Ihr Arzt wahrscheinlich vor, es mit einem anderen Präparat aus der

[48] Michael A. Jenike, «Drug Treatment of Obsessive-Compulsive Disorders», in Jenike et al., *Obsessive-Compulsive Disorders,* 3rd ed., 1998.

Gruppe der Serotonin-Wiederaufnahme-Hemmer zu versuchen, das dann häufig den gewünschten Erfolg bringt.

Wie viele Patienten profitieren von der Einnahme eines Serotonin-Wiederaufnahme-Hemmers? Die Ergebnisse sind ähnlich wie bei der Verhaltenstherapie: Den meisten Patienten geht es deutlich besser, aber nur selten verschwinden die Symptome zu hundert Prozent. Wenn wir, wie dies in der Regel getan wird, eine Verbesserung von 25 bis 35 Prozent im YBOCS-Punktwert als Behandlungserfolg betrachten, so liegt die Erfolgsquote in unseren Studien zur Wirksamkeit dieser Medikamente bei über 50 Prozent.

Im Folgenden wollen wir einzeln auf die sechs wichtigsten Medikamente zur Behandlung der Zwangsstörung eingehen.

Clomipramin

Wie Sie in Kapitel 2 erfahren haben, wurde durch den Einsatz von Clomipramin (Anafranil) in den 70er Jahren ein Durchbruch in der medikamentösen Behandlung von Zwängen erzielt. Clomipramin hat viel gemein mit anderen tricyclischen – drei Ringe in der chemischen Struktur aufweisenden – Antidepressiva wie Imipramin (Tofranil) und Amitriptylin (Tryptizol, Laroxyl, Saroten u. a.). Von der chemischen Struktur her gesehen, liegt der einzige Unterschied zwischen Clomipramin und Imipramin in einem einzigen Chlorid-Atom. Aber dieser kleine Unterschied bedingt die spezielle Wirkung des Clomipramins auf den Neurotransmitter Serotonin. Ein Effekt des Clomipramins ist, dass die Menge des verfügbaren Serotonins in den Synapsen – den Zwischenräumen zwischen den Nervenzellen im Gehirn – erhöht wird, was die Fähigkeit der Zellen verbessert, Signale untereinander auszutauschen. Untersuchungen zeigen, dass dies eine wichtige Eigenschaft von Medikamenten ist, die gegen Zwangssymptome helfen.

Während Clomipramin in den Vereinigten Staaten erst im Januar 1990 die offizielle Zulassung erhielt, ist es bereits seit zwanzig Jahren ein häufig eingesetztes Antidepressivum in Europa, Südamerika und Kanada. Es waren auch europäische Psychiater wie der Spanier J. J. Lopez-Ibor, denen auffiel, dass mit Clomipramin vielen Zwangspatienten geholfen werden kann, und im Jahr 1982 erbrachten Marie Asberg und ihre Mitarbeiter in Schweden den wissenschaftlichen Nachweis, dass Clomipramin ein wirksames Medikament gegen Zwangssymptome ist. Ihre Ergebnisse legen nahe, dass eine Eingangsbehandlung von fünf bis zehn Wochen ratsam ist. Bei Erfolg dieser Behandlung empfahlen sie, mit der Einnahme des Medikaments geraume Zeit, meist mehrere Jahre, fortzufahren. Aber schon in diesem frühen Stadium der Erforschung der Zwangsstörung sprachen sich Asberg und ihre Mitarbeiter für eine Kombination von Clomipramin mit Verhaltenstherapie aus.

In den zehn Jahren, die seitdem verstrichen sind, gab es zahlreiche Untersuchungen in Behandlungszentren für Zwangspatienten wie dem unsrigen, die ebenfalls zu dem Ergebnis kamen, dass Clomipramin ein wirksames Mittel gegen Zwangssymptome ist.

Nebenwirkungen und Dosierung

Die häufigsten Nebenwirkungen sind Mundtrockenheit, Schwindel, Verstopfung und sexuelle Schwierigkeiten (völliger oder teilweiser Verlust der Fähigkeit, zum Orgasmus zu kommen). Bei einer Dosis von über 250 Milligramm können in seltenen Fällen Krampfanfälle auftreten. Bei Dosen von unter 250 Milligramm pro Tag bei Erwachsenen ist, wie wir mittlerweile wissen, das Anfallsrisiko dagegen sehr gering.

Viele Patienten sprechen nur sehr ungern über sexuelle Fragen und machen deshalb nur selten von sich aus Angaben über Nebenwirkungen im Bereich der Sexualität. Wenn wir sie aber direkt darauf ansprechen, ob sie aufgrund der Clomipramineinnahme irgendwelche sexuellen Probleme haben, bejahen dies etwa 50 Prozent aller Männer und Frauen. Wie alle anderen Nebenwirkungen verschwinden auch die sexuellen Probleme innerhalb weniger Tage nach einer Dosisverringerung oder nach dem Absetzten des Mittels.[49] Die meisten unserer Patienten vertragen Clomipramin gut und nur wenige beenden die Einnahme aufgrund von Nebenwirkungen.

Hin und wieder lässt sich schon durch eine kurzfristige Behandlung mit geringen Dosen eine spürbare Besserung der Symptomatik erreichen. Um aber voll zur Wirkung zu kommen, muss Clomipramin in der Regel mindestens zehn bis zwölf Wochen in einer Dosierung von bis zu 250 Milligramm pro Tag eingenommen werden. Und oft stellen sich erst nach vier bis acht Wochen die ersten Effekte auf die Zwangssymptome ein.

---

49 Ebenda.

Fluoxetin

Fluoxetin (Fluctin), ein zyklisches Antidepressivum, ist seit Februar 1987 in den Vereinigten Staaten erhältlich und wurde von der staatlichen Gesundheitsbehörde offiziell als Medikament zur Behandlung von Depressionen zugelassen. Weil sich Fluoxetin, wie Clomipramin, auf den Neurotransmitter Serotonin auswirkt, wird es bei uns und in anderen Einrichtungen Patienten mit Zwangssymptomen verschrieben – mit ermutigendem Erfolg. Eine Reihe von Untersuchungen sprechen mittlerweile dafür, dass Fluoxetin ein gut wirksames Mittel gegen Zwangsgedanken und Zwangshandlungen ist.

Nebenwirkungen und Dosierung

In einem kürzlich erschienen Buch über Psychopharmaka gebraucht der Autor, Jack Gorman, einen Vergleich, um die Nebenwirkungen des Fluoxetins zu beschreiben:

> Die Nebenwirkungen können wir mit denen vergleichen, die sich einstellen, wenn man zu viel schwarzen Kaffee auf einmal trinkt: innere Unruhe, Übelkeit, Magenbeschwerden und Durchfall. Einige Patienten leiden unter Kopfschmerzen und haben Einschlafschwierigkeiten, wenn sie Fluoxetin nehmen. Vereinzelt gibt es auch Berichte über Orgasmusschwierigkeiten. Insgesamt betrachtet, sind die Nebenwirkungen allerdings meist sehr schwach ausgeprägt und treten häufig überhaupt nicht auf. [...] Beinah jeder Patient kann Fluoxetin bedenkenlos einnehmen.

Hervorzuheben ist, dass Gorman, wie viele andere auch, dazu rät, «dass mit wenigen Ausnahmen Patienten, die eine Zwangsstörung haben, auch verhaltenstherapeutisch behandelt werden sollten».[50]

Wie beim Clomipramin ist der Anteil an Patienten, die Schwierigkeiten im sexuellen Bereich angeben, relativ hoch, wenn wir ausdrücklich danach fragen. Alle diese Nebenwirkungen sind jedoch reversibel: Sie verschwinden wieder, sobald das Fluoxetin nicht mehr genommen wird.

Unsere klinische Erfahrung zeigt, dass eine Dosis von 40 bis 80 Milligramm täglich bei Zwangspatienten zu den besten Resultaten führt, im Gegensatz zu Patienten mit Depressionen, bei denen 20 bis 40 Milligramm

---

50 Gorman, *The Essential Guide to Psychiatric Drugs,* 1990.

ausreichen. Einige Patienten mit einer Zwangsstörung sprechen aber auch schon auf die niedrigere Dosis an. Patienten, bei denen Fluoxetin gut anschlägt, kommen dann oft mit einer niedrigeren Erhaltungsdosis aus.

Fluvoxamin

Auch Fluvoxamin ist ein zyklisches Antidepressivum, dessen Wirksamkeit bei Depressionen bereits nachgewiesen ist. Wie Fluoxetin und Clomipramin wirkt es sich auf das Serotonin aus und bewirkt, dass davon mehr in den Synapsen der Nervenzellen verbleibt.

Eine Reihe von Studien zeigen, dass Fluvoxamin bei vielen Zwangspatienten positive Effekte hat. Allerdings dauert es manchmal sechs bis zwölf Wochen bis sich eine spürbare Wirkung auf Zwangsgedanken und Zwangshandlungen einstellt.

Nebenwirkungen und Dosierung

Die Nebenwirkungen sind relativ harmlos und bestehen vor allem aus Schlafstörungen, Übelkeit, Müdigkeit und Kopfschmerzen bestanden.

In unserer Fluvoxamin-Studie betrug die maximale Tagesdosis 300 Milligramm, wobei 17 der 18 Patienten aus der betreffenden Gruppe diese Dosis gut vertrugen. Der 18. Patient konnte nicht mehr als 200 Milligramm am Tag einnehmen.

Sertralin

Sertralin ist ein weiteres Antidepressivum, das sich auch in der Behandlung von Zwangsstörungen bewährt hat. Es bewirkt eine Verlangsamung des Serotoninabbaus an den Synapsen zwischen den Nervenzellen im Gehirn, was zur Folge hat, dass sich die Menge des vorhandenen Serotonins erhöht. In mehreren Studien hat Sertralin seine Überlegenheit gegenüber einem Placebo in der Behandlung von Zwängen unter Beweis gestellt.

Nebenwirkungen und Dosierung

In den Studien wurden unterschiedliche Dosen zwischen 50 und 200 Milligramm pro Tag verabreicht, die sich alle als wirksam herausstellten. Die Nebenwirkungen sind nur schwach ausgeprägt und verursachen keine größeren Probleme.

Paroxetin

Paroxetin ist in den USA zur Behandlung von Depressionen und Panikanfällen zugelassen. Es hat sich jedoch auch bei Zwangsstörungen als effektiv erwiesen. Seine Wirkung beruht wahrscheinlich auf einer Verlangsamung der Reabsorption des Serotonins.

Nebenwirkungen und Dosierung

Eine groß angelegte Studie ist zu dem Ergebnis gekommen, dass eine Tagesdosis von 40 bis 60 Milligramm Zwangssymptome wirksam reduzieren kann. Das Medikament hat im Allgemeinen nur geringe Nebenwirkungen, die sich nicht wesentlich von denen der anderen Serotonin-Wiederaufnahme-Hemmer unterscheiden.

Citalopram

Citalopram ist ein Medikament, das offiziell zur Behandlung von Depressionen zugelassen ist, aber auch Zwangssymtpome abbauen hilft und – wie die anderen hier aufgeführten Präparate – über eine Verlangsamung der Wiederaufnahme von Serotonin durch die Nevenendigungen im Gehirn wirkt, was zur Folge hat, dass der Neurotransmitter länger verfügbar bleibt, um Impulse zwischen den Zellen weiterzuleiten.

Nebenwirkungen und Dosierung

Citalopram wird in Dosierungen zwischen 40 und 60 Milligramm pro Tag verschrieben. Seine Nebenwirkungen sind im Allgemeinen schwach und vergleichbar mit denen anderer Serotonin-Wiederaufnahme-Hemmer.

MAO-Hemmer

Wenn die Serotonin-Wiederaufnahme-Hemmer bei Ihnen nicht die gewünschte Wirkung erzielen, könnte Ihnen ein so genannter Monoaminooxidase-Hemmer (MAO-Hemmer) helfen. Hierbei handelt es sich um eine Gruppe von Medikamenten, die seit vielen Jahren mit Erfolg in der Behandlung von Depressionen und Panikattacken eingesetzt werden. Die am häufigsten verwendeten MAO-Hemmer sind Phenelzin[51] und Tranylcypromin (Parnate). Vor kurzem haben wir festgestellt, dass MAO-Hemmer möglicherweise nur bei einem Teil der Zwangspatienten wirksam ist, nämlich bei Patienten die sich zwanghaft mit Symmetrie beschäftigen oder andere atypische Zwangsgedanken haben.[52]

In der Anfangszeit des Bestehens unseres Zentrums für Zwangspatienten, als Clomipramin und Fluoxetin noch nicht erhältlich waren, verschrieb Michael Jenike Patienten mit Zwangssymptomen oft MAO-Hemmer. Die Fallgeschichte zu Beginn des Kapitels, in der es um eine Patientin ging, deren zwanghafte Befürchtungen, sie könne homosexuell werden, kurz nach Beginn der Einnahme von Phenelzin verschwanden, zeigt, welche durchschlagenden Erfolge MAO-Hemmer haben können. Heute kommen diese Medikamente manchmal dann zum Einsatz, wenn der Patient nicht auf einen Serotonin-Wiederaufnahem-Hemmer anspricht.

Nebenwirkungen und Dosierung

MAO-Hemmer haben nicht viele Nebenwirkungen, wenn sie korrekt eingesetzt werden, es müssen jedoch bestimmte Genuss- und Lebensmittel vermieden werden. Patienten, die MAO-Hemmer einnehmen, dürfen keine Nahrungsmittel zu sich nehmen, die größere Mengen an Tyramin enthalten,

---

51 A. d. Ü.: In den deutschsprachigen Ländern ist Phenelzin nicht auf dem Markt.
52 Jenike, «Drug Treatment of Obsessive-Compulsive Disorder», 1998.

einer Substanz, die in vielen fermentierten Lebensmitteln wie gereiftem Käse, Bier und saurer Sahne vorkommt. Es kann zu einem schnellen, gefährlichen Anstieg des Blutdrucks kommen, wenn Patienten, die mit MAO-Hemmern behandelt werden, tyraminhaltige Nahrungsmittel zu sich nehmen. Wenn Ihnen Ihr Arzt einen MAO-Hemmer verschreibt, achten Sie darauf, dass er Ihnen eine Liste mit all den Nahrungs-, Genuss- und Arzneimitteln gibt, die Sie meiden müssen, und dass er genau mit Ihnen bespricht, wie das Medikament einzunehmen ist. Wenn die ärztlichen Empfehlungen exakt befolgt werden, haben MAO-Hemmer nur wenige Nebenwirkungen.

Die andere Warnung, die ausgesprochen werden muss, ist, dass es unbedingt notwendig ist, *erst fünf Wochen nach dem Absetzen anderer serotonerger Antidepressiva* (wie Clomipramin oder Fluoxetin) mit der Einnahme von MAO-Hemmern zu beginnen. Es ist zu Todesfällen gekommen bei Patienten, die diese Medikamente in einem Abstand von weniger als fünf Wochen eingenommen haben.

Wir verschreiben Phenelzin in der Regel in Dosen zwischen 15 und 90 Milligramm pro Tag, wobei eine Dosis zwischen 60 und 90 Milligramm am häufigsten wirksam ist. Tranylcypromin wird im Allgemeinen in Tagesdosen zwischen 10 und 60 Milligramm (meist zwischen 40 und 60 Milligramm) eingenommen.

Welche anderen Medikamente können helfen?

Beinah alle Medikamente, mit denen Ängste, Depressionen und Psychosen behandelt werden, sind bereits irgendwann einmal versuchsweise gegen Zwangssymptome eingesetzt worden. Obwohl der eine oder andere Fallbericht vorliegt, nach dem ein Großteil dieser Medikamente bei einzelnen Patienten zu Besserungen geführt hat, gibt es keine überzeugenden Belege für ihre Wirksamkeit bei der Mehrheit der Patienten.

In einigen Fällen treten Zwangssymptome offensichtlich als Folge einer schweren Depression auf. Diese Patienten wurden zuerst depressiv und entwickelten dann Zwangssymptome. Traditionelle Antidepressiva wie Imipramin (Tofranil) oder Amitriptylin (z. B. Laroxyl, Saroten, Euplit, Psyrax) bewirken bei diesen Patienten normalerweise ein Abklingen der Depressionen und die Zwangssymptome bilden sich dann entweder von allein oder durch eine kurze Verhaltenstherapie zurück, wie im Fall von Frau M.

aus dem zweiten Kapitel, deren Zwang, sich unwichtige Dinge aufschreiben und merken zu müssen, innerhalb kurzer Zeit erfolgreich behandelt werden konnte. Auch neuere Antidepressiva wie Buproprion (Zyban) und Venlafaxin (Trevilor) werden bisweilen zur Behandlung der Zwangsstörung eingesetzt.

Einige andere Medikamente helfen anscheinend gegen Zwangssymptome, wenn sie *zusätzlich* zu Mitteln wie Clomipramin oder Fluoxetin gegeben werden, nicht aber, wenn sie allein eingenommen werden. Zu diesen so genannten Augmentern zählen Lithium, Clonazepam (Rivotril), Trazodon (Thombran, Trittico), Buspiron (Bespar, Buspar), Alprazolam (Tafil, Xanax, Xanor), Methylphenidat (Ritalin), Haloperidol (Haldol), Pimozid (Orap) und die Neuroleptika Clozapin (Leponex), Risperidon (Risperdal) und Olanzapin (Zyprexa).[53]

Wenn Ihnen Ihr Arzt ein solches Medikament verschreibt, um die Wirkung eines anderen Mittels zu erhöhen, erkundigen Sie sich genau danach, wie Sie es einzunehmen haben und welche Nebenwirkungen zu erwarten sind. Einige dieser Medikamente, wie Haloperidol oder Pimozid, können ernste und bleibende Nebenwirkungen haben, wenn sie nicht richtig oder über einen langen Zeitraum hin genommen werden.

Fragen, die häufig im Zusammenhang mit den Medikamenten gestellt werden

Im Gespräch mit Patienten – und manchmal auch mit Kollegen – tauchen immer wieder bestimmte Fragen zu den Medikamenten auf. Um diese Fragen beantworten zu können, sammelte ich diejenigen, die am häufigsten gestellt werden, und legte sie meinem Kollegen Michael Jenike vor, einem Psychiater am Massachusetts General Hospital. Jenike und ich arbeiten seit fast zehn Jahren gemeinsam an der Erforschung verschiedener Behandlungsmethoden für die Zwangsstörung. Er leistete Pionierarbeit bei der Erprobung zahlreicher Medikamente, deren Einsatz bei Zwangssymptomen heute Standard ist, und ist ein international bekannter Experte auf dem Gebiet der medikamentösen Behandlung von Zwängen.

---

53 Neuroleptika verringern die Menge des Neurotransmitters Dopamin im Gehirn, was anscheinend vor allem Zwangspatienten hilft, die auch unter Tics leiden (oder stark davon überzeugt sind, dass ihre Zwangsgedanken wahr sind).

F.: *Was haben die verschiedenen gegen Zwangssymptome wirksamen Medikamente miteinander gemein?*

A: Die meisten Medikamente, die mit Erfolg in der Behandlung von Zwangsstörungen eingesetzt werden, wirken sich vermutlich auf eine im Gehirn vorhandene Substanz mit dem Namen Serotonin aus. Clomipramin, Fluoxetin, Fluvoxamin, Sertralin, Paroxetin und Citalopram blockieren alle die Wiederaufnahme des Serotonins an den Stellen, an denen im Gehirn die Nerven aufeinander stoßen, – den Synapsen – und führen so dazu, dass das Serotonin länger an diesen wichtigen Stellen verbleibt. Wir glauben, dass diese erhöhte Menge an Serotonin nach einigen Wochen Veränderungen der Rezeptoren (der Stellen, an denen sich das Serotonin festsetzt) an einigen Membranen der Nerven bewirkt. Wir vermuten auch, dass diese Rezeptoren bei Patienten mit einer Zwangsstörung Anomalien aufweisen und dass die Veränderungen, die diese Medikamente bei den Rezeptoren auslösen, zumindest teilweise diese Anomalien wieder aufheben. Dies ist aber nur eine der Wirkungen der Medikamente; mit hoher Wahrscheinlichkeit sind zusätzlich zum Serotonin noch andere Substanzen im Gehirn beteiligt.

F.: *Welche Patienten sollten die Medikamente* nicht *nehmen?*

A.: Im Allgemeinen vergeben wir die Medikamente nicht an Frauen, die schwanger sind oder stillen. Da wir nicht genau wissen, welche Wirkungen die Mittel auf ungeborene Kinder oder Säuglinge haben, ist das das Klügste. Wenn sich aber schwere Zwangssymptome nicht auf andere Art und Weise in den Griff bekommen lassen, kann der Einsatz der Medikamente auch in diesen Fällen erwogen werden, da sie sehr sicher zu sein scheinen.

Bei älteren Patienten vermeidet man am besten den Einsatz einiger Mittel wie Clomipramin, da sie bei ihnen Nebenwirkungen wie Denkstörungen oder Verwirrtheitszustände haben können. Einige der gegen Zwangssymptome wirksamen Mittel, z. B. Fluoxetin, kommen auch bei älteren Menschen zum Einsatz, dürfen allerdings im Allgemeinen nur in sehr niedrigen Dosen genommen werden.

Herzkranke Patienten können die Medikamente zwar nehmen, müssen aber besondere Vorsicht walten lassen, und eine genaue Überwachung mit regelmäßigen EKGs ist erforderlich.

F.: *Werde ich mein Leben lang Medikamente gegen Zwangssymptome nehmen müssen?*

A.: Niemand kann zum jetzigen Zeitpunkt sagen, wie lange Patienten, die auf die Medikamente ansprechen, diese nehmen müssen. Viele Patienten können die Mittel nach einer sechs- bis zwölfmonatigen Behandlungsdauer wieder absetzen. Es ist aber gut möglich, dass etwa die Hälfte der Patienten die Medikamente zumindest in einer geringen Dosierung über Jahre hinweg einnehmen müssen. Im Moment führen wir Untersuchungen durch, um die Frage zu klären, welche Patienten die Medikamenteneinnahme beenden können und wie wir sie am besten dabei unterstützen. Wahrscheinlich ist das Rückfallrisiko geringer, wenn die Patienten die Anwendung verhaltenstherapeutischer Methoden erlernen, solange sie die Medikamente nehmen und es ihnen noch gut geht. Mit Hilfe dieser Methoden sind sie dann vielleicht in der Lage, Symptome unter Kontrolle zu bringen, die nach dem Absetzen der Medikamente wieder auftauchen.

F.: *Haben Medikamente gegen Zwänge irgendwelche langfristigen, irreversiblen Nebenwirkungen?*

A.: Soweit wir wissen, hinterlassen die Serotonin-Wiederaufnahme-Hemmer und die MAO-Hemmer keine bleibenden Schäden. Viele Patienten nehmen sie jahrelang ohne irgendwelche Probleme ein. Einige der Mittel, die gelegentlich eingesetzt werden – wie die Neuroleptika Haloperidol, Chlorpromazin (Largactil), Thioridazin (Melleril) und Trifluoperazin (Jatroneutral, Terfluzine) – können allerdings irreversible neurologische Probleme wie Zittern oder unkontrollierbare Zungenbewegungen verursachen. Diese Medikamente sollten bei Zwangspatienten im Normalfall nicht angewendet werden; wenn sie verschrieben werden, sollte man die Einnahme auf wenige Wochen beschränken. Bisweilen ist es jedoch erforderlich, dass ein Patient diese potenziell gefährlichen Medikamente auch über einen längeren Zeitraum hinweg einnimmt.

F.: *Soll ich mein Medikament gegen die Zwänge nur nehmen, wenn es mir nicht gut geht?*

A.: Nein. Dies ist ein Fehler, der häufig gemacht wird. Medikamente gegen Zwangssymptome müssen regelmäßig eingenommen werden und ständig in einer gewissen Konzentration im Blut vorhanden sein. Nehmen

Sie sie so oft, wie es Ihnen Ihr Arzt gesagt hat, und versuchen Sie, keine Dosis auszulassen.

F.: *Nach was für einem Arzt sollte ich suchen, um ein Medikament gegen Zwangssymptome verschrieben zu bekommen?*

A.: Zwar ist prinzipiell jeder Arzt in der Lage, die betreffenden Medikamente zu verschreiben, es ist jedoch das Beste, sich direkt an einen Psychiater zu wenden, der sich mit der medikamentösen Behandlung der Zwangsstörung gut auskennt.

F.: *Muss ich mir Vorwürfe machen, wenn ich nicht ohne Medikamente auskomme?*

A.: Gegen sinnlose Selbstvorwürfe wegen der Einnahme von Medikamenten bei schweren Zwangssymptomen hilft es, wenn Sie Ihr Problem mit einer weit verbreiteten körperlichen Krankheit wie Diabetes vergleichen. Es gibt mittlerweile eine Reihe von Belegen dafür, dass die Zwangsstörung in erster Linie ein neurologisches oder medizinisches Problem ist und nicht einfach die Folge irgendwelcher schwieriger Umweltbedingungen oder einer falschen Erziehung. Wie der Diabetiker sein Insulin braucht, brauchen einige Zwangspatienten eben «antikompulsive» Medikamente, um ein normales Leben führen zu können; auch Diabetiker ärgern sich oft darüber, auf das Insulin angewiesen zu sein. Es gibt keinerlei Beweise dafür, dass Zwangspatienten durch irgendetwas, was sie getan haben, selbst zum Entstehen ihrer Symptome beigetragen hätten, und am besten betrachtet man das Problem als Störung bestimmter chemischer Prozesse in einem Teil des Gehirns.

F.: *Was kann ich tun, wenn ich aufgrund meiner zwanghaften Ängste vor Medikamenten Schwierigkeiten mit der Einnahme dieser Mittel habe?*

A.: In der Regel können diese Ängste durch den Zuspruch eines Arztes, dem Sie vertrauen, überwunden werden. Wenn Sie es dann immer noch nicht über sich bringen können, die Medikamente einzunehmen, kann als Erstes mit der Durchführung einer Verhaltenstherapie begonnen werden, und in dieser Therapie kann ein Schwerpunkt auf die Überwindung Ihrer Abneigung gegen die Medikamente gelegt werden. Unserer Erfahrung zufolge werden mit einer Kombination von medikamentöser und Verhaltenstherapie die besten Ergebnisse erzielt.[54]

F.: *Wie lange brauchen die Medikamente gegen Zwänge, um zu wirken?*

A.: Geben Sie nicht auf, ehe Sie das Medikament zehn bis zwölf Wochen in einer therapeutischen Dosis genommen haben. Viele Patienten merken in den ersten Wochen der Behandlung keine Wirkung, erfahren aber dann eine deutliche Besserung. Wir wissen nicht, warum es so lange dauert, bis diese Medikamente bei Zwangspatienten ihre Wirkung entfalten. Sogar viele Psychiater geben nach vier bis sechs Wochen auf – das ist die Zeit, nach der die Mittel bei depressiven Patienten anschlagen. Unter Umständen müssen Sie deshalb Ihren Psychiater darauf hinweisen, dass Sie das Medikament länger nehmen müssen.

Medikamente in Kombination mit Verhaltenstherapie

Oft fragen mich Patienten, ob sie Medikamente einnehmen können oder sollen, während sie eine Verhaltenstherapie machen. Viele Patienten mit schwach ausgeprägten Zwangshandlungen und -gedanken oder solche mit Wasch- oder Kontrollzwängen können ihre Symptome auch mit Verhaltenstherapie allein in den Griff bekommen. Andere aber kommen oft am besten mit einer Kombination aus Verhaltenstherapie und Medikamenten zurecht.

Wie Dr. Jenike halten die meisten Psychiater und Verhaltenstherapeuten diese Kombination aus Verhaltens- und medikamentöser Therapie für einen effektiven Behandlungsansatz bei einem Großteil der Patienten – Erwach-

---

[54] Eine Frau war auch mit noch so viel Zuspruch und Unterstützung nicht in der Lage, eine Tablette zu nehmen; sie war davon überzeugt, sich dadurch zu vergiften. Als Teil ihrer Verhaltenstherapie half ich ihr im Verlauf mehrerer Sitzungen, sich an die Einnahme von Fluoxetin zu gewöhnen. Nach folgenden Schritten gingen wir vor: Zuerst legte sie die Packung mit den Medikamenten nur vor sich auf den Tisch, dann berührte sie die Packung, im nächsten Schritt nahm sie eine Tablette in die Hand, dann las sie den Beipackzettel und löste die Tablette in Wasser auf. Danach trank sie erst einmal nur einen Schluck der Flüssigkeit mit der aufgelösten Tablette. Am nächsten Tag trank sie etwas mehr, und erhöhte so langsam die Menge, bis sie nach einigen Wochen bei der effektiven Dosis angelangt war.

senen, Kindern und Jugendlichen – mit mäßigen oder schweren Zwangssymptomen. Ich sage meinen Patienten, dass die Einnahme eines Antidepressivums (oder «Antikompulsivums») ihren Fortschritt in der Verhaltenstherapie nicht behindern kann, sondern dass sie mit den Medikamenten höchstens noch bessere Fortschritte machen werden.

Oft führen Serotonin-Wiederaufnahme-Hemmer zu einer Abschwächung starker Zwangsgedanken und Impulse und helfen auch gegen Depressionen und Ängste, die sich störend auf die Verhaltenstherapie auswirken können. Aus diesem Grund sind viele Patienten, die zuerst Schwierigkeiten mit der Durchführung der Verhaltenstherapie hatten, in der Lage, die Übungen zu machen, nachdem sie mit der Einnahme eines Medikaments begonnen haben. Der folgende Fall ist ein Beispiel hierfür.

Frau M. hatte eine schwere Zwangsstörung. Ständig war sie in Sorge, etwas Falsches gesagt zu haben. Sie befürchtete, sich zu verseuchen, indem sie den eigenen Körper berührte. Wieder und wieder wusch sie sich die Hände und vermied es, den Fußboden, den Mülleimer oder irgendeinen Gegenstand, der damit in Kontakt gekommen war, zu berühren.

Mehrere Male pro Stunde brauchte sie die Bestätigung ihrer Eltern, dass sie alles richtig machte und alles in Ordnung war. Sie hatte so wenig Selbstbewusstsein, dass sie, obwohl sie schon Ende 20 war, nachts immer noch bei ihrer Mutter schlief. Sie traute sich nicht einmal zu, Küchengeräte benutzen zu können, wenn ihre Eltern nicht zu Hause waren.

Als Frau M. zu uns kam, war sie nicht mehr in der Lage, ein eigenständiges Leben zu führen. Sie arbeitete nicht mehr und hatte auch das Autofahren aufgegeben. Es war unerträglich für sie, von ihren Eltern getrennt zu sein. Am Anfang war es so gut wie unmöglich, eine Unterhaltung mit ihr zu führen; ununterbrochen befürchtete sie, etwas Falsches gesagt zu haben und meine Gefühle verletzt zu haben, und bat ständig um Entschuldigung. Es gelang ihr nicht, sich auf unser Gespräch zu konzentrieren.

Frau M. versuchte es mit Verhaltenstherapie. Aber wegen ihrer extrem starken Ängste und ihrer schwachen Konzentration schaffte sie es nicht, zu Hause ihre Übungen zu machen. Zwar gewöhnte sie sich daran, allein zu schlafen, war aber nicht in der Lage, irgendeinen anderen Zwang unter Kontrolle zu bringen.

Auf eine Empfehlung Michael Jenikes hin vereinbarte Frau M. einen Termin bei einem kanadischen Kollegen von uns, um sich Clomipramin verschreiben zu lassen, das zum damaligen Zeitpunkt in den Vereinigten Staaten noch nicht erhältlich war. Zwei Monate lang nahm sie das Medikament ein, ohne irgendetwas anderes als die Nebenwirkungen Mundtrokkenheit und Verstopfung zu bemerken.

Nach den zwei Monaten stellten sich jedoch beeindruckende Veränderungen ein. Frau M.s Befürchtungen, etwas Falsches gesagt zu haben, gingen deutlich zurück, sie wurde selbstsicherer und gewann größere Unabhängigkeit von ihren Eltern. Auch ihre Angst, verseucht zu werden, wurde schwächer. Insgesamt kam es zu einer Besserung ihrer Symptome um mehr als 50 Prozent. Zwar war noch nicht alles perfekt, aber sie war jetzt in der Lage, allein zurechtzukommen, und bezog kurze Zeit später eine eigene Wohnung und schrieb sich an einer Hochschule ein.

Als wir es jetzt noch einmal mit Verhaltenstherapie versuchten, diesmal bei gleichzeitiger Behandlung mit Clomipramin, brachte Frau M. die Energie und Konzentration auf, an ihren Symptomen zu arbeiten und sie noch weiter zu reduzieren. Mittlerweile nimmt sie das Medikament mehr als drei Jahre und es geht ihr nach wie vor gut.

Wie Sie sehen, schließen Verhaltenstherapie und Medikamente einander in der Behandlung von Zwangsgedanken und Zwangshandlungen nicht aus. In unserem Zentrum für Zwangspatienten werden die Betroffenen entweder nur mit Medikamenten, nur mit Verhaltenstherapie oder mit einer Kombination aus Verhaltens- und medikamentöser Therapie behandelt.

Unter welchen Bedingungen sollten Sie eine medikamentöse Behandlung Ihrer Symptome in Erwägung ziehen? Wenn Sie einen schwach bis mäßig ausgeprägten Wasch- oder Kontrollzwang haben, kommen Sie wahrscheinlich sehr gut mit Verhaltenstherapie allein zurecht. Aber wenn Sie acht bis zwölf Stunden am Tag Ihren Ritualen nachgehen oder unter starken Depressionen oder Ängsten leiden oder fest von der Richtigkeit Ihrer Zwangsgedanken überzeugt sind oder eine Zwangsstörung haben, die nur aus Zwangsgedanken besteht, dann sollten Sie sich zusätzlich zu einer Verhaltenstherapie medikamentös behandeln lassen.

Im dem Fall, dass Sie weder mit der Unterstützung eines Helfers noch mit der eines Verhaltenstherapeuten in der Lage sind, die notwendigen Konfrontationsübungen durchzuführen, können Serotonin-Wiederaufnahme-Hemmer es Ihnen erleichtern, Ihre Probleme in den Griff zu bekommen.

9. Kapitel

Antworten auf Ihre Fragen

Kommt an den Rand, sagte er.
Sie sagten, wir haben Angst.
Kommt an den Rand, sagte er.
Sie kamen.
Er gab ihnen einen Stoß ... und sie flogen.

Guillaume Apollinaire (1880-1918)

Obwohl ich mir Mühe gegeben habe, Ihnen in den vorhergehenden Kapiteln alle Informationen zu geben, die Sie brauchen, um Ihre Zwangssymptome in den Griff zu bekommen, haben Sie wahrscheinlich immer noch einige Fragen. In diesem Kapitel werde ich die Fragen beantworten, die mir am häufigsten von meinen Patienten und den Teilnehmern unserer Gesprächsgruppen für Betroffene gestellt werden.

Um so gut wie möglich auf diese Fragen eingehen zu können, stütze ich mich auf das gesammelte Wissen meiner ehemaligen und jetzigen Therapeutenkollegen am Zentrum für Zwangspatienten des Massachusetts General Hospital: William Minichiello, Nancy Keuthen, Deborah Osgood-Hynes, Sabine Wilhelm, John Hurley und Joseph Ricciardi. Gemeinsam haben wir im Laufe der vergangenen Jahre sehr viele Erfahrungen mit der verhaltenstherapeutischen Behandlung (mit oder ohne Medikamente) von Zwangsgedanken und Zwangshandlungen machen können. Die Kommentare meiner Kollegen habe ich in die Antworten auf die folgenden Fragen eingebaut, die mir von Patienten gestellt wurden.

F.: *Ich habe schon allein versucht, mit den Zwangshandlungen aufzuhören. Was wird anders sein mit Verhaltenstherapie?*

A.: Unsere Antwort auf diese Frage ist ganz einfach: Mit Verhaltenstherapie werden Sie zum ersten Mal *systematisch* an Ihre Probleme herangehen und sich wissenschaftliche Prinzipien zunutze machen, um Ihr Verhalten zum Besseren hin zu verändern. Sie werden schrittweise vorgehen und Ihr Verhaltenstherapeut wird Ihnen zeigen, wie Sie mit aufkommenden Ängsten umgehen können.

Alle Patienten versuchen erst einmal, ihre Probleme selbst in den Griff zu bekommen, bevor sie zu uns in die Verhaltenstherapie kommen. Die Tatsache, dass sie einen Therapeuten aufsuchen, zeigt, dass sie es allein nicht geschafft haben.

Zu versuchen, seine Zwangssymptome allein unter Kontrolle zu bekommen, ist, als versuche man, einen Hochschulabschluss zu machen, ohne sich in einem Studiengang einzuschreiben. Prinzipiell kann man sich natürlich in eine Bibliothek setzen und sich das Wissen, das man zum Bestehen der Prüfungen benötigt, aus Büchern anlesen, aber ohne Lehrer, die einem Aufgaben stellen und Rückmeldung geben, wird man keine großen Fortschritte erzielen.

F.: Ist es nicht wichtiger, zu wissen, warum *ich diese Zwänge habe, als zu lernen, was Verhaltenstherapie ist? Die erscheint mir so simpel und mechanisch.*

A.: Es gibt nur selten eine einzige Ursache für ein bestimmtes Verhalten. Manche Handlungen haben eine ganze Reihe komplexer Ursachen, andere sind einfach Gewohnheiten. In jedem Fall versuchen Verhaltenstherapeuten, das problematische Verhalten direkt zu verändern. Wenn der Patient sich dabei auch noch darüber klar wird, warum er dies oder jenes tut – um so besser. Aber es kommen einfach zu viele Patienten zu uns, die seit Jahren in Therapie sind und ihre Rituale «verstehen», aber nicht damit aufhören können. Unserer Auffassung nach ist es wichtiger, aktuelle Probleme ausfindig zu machen (Ängste, Depressionen oder konkrete Situationen), die als Auslöser Ihrer Zwangssymptome fungieren. Diese Probleme zu kennen erleichtert es Ihnen, Ihre Gewohnheiten unter Kontrolle zu bringen.

Die Verhaltenstherapie mag zwar etwas mechanisch wirken, aber es ist wichtig, die Prinzipien kennen zu lernen, die der Behandlung zugrunde liegen, damit Sie die Methoden vertrauensvoll und ohne Angst, dadurch irgendwelche Schäden anzurichten, anwenden können.

F.: *Muss ich nicht erst die Probleme in meiner Familie, meiner Ehe oder am Arbeitsplatz aus dem Weg räumen, ehe ich an meinen Zwangssymptomen arbeiten kann?*

A.: Wie jeder andere Mensch haben auch Zwangspatienten häufig Probleme in verschiedenen Bereichen ihres Lebens: mit dem Geld, mit der Familie, in der Ehe oder am Arbeitsplatz. Oft werde ich gefragt, ob es möglich ist, erfolgreich seine Zwangssymptome anzugehen, solange man noch andere Probleme hat. Wie Sie bereits wissen, kann Stress in jeder Form zu einer Verschlimmerung von Zwangssymptomen beitragen – die meisten Patienten haben mehr Zwangsgedanken und stärkere zwanghafte Impulse, wenn sie deprimiert, verärgert oder angespannt sind. Wenn Sie daran arbeiten, Ihre Zwänge in den Griff zu bekommen, sollten sie deshalb möglichst auch versuchen, gleichzeitig Ihre anderen Probleme zu lösen. Wenn Sie das nicht tun, besteht die Gefahr, dass die Symptome in zukünftigen Stressphasen wieder auftauchen. Wenn jemand, der bei mir in Behandlung ist, beispielsweise nicht arbeitet, ermutige ich ihn, sich eine ehrenamtliche Beschäftigung oder einen Teilzeitjob zu suchen, ehe er mit der Behandlung beginnt. Viele Patienten machen die Erfahrung, dass sich ihre Zwangssymptome verschlimmern, wenn sie den ganzen Tag zu Hause sind und nichts haben, womit sie sich beschäftigen können. Wenn es irgendetwas anderes gibt, das Sie tun können, um Belastungen aus dem Weg zu räumen, dann tun Sie es. Ihnen wird es dann leichter fallen, die Oberhand über Ihre Zwangsgedanken und Zwangshandlungen zu gewinnen.

Andere Therapieformen konzentrieren sich auf Familien- und Partnerschaftsprobleme, anstatt die Zwangssymptome direkt anzugehen. Aber in der Verhaltenstherapie können wir oft feststellen, dass sich durch eine Reduzierung der Symptome automatisch auch Verbesserungen im Bereich der persönlichen Beziehungen einstellen. Ich sage meinen Patienten: «Warum gehen Sie nicht erst einmal davon aus, dass sich Ihre Beziehung zu Ihrem Ehepartner [oder einem anderen Familienmitglied] zum Positiven hin verändern wird, wenn Sie Ihre Zwänge in den Griff bekommen? Wenn es wirklich Probleme in der Beziehung gibt, werden Sie diese bald glasklar vor Augen haben, und zwar entweder dann, wenn Sie bei den Übungen mit der betreffenden Person zusammenarbeiten oder wenn Sie wieder ein normales Leben führen können.»

F.: Helfen nicht auch Entspannung, Meditation oder Hypnose gegen Zwangssymptome?

A.: Obwohl wir diese Methoden sehr erfolgreich in der Behandlung anderer Angststörungen wie Phobien oder Panikattacken einsetzen, sind wir zu der Erkenntnis gekommen, dass sie von sehr geringem Nutzen in der Therapie der Zwangsstörung sind. Entspannungstraining allein richtet sogar so wenig gegen Zwangssymptome aus, dass einige Forscher Entspannung als Placebobehandlung verwendet haben, um im Vergleich dazu die Effekte von Reizkonfrontation und Reaktionsverhinderung zu testen.[55] Wie ich allerdings in Kapitel 5 geschrieben habe, können diese Verfahren *zusätzlich* zu Konfrontationsübungen verwendet werden, um Ihnen dabei zu helfen, die während der Behandlung aufkommenden Ängste zu bewältigen. Auch als Teil des systematischen Abgewöhnungsprogramms bei Trichotillomanie oder der Tourettestörung kommen diese Methoden zum Einsatz, wie Sie in Kapitel 7 erfahren konnten.

Eine Ausnahme bildet der Einsatz von Hypnose in der Behandlung der Trichotillomanie. Einigen Berichten zufolge können bei gut hypnotisierbaren Erwachsenen und Kindern mit dieser Störung schon durch wenige Hypnosesitzungen Erfolge erzielt werden. Die Sache ist noch nicht besonders intensiv untersucht worden, aber vielleicht möchten Sie einen qualifizierten Hypnotiseur aufsuchen, wenn Sie mit Hilfe anderer Methoden Ihr Haareausreißen nicht stoppen konnten.

F.: Wenn ich eine sehr schwere Zwangsstörung habe, kann mir die Verhaltenstherapie dann auch helfen?

A.: Ja. In unserem Behandlungszentrum konnten wir viele Patienten mit schweren Zwangssymptomen erfolgreich behandeln. Die meisten dieser Patienten haben allerdings neben der Verhaltenstherapie noch Medikamente eingenommen. In Kapitel 8 wird darauf eingegangen, welche Medikamente sich bei Zwangssymptomen bewährt haben. Wenn Sie eine schwere Symptomatik haben (nach den Kriterien aus dem dritten Kapitel), werden Sie wahrscheinlich die Hilfe eines professionellen Verhaltenstherapeuten benötigen, um Ihre Symptome in den Griff zu bekommen, und wahrscheinlich wird er Ihnen empfehlen, sich zusätzlich auch medikamentös behandeln zu lassen.

---

[55] Rachman und Hodgson, *Obsessions and Compulsions*, 1980.

Es gibt aber keinen Grund, pessimistisch zu sein: Obwohl die Verhaltenstherapie bei schweren Symptomen oft länger dauert als bei leichten, sind die Bemühungen auch hier oft von Erfolg gekrönt. William Minichiello äußerte mir gegenüber einmal: «Den Patienten habe ich noch nicht gesehen, der stark motiviert ist, mit mir, allein oder mit einem Angehörigen Konfrontationsübungen zu machen, und der keine Fortschritte erzielt.»

F.: *Mein Problem ist das Haareausreißen. Welche realistischen Chancen auf eine Besserung habe ich und wie lange wird es dauern?*

A.: Wenn Sie sehr motiviert sind, an Ihrem Problem zu arbeiten, können Sie mit Verhaltenstherapie schnelle und durchschlagende Erfolge erzielen. Wenn Sie aber nicht bereit sind, Zeit und Mühe zu investieren, werden Sie wahrscheinlich keine großen Fortschritte machen. Das Gleiche gilt für jedes zwanghafte Verhalten. Die Kontrolle über das Problem zu gewinnen muss eins der Ziele in Ihrem Leben werden, die höchste Priorität genießen.

Ich habe die Erfahrung gemacht, dass die Trichotillomaniepatienten, die ich mit Verhaltenstherapie behandelt habe, unabhängig von ihrem Alter etwa zu gleichen Anteilen in eine von zwei Kategorien fallen. Auf der einen Seite gibt es die, die sehr motiviert sind, hart zu arbeiten, und die es dann schaffen, ganz oder fast ganz mit dem Haareausreißen aufzuhören (wie einige der Patienten, die ich Ihnen in Kapitel 7 vorgestellt habe, sind viele bereits nach der ersten oder zweiten Sitzung so weit); und auf der anderen Seite gibt es die, die weniger stark motiviert sind und von Anfang an nicht so konsequent bei der Durchführung des Abgewöhnungsprogramms sind. Vielen dieser Patienten wird die Sache mit der Zeit so peinlich oder sie sind irgendwann so frustriert oder verärgert, dass sie die Therapie abbrechen.

Arbeiten Sie hart und verlieren Sie nicht den Mut. Es gibt keinen Grund, warum Sie nicht erwarten dürften, dieses selbstschädigende Verhalten zurückdrängen zu können. Eine Patientin mit einer schweren Trichotillomanie trug stets einen Hut oder ein Kopftuch und riss sogar Haare aus Perücken heraus. Sie kam zu der Einsicht, dass das Haareausreißen bei ihr bedeutete, dass sie unter zu starkem Stress stand und sich zu viel aufgeladen hatte. Wenn ihr Drang, sich Haare auszureißen, heute wiederkehrt, nimmt sie dies als Signal, dass es an der Zeit ist, sich etwas mehr Ruhe zu gönnen. Sie hat jetzt einen modischen Haarschnitt und im Laufe der vergangenen vier Monate hat sie sich nur einige wenige Haare ausgezogen.

F.: *Gibt es Selbsthilfegruppen für Zwangspatienten, denen ich mich anschließen könnte?*

A.: Ja. Wie ich in Kapitel 1 gesagt habe, ist es für viele meine Patienten eine Hilfe, mit Leuten zu sprechen, die ähnliche Probleme haben wie sie selbst. Oft begegnen sie in Sellbsthilfegruppen zum ersten Mal anderen Betroffenen. Vor einer solchen Erfahrungen können sich manche Patienten gar nicht vorstellen, dass es noch andere Menschen mit den gleichen Problemen gibt.

In diesen Gruppen tauschen sich die Patienten über ihre Erfahrungen mit der Therapie, über Medikamente und über mögliche Probleme mit Angehörigen und Freunden aus. Die Unterstützung, die man in einer solchen Gruppe erfährt, kann die eigene Motivation stärken, daran zu arbeiten, seine Probleme in den Griff zu bekommen. Auch erhält man hier die Möglichkeit, seine eigenen Erfahrungen weiterzugeben und dadurch anderen Betroffenen zu helfen.[56]

F.: *Kann es nicht gefährlich sein, die Zwangshandlungen zu unterdrücken?*

A.: Keineswegs. Diese Sorge gründet sich auf Freudsche Theorien, nach denen die Ausführung von Ritualen verhindert, dass potenziell gefährliche Ängste an die Oberfläche gelangen. Heute wissen wir, dass das nicht stimmt. Wie die Forschung an Hunderten von Patienten zeigen konnte, kann das Unterdrücken von Zwangshandlungen schlimmstenfalls zu einem vorübergehenden Anstieg von Angst führen. Und die meisten Patienten sagen sogar, dass die Angst, die sie bei der Reaktionsverhinderung empfunden haben, viel geringer war, als sie vorher befürchtet hatten. Manche Betroffene empfinden zwar im Laufe ihrer Therapie auch starke Angst, dies ist aber nicht gefährlich, und noch nie ist jemand dadurch verrückt geworden, dass er seine Zwangsrituale

---

56 A. d. Ü.: Über existierende Selbsthilfegruppen in Deutschland informiert die *Deutsche Gesellschaft Zwangserkrankungen e. V.*, Postfach 1545, 49005 Osnabrück, Tel. (0541) 357 44 33, E-Mail: dgz.luce.psycho.uni-osnabrueck.de, Internetseite: www.zwaenge.de. Diese Organisation informiert auch darüber, wie Sie eine Selbsthilfegruppe ins Leben rufen können, falls es in Ihrer Umgebung noch keine gibt.

unterdrückt hat. Es sollte auch nicht vergessen werden, dass jemand, der eine Zwangsstörung hat, allein dadurch schon in vielen Bereichen seines Lebens unter Ängsten leidet. Von den Hunderten von Patienten, die bei uns in Behandlung waren, hat bislang kein einziger dadurch Schaden genommen, dass er Reaktionsverhinderungsübungen gemacht hat.

F.: Kommt es nicht in erster Linie auf die Beziehung *an, die ich zum Therapeuten habe?*

A.: Es stimmt, dass es wichtig ist, einen Therapeuten oder einen Helfer zu finden, dem man vertraut und mit dem man gut zusammenarbeiten kann. Aber generell steht die Beziehung zwischen dem Therapeuten und dem Patienten in der Verhaltenstherapie nicht so sehr im Vordergrund wie in anderen Therapieformen. Ich finde, dass die Beziehung zu meinen Klienten in dem Sinne wichtig ist, dass ich sie, so gut ich kann, unterstütze, Verständnis für ihre Situation habe und durch mein Zutun dazu beitrage, dass sie die erforderlichen Konfrontationsübungen machen können.

Wie Sie erfahren haben, kann ein Berater oder Freund, dem Sie vertrauen, Sie in die Lage versetzen, mit Verhaltenstherapie Ihre störenden Gewohnheiten zu überwinden. Ihr Helfer sollte natürlich jemand sein, der die gleichen Eigenschaften hat, die Sie sich auch bei einem Verhaltenstherapeuten wünschen würden. In einer Untersuchung zeigte sich, dass ein verständnisvoller Hochschulprofessor seinen Studenten durch Beratungsgespräche genauso gut helfen konnte wie professionelle Therapeuten. Zwar ging es in dieser Untersuchung um weniger schwierige Probleme als Zwangsgedanken und -handlungen, aber dennoch wird deutlich, dass nichts Magisches daran ist, mit einem Therapeuten zusammenzuarbeiten, zumindest nicht bei leichteren Problemen.

Deshalb ist die Beziehung zum Therapeuten in der Verhaltenstherapie zwar nicht *der* entscheidende Faktor, sie ist aber auch nicht unwichtig, denn sie kann darüber entscheiden, ob der Patient sich auf die erforderlichen Konfrontationsübungen einlässt oder nicht. Therapeut und Klient müssen sich in der Gegenwart des anderen wohl fühlen und der Therapeut darf nicht zu mechanisch vorgehen, sondern muss Wärme, Empathie und Vertrauen in seine eigenen Fähigkeiten vermitteln. Er darf dem Patienten nicht das Gefühl geben, seine Zwangssymptome wären dumm, absonderlich oder verrückt. Wärme, Respekt, Einfühlungsvermögen und Zuversicht aufseiten des Therapeuten erhöhen die Wahrscheinlichkeit, dass die Ratschläge, die er seinen Klienten gibt, von diesen auch befolgt werden, was wiederum ermöglicht, dass die verhaltenstherapeutischen Methoden ihre Wirkung entfalten.

F.: Wie kann ich sicher sein, dass das, was ich befürchte, nie wirklich eintreten wird.

A.: Leider muss ich Ihnen sagen, dass Sie nie ganz sicher sein können! Wenn Sie unter Zwängen leiden, hätten Sie vermutlich am liebsten eine hundertprozentige Garantie, dass Sie *niemals* etwas Gefährliches tun werden oder Ihnen und Ihren Angehörigen *unter keinen Umständen* etwas Schlimmes zustoßen wird. Leider gibt es keine solche Garantie. Wenn ich genau darüber nachdenke, weiß ich, dass es keine Gewähr dafür gibt, dass ich nicht heute auf dem Nachhauseweg von einem Auto überfahren werde – aber irgendwie akzeptiert mein Gehirn automatisch diese sehr unwahrscheinliche Möglichkeit und erlaubt es mir damit, normal weiterzuleben.

Vor über zweitausend Jahren mahnte Buddha (nicht nur ein religiöser Lehrer, sondern auch ein großer Psychologe), dass wir vor allem dadurch leiden, dass wir immer mehr wollen als wir bekommen können – ob es nun mehr Gold oder Juwelen sind oder (wie ich hinzufügen möchte) im Fall der Zwangsstörung mehr Sicherheit, als man mehr erreichen kann. Deshalb lautet die Lösung, die Ihnen Buddha vor vielen hundert Jahren in Nordindien angeboten hätte, vielleicht etwa folgendermaßen: «Um nicht mehr zu leiden, müssen Sie lernen zu akzeptieren, dass Sie niemals so viel Sicherheit bekommen werden, wie Sie sich wünschen, auch wenn Sie sich noch sehr darum bemühen. Sie haben die Wahl: Entweder nehmen Sie diese Wahrheit hin und leben glücklich und zufrieden damit oder Sie kämpfen dagegen an und leiden weiter.»

Lassen Sie es mich noch einmal sagen, um es ganz deutlich zu machen: Sie können nie ganz sicher sein, dass Sie die Impulse, die Sie haben, nicht eines Tages in die Tat umsetzen oder dass die entsetzlichen Dinge, die Sie befürchten, nicht doch irgendwann eintreffen – aber ich kann Ihnen versichern, dass die Wahrscheinlichkeit, dass dies passiert, so gering ist, dass es sich nicht lohnt, Ihre Zeit damit zu verschwenden, hundertprozentige Sicherheit zu erlangen. Ein solches Bemühen ist von vornherein zum Scheitern verurteilt. Vertrauen Sie sich selbst oder Ihrem Glauben oder der Evolution, die uns so ausgestattet hat, dass wir in dieser Welt überleben können.

Vielleicht helfen Ihnen auch Erkenntnisse aus der Hirnforschung, sich davon zu überzeugen, dass dies stimmt. Neuere Studien mit Zwangspatienten haben unter Verwendung so genannter bildgebender Verfahren gezeigt, dass etwas mit dem «Sicherheitszentrum» dieser Personen nicht stimmt. Anscheinend funktioniert das, was anderen Menschen das «Alles-in-Ordnung-Gefühl» verleiht, im Gehirn der Zwangspatienten nicht richtig (woraufhin sie versuchen, sich selbst davon zu überzeugen, dass alles okay ist, was schließlich zu Erschöpfung und Frustration führt, wenn sie es mit Hilfe anderer Hirnfunktionen nicht schaffen, hundertprozentige Sicherheit zu erlangen).

F.: *Ich habe viel von kognitiver Therapie gehört – kann die mir bei der Überwindung meiner Zwangsstörung helfen?*

A.: Die Methode der Reizkonfrontation mit Reaktionsverhinderung, so wie sie in diesem Buch beschrieben wurde, ist nach wie vor das Therapieverfahren der ersten Wahl bei Zwängen. Diese Methode kann sich auf zahlreiche Studien mit vielen Hundert Patienten stützen. Allerdings gibt es Patienten, die nicht bereit sind, sich auf dieses Vorgehen einzulassen, und andere, bei denen es nicht die gewünschte Wirkung erzielt. Seit einiger Zeit verfolgen wir mit Interesse die Bemühungen, Techniken der kognitiven Therapie (die zweifellos effektiv bei der Behandlung von Depressionen sind) auf die Behandlung von Zwängen anzuwenden. Glücklicherweise sind auf diesem Gebiet einige Fortschritte zu verzeichnen. Mehrere Studien konnten belegen, dass die kognitive Therapie, wenn sie sorgfältig auf die Identifikation und Korrektur der spezifischen Denkfehler von Zwangspatienten abgestimmt wird, tatsächlich in der Lage ist, Zwangssymptome abzubauen. Zu diesen Fehlern gehört die Tendenz, zu viel Verantwortung für negative Konsequenzen zu übernehmen, zu hohe Ansprüche an sich selbst zu stellen und die Wahrscheinlichkeit gefährlicher Ereignisse zu überschätzen. Wenn Sie es gerne mit kognitiver Therapie versuchen möchten, sollten Sie einen Verhaltenstherapeuten suchen, der in kognitiver Therapie geschult ist und sich mit den *spezifischen* kognitiven Techniken zur Behandlung der Zwangsstörung[57] auskennt.

F.: *Woran kann ich erkennen, ob das, was ich mache, ein Zwang ist oder ein Tic?*

A.: Diese Unterscheidung ist oft recht schwierig – selbst Experten auf den Gebieten Zwangsstörung und Tourettestörung fällt es manchmal nicht leicht, zwischen Tics und Zwängen zu unterscheiden. Als ich zum ersten Mal den Begriff «komplexer motorischer Tic» hörte, kam er aus dem Mund eines Neurologen, der das Verhalten eines seiner Patienten mit Tourettesyndrom beschrieb. Dieser Patient litt unter unwillkürlichem Schulterzucken und Grunzen (d. h. einfachen Tics), konnte aber auch Stunden damit zubringen, seine Schuhe im Schrank aufzureihen (was der Neurologe einen «komplexen motorischen Tic» nannte, man aber genauso gut als «Zwangshandlung» bezeichnen könnte).

Es ist so gut wie sicher, dass sich Zwangssymptome und Tics in den entsprechenden «Schaltkreisen» im Gehirn überschneiden. Im Allgemeinen gilt: Wenn Sie erstens eine bestimmte Handlung ausführen, um einen Impulse oder eine Spannung abzubauen, sich zweitens bei Nichtausführen der Handlung diese Spannung immer weiter erhöht, bis Sie dem Drang schließlich nachgeben, und Sie drittens die gleiche Handlung immer wieder ausführen müssen, möglicherweise Dutzende von Malen, dann handelt es sich wahrscheinlich um einen Tic (vor allem, wenn Ihnen kein rationaler Grund für Ihr Verhalten einfällt).

Am einfachsten finden Sie es heraus, indem Sie eine Reaktionsverhinderung probieren: Wenn Sie es schaffen, dem Drang zur Ausübung der Handlung zu widerstehen und der Drang dann langsam nachlässt, kann man vom Vorliegen einer Zwangshandlung ausgehen. Wenn es Ihnen jedoch trotz großen Bemühens nicht gelingt, dagegen anzugehen, bzw. wenn der Drang immer größer wird, dann handelt es sich vermutlich um einen Tic (und Sie sollten mit Hilfe der Technik des systematischen Abgewöhnens – *habit reversal* – versuchen, ihn in den Griff zu bekommen).[58]

---

57 Gail, S. Steketee et al., «Cognitive Theory and Treatment of Obsessive-Compulsive Disorder», in Jenike et al., *Obsessive-Compulsive Disorders*, 3rd ed, 1998.

58 Barbara J. Coffey, et al., «Tourette's Disorder: Clinical Similarities and Differences», in Jenike et al., *Obsessive-Compulsive Disorders*, 3rd ed., 1998.

F.: *Bedeuten die Begriffe «Zwangshandlung» und «Ritual» das Gleiche?*

A.: Im Zusammenhang mit der Zwangsstörung ist die Antwort Ja. Diese Begriffe werden in der Regel synonym gebraucht. Ich persönlich spreche nicht so gern von Ritualen, wenn es um Zwangssymptome geht, da es auch viele hilfreiche, positive Rituale gibt – zum Beispiel religiöse Riten oder eine japanische Teezeremonie. Diese wirken entspannend, da wir sie bereits viele Male ausgeführt haben und daher nicht über sie nachdenken müssen. Ein Zwang ist dagegen stets etwas, das wir eigentlich nicht tun wollen, das unserem Willen zuwiderläuft (der Fachbegriff hierfür ist «ichdyston»).

F.: *Was ist, wenn ich eine «Hausaufgabe» nicht ausführen kann – hat es dann überhaupt noch Zweck, weiterzumachen?*

A.: Diese Frage wird häufig von Patienten in Gesprächsgruppen gestellt, die in ihrer Verhaltenstherapie auf Probleme gestoßen sind. Sie haben bestimmte Hausaufgaben nicht ausführen können und sind so frustriert oder beschämt, dass sie die Behandlung nicht fortführen. Wenn sie sich bei einem Therapeuten in Behandlung befinden, sind sie vielleicht versucht, einfach nicht mehr zur Therapie zu gehen.

Das wäre natürlich ein schlimmer Fehler. Wie im sonstigen Leben geht auch in der Verhaltenstherapie nicht immer alles glatt. Auch hier gilt Murphys Gesetz – wenn etwas schiefgehen *kann*, dann *geht* es auch schief, und wahrscheinlich ausgerechnet dann, wenn man es am wenigsten gebrauchen kann. Wenn Sie ein Problem bei der Anwendung der in den vorigen Kapiteln dargestellten Methoden haben, geben Sie nicht vorschnell auf. Vermutlich wird es sich nur um einen vorübergehenden Rückschlag handeln. Wahrscheinlich haben Sie einfach den Fehler gemacht, sich an ein Übungsziel heranzuwagen, das noch zu schwierig war.

Vor kurzem hatten wir einen Mann in Behandlung, der sich immer mehrere Male die Hände waschen musste, wenn er beim Aufhängen seiner Hosen zufällig die – seiner Meinung nach verseuchten – Hosenbeine berührt hatte. Deshalb sollte er zu Hause die Übung durchführen, seine Hose aufzuhängen und sich danach eine Stunde lang nicht die Hände zu waschen. Er versuchte es, musste aber feststellen, dass er nicht dazu in der Lage war. Je öfter er es versuchte, desto frustrierter wurde er. Er fragte sich: «Ich kann doch ohne weiteres darauf verzichten, mir die Hände zu waschen, wenn ich andere Sachen getan habe. Warum macht mir dies hier bloß so große Schwierigkeiten?» Wir sagten ihm: «Geben Sie nicht auf. Machen Sie sich keine Vorwürfe. Wahrscheinlich sind Sie einfach noch nicht weit genug für diese Hausaufgabe.» Und wir verkürzten die Dauer der Reaktionsverhinderung. Er sollte nach dem Aufhängen seiner Hose erst einmal nur fünf Minuten lang dem Drang widerstehen, sich die Hände zu waschen. Das schaffte er. Aus den fünf Minuten wurden zehn, dann fünfzehn und so weiter. Schließlich war er in der Lage, das Händewaschen volle 60 Minuten lang zu unterlassen – die in Kapitel 2 empfohlene Zeit für die Reaktionsverhinderung.

Die Moral dieser Geschichte ist, dass es, wenn Sie ein bestimmtes Ziel nicht erreichen können, nicht bedeutet, dass Sie unfähig wären. Es bedeutet einfach, dass Sie und Ihr Therapeut sich ein neues, erreichbares Übungsziel überlegen müssen.

F.: Ich habe ein paar zwanghafte Verhaltensweisen bei meinem Kind bemerkt – was soll ich jetzt machen?

A.: Patienten mit einer Zwangsstörung reagieren oft sehr besorgt, wenn sie beobachten, dass ihr Kind ein Ritual ausführt. Vergessen Sie aber nicht, dass die meisten Kinder Phasen durchmachen, in denen sie verschiedene Rituale entwickeln. William Minichiello erzählte mir, dass er sich daran erinnern kann, als kleiner Junge in der Schule ein Ritual daraus gemacht zu haben, auf Zehenspitzen die Treppen hinaufzusteigen. Als er älter wurde, verlor sich diese «Marotte» von selbst wieder.

Wir sagen unseren Patienten, dass es, wenn das Problem sich nicht nachteilig auf einen wichtigen Bereich im Leben ihres Kindes auswirkt, das Beste ist, sich keine großen Gedanken darüber zu machen. Geben Sie Ihrem Kind die Zuwendung und Unterstützung, die es braucht, und warten Sie ab, ob es die Angewohnheit mit der Zeit von allein wieder ablegt. Wenn die Rituale bleiben und sich störend auf das Leben Ihres Kindes auswirken, sollten Sie mit ihm zu einem Fachmann gehen, um eine genaue Diagnose stellen zu lassen.

F.: Wie finde ich einen geeigneten Verhaltenstherapeuten?

A.: Wer unter einer Zwangsstörung leidet und auf der Suche nach einem qualifizierten Verhaltenstherapeuten ist, muss sich genau umsehen und alle Angebote kritisch prüfen. Zwar können Zwangssymptome mit bestimmten verhaltenstherapeutischen Methoden erfolgreich behandelt werden, aber nicht alle Verhaltenstherapeuten beherrschen diese Methoden zur Genüge und nicht alle haben Erfahrung in der Behandlung von Zwängen.

Die meisten Verhaltenstherapeuten sind Diplompsychologen, aber auch einige Psychiater und Sozialarbeiter bieten Verhaltenstherapie an. Nicht alle Psychotherapeuten arbeiten mit verhaltenstherapeutischen Methoden – fragen Sie deshalb auf jeden Fall immer nach einem Verhaltenstherapeuten. Es sollte sich um eine Frau oder einen Mann mit einer staatlich anerkannten Ausbildung und einer anerkannten Zusatzausbildung in Verhaltenstherapie handeln.

Nach dem heutigen Kenntnisstand lassen sich Zwangsgedanken und Zwangshandlungen am effektivsten mit einem Vorgehen behandeln, das auf Reizkonfrontation *(exposure)* und Reaktionsverhinderung *(response prevention)* beruht. Wenn Sie zu einem Verhaltenstherapeuten kommen, bitten Sie ihn, Ihnen seinen Behandlungsansatz zu beschreiben. Wenn er dabei nicht auf Reizkonfrontation und Reaktionsverhinderung eingeht, sollten Sie ihn nach dem Grund dafür fragen. Andere verhaltenstherapeutische Methoden zur Behandlung von Ängsten und Vermeidungsverhalten sind systematische Desensibilisierung, Entspannungstraining (oder Stressmanagement) und Selbstsicherheitstraining. Wie bereits in einer der obigen Antworten gesagt, erweist sich der Einsatz dieser Methoden manchmal als erforderlich, da in der Verhaltenstherapie Behandlungspläne oft geändert werden, um sie auf die individuellen Bedürfnisse des einzelnen Patienten abzustimmen. Ein Therapeut sollte aber in der Lage sein, Ihnen gegenüber seine Abweichung von den bewährten Vorgehensweisen zu begründen.

Wenn Ihnen Ihr Hausarzt oder Ihr Psychiater keinen geeigneten Verhaltenstherapeuten nennen kann, können Sie sich, wenn Sie sich verhaltenstherapeutisch behandeln lassen wollen, mit der Bitte um Information auch an die nationalen Verhaltenstherapieverbände[59] oder aber an Ihre Krankenkasse oder die Kassenärztliche Vereinigung wen-

---

[59] A. d. Ü.: Dies sind in Deutschland die *Deutsche Gesellschaft für Verhaltenstherapie* (Postfach 1343, Neckarhalde 55, D-72070 Tübingen; www.dgvt.de), in der Schweiz die *Schweizerische Gesellschaft für Verhaltenstherapie* (Hotelgasse 8, CH-3000 Bern 8; www.sgvt-sstcc.ch) und in Österreich die *Österreichische Gesellschaft für Verhaltenstherapie* (Kolingasse 11/2/9, A-1090 Wien; www.user.xpoint.at/oegvt); behilflich ist des Weiteren auch die *Deutsche Gesellschaft Zwangserkrankungen e. V.* (Postfach 1545, 49005 Osnabrück; www.zwaenge.de).

den. Manchmal bieten auch die Abteilungen für Klinische Psychologie an den Universitäten, die Gesundheitsämter oder städtische oder staatliche Beratungsstellen Verhaltenstherapie an oder können Sie zumindest an einen geeigneten Therapeuten verweisen. Hier können Sie sich auch über möglicherweise bestehende Gesprächsgruppen für Menschen mit Ihren oder ähnlichen Problemen informieren.

10. Kapitel

An Angehörige, Freunde und Helfer

I get by with a little help from my friends.

*John Lennon (1940-1980) und Paul McCartney (*1940)*

Einer Ihrer Freunde oder Familienangehörigen hat eine Zwangsstörung und Sie möchten ihm helfen. Aber noch wissen Sie nicht, wie Sie das tun können, ohne dass es zu Reibereien und Auseinandersetzungen kommt. Oder Sie sind z. B. von einer Freundin gebeten worden, in ihrer Verhaltenstherapie als Helfer zu fungieren, sind sich aber nicht sicher, ob Sie dieser Rolle gerecht werden können. Dieses Kapitel soll Sie in die Lage versetzen, sich die in diesem Buch dargestellten verhaltenstherapeutischen Prinzipien zunutze zu machen, um friedlich mit dem Betroffenen zusammenzuleben (auch wenn Sie nicht als Helfer mit ihm zusammenarbeiten werden) oder um Ihre Rolle als Helfer so erfolgreich und effektiv wie möglich ausfüllen zu können.

Wenn Sie die vorigen Kapitel des Buches noch nicht gelesen haben, sollten Sie das jetzt nachholen, ehe Sie versuchen, die hier gegebenen Empfehlungen in die Tat umzusetzen. Sie müssen die Grundprinzipien der Behandlung von Zwangsgedanken und Zwangshandlungen gut kennen, um sie so anwenden zu können, dass sie dem Betroffenen wirklich helfen und nicht bedrohlich für ihn sind. Behalten Sie beim Lesen der Kapitel im Kopf, dass jemand, der unter einer Zwangsstörung leidet, nicht «einfach damit aufhören» kann. Dass er eine Zwangsstörung hat, heisst nicht, dass er schwach wäre oder keine Willenskraft hätte oder gar, dass er faul wäre. *Sie* mögen es geschafft haben, sich Dinge wie das Rauchen oder das Nägelkauen abzugewöhnen, indem Sie die Zähne zusammengebissen und einfach damit aufgehört haben. Aber machen Sie sich klar, dass jemand mit einer Zwangsstörung so beängstigende Gedanken und überwältigende Impulse hat, wie Sie sie wahrscheinlich niemals gehabt haben.

Trotzdem müssen auch Zwangspatienten irgendwann einmal anfangen, gegen ihre Zwänge anzugehen. Vielleicht im Unterschied zu Ihnen müssen sie dabei aber langsam und schrittweise vorgehen, um auf für sie erträgliche Art und Weise ihr Verhalten zu verändern. Andernfalls besteht die Gefahr, dass sie auf unüberwindbare Schwierigkeiten stoßen und ganz aufgeben.

Ein Mann und eine Frau waren davon überzeugt, dass ihre elfjährige Tochter mit Absicht Rituale ausführte und sie ständig bat, irgendetwas zu bestätigen. «Wenn sie wirklich wollte, könnte Sie mit dem Blödsinn aufhören», sagten sie mir. «Sie macht das doch nur, um uns auf die Nerven zu gehen.» Das erste, was die beiden lernen mussten, um ihrer Tochter beistehen zu können, war, dass diese ihre Rituale eben *nicht* so leicht abschalten konnte, wie sie meinten; was sie tat, geschah keinesfalls aus reiner Bosheit. Obwohl ihnen die Probleme ihrer Tochter immer noch Kummer bereiteten, konnten sie, nachdem sie das begriffen hatten, mehr Verständnis für sie aufbringen und reagierten nicht mehr so oft mit Ärger auf ihre zwanghaften Verhaltensweisen.

Oft wissen selbst die engsten Angehörigen von Menschen mit Zwangssymptomen nichts von deren Zwängen. Eine Frau, die bei mir in Behandlung war, hatte es irgendwie geschafft, die meisten ihrer Rituale mehr als 20 Jahre vor ihrem Mann zu verbergen. Als sie schließlich den Mut aufbrachte, mit ihm über ihren Reinigungszwang zu sprechen, war er völlig verblüfft darüber, dass sie solche Probleme hatte.

Versuchen Sie, den Betroffenen zu unterstützen und mit ihm über seine Probleme zu reden. Wenn er einverstanden ist, können Sie zusammen die von ihm ausgefüllte Symptomliste der Yale Brown Zwangsstörungsskala aus dem dritten Kapitel durchgehen. Fragen Sie ihn zu seinen Zwängen: «Woran kann ich merken, dass du das tust?» oder «Wie soll ich reagieren, wenn du damit anfängst?» Offen und ehrlich über seine Probleme zu sprechen ist für den Betroffenen der erste Schritt in Richtung auf ihre Bewältigung. Im Laufe dieses Prozesses werden die Schwierigkeiten, mit denen er sich herumschlägt, noch viel deutlicher für Sie werden. Für den Mann einer meiner Patientinnen war es beispielsweise eine große Erleichterung, endlich verstehen zu können, warum sie nie in bestimmten Restaurants essen, bestimmte Straßen entlanggehen und verschiedene andere Dinge tun wollte. Hinter das Rätsel ihrer abergläubischen Befürchtungen zu kommen machte es ihm möglich, seine Frau erst zu verstehen und dann auch mit ihr mitzufühlen.

Egal, wie merkwürdig Ihnen ein Ritual oder ein Zwangsgedanke auch vorkommt, vermitteln Sie dem Betroffenen nicht das Gefühl, seine Gedanken oder Handlungen seien verrückt oder gefährlich. Versetzten Sie sich in seine Lage und stellen Sie sich vor, Sie müssten mit jemandem über

Gedanken mit sexuellem oder gewalttätigem Inhalt sprechen, die Sie nicht aus Ihrem Kopf verbannen könnten, wie abwegig sie Ihnen auch vorkämen.

Der Umgang mit Familienmitgliedern und Freunden, die unter Zwangssymptomen leiden

Es folgen einige konkrete Strategien, die es Ihnen erleichtern können, einem Angehörigen oder Freund zu helfen, der unter Zwängen leidet. Zum Teil sind diese Ratschläge und Hinweise einer ausgezeichneten Informationsbroschüre[60] entnommen, die von zwei Mitarbeitern des Butler Hospital in Providence verfasst wurde.

Leisten Sie Hilfe durch Nichthilfe

Die wichtigste Einzelregel, die es zu befolgen gilt, wenn man mit einem Menschen mit Zwangssymptomen zusammenlebt, ist, keine Rituale für ihn auszuführen – in anderen Worten: Helfen Sie, indem Sie *nicht* helfen. Das Alte Testament fordert uns auf, Vater und Mutter zu ehren. Aber was ist, wenn der Vater Angst vor einer Verseuchung hat und seine Kinder anweist, sich in der Garage auszuziehen und «keimfreie» Kleidung anzulegen, bevor sie das Haus betreten? Was sollen die Kinder machen, wenn er von ihnen verlangt, im Haus keine Schuhe zu tragen, wenn er keinen Besuch zulässt und verbietet, dass auch nur ein Krümel irgendeines Lebensmittels im Haus verzehrt wird?

Bei der Familie J. war es so, dass Frau und Kinder von Herrn J. seine Anweisungen stets befolgten und ihm damit im Grunde Hilfestellung bei der Ausführung seiner zwanghaften Rituale leisteten. Natürlich war ihnen dies nicht bewusst. Sie versuchten nur, unangenehmen Streitereien aus dem Weg zu gehen und sich den herzzerreißenden Anblick ihres in Tränen aufgelösten Vaters bzw. Ehemanns zu ersparen, der sich ihnen bot, wenn sie eins seiner Verbote überschritten. Erst als Herr J. verlangte, dass die Familie in ein anderes Haus umzog, um dadurch der Gefahr einer Verseuchung in ihrem damaligen Haus auszuweichen, leisteten seine Frau und Kinder

---

60 Livingston & Rasmussen, «Learning to live with Obsessive-Compulsive Disorder», 1989.

endlich Widerstand und bestanden darauf, dass Herr J. sich wegen seiner Zwänge in Behandlung begab.

Eine meiner Patientinnen, Frau M., hatte zwei Möglichkeiten gefunden, sich zu beruhigen, wenn sie sich über bestimmte Dinge Sorgen machte: Entweder sie führte selbst ein Kontrollritual aus oder sie brachte ihren Ehemann dazu, etwas für sie zu überprüfen. In der Therapie bekam sie ein Kontrollritual nach dem anderen unter Kontrolle, bis schließlich nur noch ein einziges auf der Liste stand: das Überprüfen von Türen und Herd vor dem Schlafengehen. Mehrere Wochen lang widerstand sie dem Drang, diese Kontrollhandlungen auszuführen, wie die Aufzeichnungen, die sie machte, zeigten. Deshalb war mir unerklärlich, wieso sich, anders als ich erwartet hatte, ihr Drang zum Kontrollieren nicht abschwächte.

Eines Tages kam in einem Gespräch, das ich mit Frau M. und ihrem Mann führte, heraus, dass sie jeden Abend darauf bestand, dass er noch einmal das Bett verließ und Türen, Schlösser und Herd kontrollierte. Wenn er zurück war, musste er ihr versichern, dass alles in Ordnung war; dann erst konnte sie einschlafen. Warum hat sich Herr M. auf so etwas eingelassen? Er sagte mir, dass ihm das lieber sei, als deswegen Streit mit ihr anzufangen. Auch hier hat ein Familienangehöriger durch falsch verstandene Hilfe die Sache nur noch schlimmer gemacht. Nachdem ich ihm dies erklärt hatte, hörte er auf, für seine Frau Dinge zu kontrollieren, und unterstützte sie stattdessen konstruktiv, indem er sie daran erinnerte, dass sie ihrem Drang widerstehen musste, und indem er ihr half, mit ihrer Angst fertig zu werden.

Diese beiden Beispiele zeigen, zu welchen Konflikten es in Familien kommen kann, in denen jemand eine Zwangsstörung hat. Aber anstatt sich für den leichteren Weg zu entscheiden und dem Drängen des Patienten nachzugeben, sollten alle Familienmitglieder – einschließlich des Betroffenen selbst – einsehen, dass die einzige Möglichkeit, ihm zu helfen, darin liegt, ihm jegliche Hilfe bei der Ausführung von Ritualen zu verweigern. Auch dieser Ansatz basiert letztlich auf den in Kapitel 2 dargestellten Prinzipien der Reizkonfrontation und Reaktionsverhinderung.

Denken Sie daran, dass der Betroffene seine guten und seine schlechten Tage hat

Oft meinen Patienten an Tagen, an denen ihre Symptome sehr stark sind, wieder ganz an den Anfang zurückgeworfen zu sein. Vielleicht haben Sie auch den Fehler gemacht, den Zustand, in dem sich Ihr Angehöriger oder Freund momentan befindet, damit zu vergleichen, wie es ihm ging, als er noch keine Zwangsstörung hatte. Wegen des schwankenden Verlaufs, den der Therapieprozess oft nimmt, ist es wichtig, die Veränderungen in den Blick zu nehmen, zu denen es insgesamt seit Beginn der Behandlung gekommen ist. Vergleiche von einem Tag auf den anderen sind oft irreführend, da sie die tatsächlich eingetretene Besserung nicht richtig erfassen können. Wenn Ihre Freundin beispielsweise an einem Tag nur Rückschläge erlebt, sagen Sie ihr: «Morgen ist auch noch ein Tag. Da versuchst du es wieder.» Das hilft ihr, sich wegen des Rückschritts nicht als Versagerin zu fühlen. Das Gefühl, ein Versager zu sein, ist selbstzerstörerisch, führt zu Schuldgefühlen und Selbstvorwürfen und diese wiederum erzeugen Stress, der die Symptome verschlimmert und sich nachteilig auf das Gefühl des Patienten auswirkt, Kontrolle zu haben. Tun Sie etwas für Ihre Freundin, indem Sie sie daran erinnern, wie weit sie im Vergleich zu ihrer schlimmsten Zeit und seit Beginn der Behandlung bereits gekommen ist.

Achten Sie auf kleine Fortschritte

Menschen, die an einer Zwangsstörung leiden, klagen oft darüber, dass ihre Angehörigen und Freunde nicht nachvollziehen können, was es für sie bedeutet, fünf Minuten kürzer zu duschen oder einmal darauf zu verzichten, sie um Bestätigung zu bitten. Den anderen mögen diese Leistungen sehr unbedeutend vorkommen, aber für den Patienten können sie einen großen Schritt nach vorn darstellen. Dem Betroffenen auch für diese scheinbar kleinen Errungenschaften Beifall zu zollen, kann ein sehr wirksames Hilfsmittel sein; der Betroffene wird auf diese Weise ermutigt, es weiter zu versuchen, und er spürt, dass Sie die Arbeit, die er investiert, anerkennen. *Lob ist ein starker positiver Verstärker.* Gehen Sie nicht zu sparsam damit um!

Geben Sie dem Betroffenen die Unterstützung, die er braucht

Je mehr Sie es vermeiden können, den Betroffenen zu kritisieren, desto besser. Es ist die Zwangs*störung*, die allen auf die Nerven geht, nicht der Zwangs*patient*. Ihr Angehöriger oder Freund braucht nach wie vor Ihre Zuwendung und das Gefühl, als Mensch akzeptiert zu werden, und nicht Kritik. Denken Sie aber daran, dass Akzeptanz und Unterstützung nicht heißt, das zwanghafte Verhalten zu ignorieren. Machen Sie dem Betroffenen in aller Freundschaft klar, dass das betreffende Verhalten ein Symptom seiner Zwangsstörung ist und dass Sie sich nicht daran beteiligen werden, weil Sie ihm helfen wollen, gegen seine Zwänge anzugehen. Dadurch bringen Sie eine nicht verurteilende Haltung zum Ausdruck, die zeigt, dass Sie den Betroffenen als Menschen akzeptieren.

Drücken Sie sich einfach und deutlich aus

Vermeiden Sie umständliche Erklärungen. Das ist oft leichter gesagt als getan, da die meisten Zwangspatienten ständig Menschen in ihrer Umgebung bitten, ihnen zu bestätigen, dass alles in Ordnung ist: «Bist du sicher, dass ich die Tür auch abgeschlossen habe?» «Woher weiß ich, ob jetzt wirklich alles sauber ist?» Wahrscheinlich haben Sie selbst schon die Erfahrung gemacht, dass der Betroffene umso hartnäckiger nach Fehlern sucht, die ihm unterlaufen sein könnten, je mehr Mühe Sie sich geben, ihm zu beweisen, dass kein Grund zur Unruhe besteht. Auch die ausgefeilteste Erklärung verfehlt ihr Ziel; es kommt immer wieder ein neues «Aber was, wenn ... ».

Es passiert schnell, dass Sie in Ihrem Bemühen, dem Betroffenen beim Abbau seiner Symptome zu helfen, als kaltherzig oder abweisend wahrgenommen werden, obwohl Sie versuchen, ihn so gut wie möglich zu unterstützen. Alle Beteiligten – ob Angehöriger, Freund oder Betroffener – mögen zwar auf das gemeinsame Ziel der Symptomreduktion hinarbeiten, haben aber oft unterschiedliche Vorstellungen darüber, auf welche Art und Weise dies geschehen soll. Es ist sehr wichtig, dass sich Familienmitglieder, Freunde und der Betroffene darüber einig sind, dass es im Interesse des Patienten selbst liegt, dass die Personen seines Umfeldes sich *nicht* an seinen Ritualen beteiligen (dazu gehört auch, nicht auf ständiges Bitten, ihm irgendetwas zu bestätigen, einzugehen). Eine solche Übereinkunft zu erzielen ist für alle das Beste. Oft ist es förderlich für die Kommunikation in der Familie, wenn Angehörigengruppen besucht werden oder ein Familientherapeut, der Erfahrung mit Zwangspatienten hat, hinzugezogen wird.

Seien Sie konsequent, aber auch sensibel für Stimmungsschwankungen

Bei der Verfolgung des Ziels, die Zwänge des Betroffenen abzubauen, stellen Angehörige und Freunde oft fest, dass sie eine gewisse Strenge und

Konsequenz an den Tag legen müssen. Häufig gilt es, beharrlich auf der Einhaltung von getroffenen Vereinbarungen zu bestehen, die sich beispielsweise darauf beziehen, wie lange über die Zwänge gesprochen werden kann, wie viel Bestätigung gegeben werden darf und inwieweit zugelassen wird, dass die Rituale des Betroffenen das Leben der anderen beeinflussen. Betroffene geben häufig an, dass ihre Stimmung entscheidenden Einfluss darauf hat, wie gut sie sich von ihren zwanghaften Gedanken ablenken und sich ihrem Drang zur Ausführung von Zwangshandlungen widersetzen können. Desgleichen berichten auch Angehörige und Freunde immer wieder, dass sie schnell merken, wenn der Betroffene einen schlechten Tag hat. An solchen Tagen ist es manchmal erforderlich, dass Familienmitglieder und Freunde Abstriche machen, besonders wenn es zu Konflikten kommt, die in massive Auseinandersetzungen zu eskalieren drohen. An guten Tagen sollten Betroffene dagegen so nachdrücklich wie möglich ermutigt werden, gegen ihre Zwänge anzugehen.

Setzen Sie Ihren Humor ein

Sich durch Witz und Komik von irrationalen Ängsten distanzieren zu können, ist eine äußerst gesunde Fähigkeit, besonders wenn dies in Gemeinschaft anderer geschieht. Sowohl von Betroffenen als auch von Angehörigen und Freunden ist zu hören, dass sie sich auf diese Weise Erleichterung verschaffen können. Aber auch hier gilt, dass Sie die Stimmungslage des Betroffenen berücksichtigen sollten, wenn Sie einen Scherz über etwas machen wollen, was mit seinen Zwängen zu tun hat. Zwar sind die heilsamen Wirkungen des Humors seit Ewigkeiten bekannt, es ist aber nicht unbedingt ratsam, Witze zu machen, wenn die Zwangssymptome akut sind.

Seien Sie flexibel

Dies alles sind lediglich Richtlinien – und keine eisernen Regeln. Ziehen Sie immer die Schwere der Zwangssymptome und die Stimmung des Betroffenen sowie den Stress, unter dem er steht, mit in Betracht, wenn Sie überlegen, ob Sie eine bestimmte Forderung mit allen Mitteln durchsetzen wollen. Lassen Sie Vernunft walten. Und lassen Sie den Betroffenen Ihre Sympathie und Ihr Mitgefühl spüren.

Der Umgang mit Betroffenen, die sich nicht helfen lassen wollen

Was, wenn ein Freund oder Verwandter sich partout weigert, eine Behandlung anzufangen, oder gar abstreitet, eine Zwangsstörung zu haben? Da Sie wissen, dass seine Zwänge wirksam behandelt werden könnten, befinden Sie sich in einer sehr schwierigen Situation, die oft zu Wut und Verzweiflung bei Menschen aus dem Umfeld von Zwangspatienten führt.

Manchmal bleibt Ihnen keine andere Wahl, als einfach so weiterzuleben. Hin und wieder können Sie den Betroffenen daran erinnern, dass Sie bereit sind, ihm zu helfen, dass Sie wissen, in welcher Not er sich befindet, und dass man Zwangsgedanken und Zwangshandlungen durch eine Behandlung in den Griff bekommen kann. Manchmal sind Betroffene erst bereit, sich helfen zu lassen, wenn Sie «ganz unten» sind. Natürlich ist es sehr schmerzhaft, jemanden, der einem nahe steht, leiden zu sehen, wenn man weiß, dass Hilfe möglich wäre. Sie und Freunde und Verwandte sollten in der Zwischenzeit mehr über die Zwangsstörung in Erfahrung bringen und sich Unterstützung suchen, um etwas gegen Ihr Gefühl der Hilflosigkeit zu unternehmen.

Sie dürfen nicht vergessen: Wenn der Betroffene von sich aus keine Motivation hat, seine Symptome in den Griff zu bekommen, werden Sie ihn auch nicht dazu motivieren können. Mit anderen Worten: Wenn Sie unter seinen Symptomen mehr leiden als er, sind die Aussichten für eine erfolgreiche Therapie denkbar schlecht. Es ist wie in dem Witz: «Wie viele Psychologen braucht man, um eine Glühbirne zu verändern? Einen. Aber die Glühbirne muss sich auch wirklich verändern wollen!» Nirgendwo ist die Aussage dieses Witzes so nahe an der Realität wie bei der Verhaltenstherapie der Zwangsstörung.

Trotzdem sollten Sie auf jeden Fall versuchen, dem in diesem Kapitel gegebenen Rat zu folgen und sich von dem Betroffenen nicht in seine Rituale einspannen lassen. Es ist sein Recht, sich noch nicht helfen lassen zu wollen, aber Sie sollten ihm erklären, dass Sie unmöglich wissentlich dazu beitragen können, dass sich sein Problem noch verschlimmert.

Wenn Sie gebeten werden, Helfer zu sein

Meiner Erfahrung nach entscheidet die Unterstützung durch ein Familienmitglied oder einen Freund oft darüber, ob die Verhaltenstherapie mit Erfolg durchgeführt werden kann oder nicht. Die meisten meiner Patienten, die mit der Verhaltenstherapie nicht zurechtkamen, hatten zu Hause niemanden, der sie bei den Übungen unterstützen konnte.

Als Helfer werden Sie dem Betroffenen bei der Festsetzung von Zielen und der Durchführung von Übungen zur Seite stehen. Und Sie werden ihm Mut zusprechen, wenn die Sache haarig wird. Das alles sind Aufgaben, die auch häufig von Verhaltenstherapeuten übernommen werden. Da die Zwangshandlungen und -gedanken, mit denen Sie zu tun haben werden, oft in sehr persönliche Bereiche hineinreichen und dem Betroffenen nicht selten sehr peinlich sind, muss er Ihnen ein hohes Ausmaß an Vertrauen und Achtung entgegenbringen können.

Ein Helfer zu sein ist nicht gerade eine leichte Aufgabe. Wahrscheinlich sind Sie kein Experte in Verhaltenstherapie und die Übungssitzungen können für Helfer genauso frustrierend sein wie für Patienten. Die folgenden Richtlinien stellen so etwas wie eine Stellenbeschreibung dar und sollen Ihnen Ihren schwierigen, aber lohnenden «Job» etwas leichter machen.

Der erste Schritt besteht darin, sich selbst gegenüber möglichst ehrlich in Bezug auf die eigene Kompetenz als Helfer zu sein. Wenn Sie von einem Betroffenen gebeten werden, als sein Helfer zu fungieren, sollten Sie erst einmal sorgfältig die vorigen Kapitel durchlesen. Machen Sie sich gut mit den Tatsachen über die Zwangsstörung und mit dem verhaltenstherapeutischen Ansatz vertraut. Es ist wichtig, dass Sie immer genau wissen, warum Sie ein bestimmtes Vorgehen gewählt haben. Lesen Sie die entsprechenden Stellen des Buches noch einmal, wenn Sie sich an etwas Bestimmtes nicht mehr erinnern können.

Stellen Sie sich als Nächstes die Fragen: «Kann ich ein guter Helfer sein?» und «Habe ich genügend Geduld und Interesse, um diesem Menschen zu helfen?» Wenn Sie diese Fragen eher mit Nein beantworten müssen, dann ist es das Beste, jetzt ehrlich zu sein. Sagen Sie dem Betroffenen, dass Sie nicht glauben, im Moment die geeignete Person zu sein, um ihm zu helfen. Raten Sie ihm, jemand anderen zu suchen, der besser für diese Aufgabe geeignet ist.

Ich habe die Erfahrung gemacht, dass meine Patienten oft viele Personen wieder von der Liste ihrer potenziellen Helfer streichen oder von ihnen abgewiesen werden, ehe sie jemanden finden, mit dem Sie zusammenarbeiten können. Machen Sie es sich also nicht zu schwer, wenn Sie glauben, kein geeigneter Helfer sein zu können. Wenn Sie allerdings der einzige Mensch sind, der als möglicher Helfer in Frage kommt, sollten Sie die Rolle übernehmen, auch wenn Sie Zweifel haben; Sie und der Betroffene sollten sich dann genau an die in diesem Kapitel gegebenen Richtlinien halten, um möglichen Schwierigkeiten in der Zusammenarbeit aus dem Weg zu gehen.

Wenn Sie zu der Entscheidung gekommen sind, dass Sie die Helferrolle übernehmen wollen, gelten natürlich auch für Sie die oben gegebenen Ratschläge für den Umgang mit Freunden und Familienmitgliedern mit Zwangssymptomen. Aber Sie benötigen noch zusätzliche Kenntnisse, da Sie sehr eng mit dem Patienten zusammenarbeiten werden und mit ihm gemeinsam Situationen durchstehen müssen, die für ihn zu den schlimmstmöglichen überhaupt gehören: sich Dingen auszusetzen, vor denen er große Angst hat, und sich davon abzuhalten, das zu tun, was diese Angst zum Verschwinden bringen könnte.

Wenn der Betroffene außer Sie noch andere gebeten hat, gleichzeitig mit Ihnen als Helfer zu fungieren, sollten Sie dies ablehnen, da es um so wahrscheinlicher zu Missverständnissen und Verwirrungen kommen wird, je mehr Personen mit im Spiel sind. Weisen Sie ihn darauf hin, dass man die Behandlung so einfach und unkompliziert wie möglich gestalten sollte, und dass es deshalb nicht gut ist, mehr als einen Helfer auf einmal zu haben.

Ehe Helfer und Patient mit irgendwelchen Übungen beginnen, sollte der Helfer der Einhaltung folgender Regeln zustimmen. Diese bilden das Pendant zu den Regeln in Kapitel 5, zu deren Befolgung sich der Patient bereit erklären sollte. Diese Regeln sollten die Grundlage darstellen, auf der Helfer und Patient die Verhaltenstherapie durchführen.

- Sprechen Sie dem Betroffenen so häufig wie möglich Mut zu. Machen Sie sich immer wieder klar, wie beängstigend und schwierig es für ihn ist, gegen seine Rituale und Zwangsgedanken anzugehen, besonders am Anfang. Sparen Sie nicht mit Lob und achten Sie darauf, dass insgesamt ein positiver Ton vorherrscht. Eine Patientin, Frau A., sagte mir einmal, dass es für sie von entscheidender Bedeutung gewesen war, auf die Unterstützung ihres Mannes zählen zu können. Herr A. hatte sich stets anerkennend über ihre Fortschritte geäußert und ihr in den schwierigen Übungssitzungen Beistand geleistet.

- Zollen Sie dem Betroffenen Ihre Anerkennung, auch wenn er seine Ziele nur teilweise erreicht. In Kapitel 4 haben Sie erfahren, wie wichtig es ist, erreichbare Ziele zu setzen. Aber manchmal scheitert ein Betroffener an einem Ziel, wie viel Mühe er sich auch gibt. Herr A. sagte in diesem Fall seiner Frau immer etwas wie: «Schon gut, Schatz, dann hat es eben heute nicht geklappt, dass du dir zwei Stunden lang nicht die Hände gewaschen hast, aber auch die anderthalb Stunden, die du es geschafft hast, sind schon ein großer Fortschritt im Vergleich zu letzter Woche.» Scheinbar belanglose Kommentare wie dieser haben nicht selten eine große Wirkung.
- Gehen Sie auf alle vernünftigen Fragen ein, die der Betroffenen Ihnen stellt. Wie Sie in Kapitel 4 lesen konnten, haben Zwangspatienten oft keine Vorstellung mehr davon, wie sich Menschen normalerweise in bestimmten Situationen verhalten. Wenn Sie dazu noch an die große Angst denken, die in Betroffenen aufsteigt, wenn sie sich den kritischen Situationen aussetzen, können Sie nachvollziehen, warum sie andere so oft danach fragen, ob ein bestimmtes Verhalten auch wirklich ungefährlich ist. Wenn Sie meinen, dass es sich um eine sinnvolle, vernünftige Frage handelt, dann beantworten Sie sie ehrlich und umfassend, *aber nur einmal.* Wenn der Betroffene Ihnen die gleiche Frage später noch einmal stellt, sagen Sie einfach etwas wie: «Du kennst die Antwort schon» oder «Wir können jetzt nicht mehr darüber sprechen.»
- Setzen Sie Ihren Humor ein. Frau A. empfand es, wie sie mir sagte, als große Hilfe, dass ihr Mann sie in den Sitzungen oft mit seinem Humor bei Stimmung gehalten hatte. Er hatte beispielsweise gesagt, dass sie sich mit dem Geld, das sie jetzt an Seife sparten, demnächst eine Weltreise leisten könnten.

Obwohl er keinen Zweifel daran aufkommen ließ, dass er ihre Probleme ernst nahm, rückte Herr M. manche der Befürchtungen seiner Frau auf eine erheiternde Art und Weise ins rechte Licht. Als sie einmal sagte, dass es ihn ihrer Meinung nach möglicherweise doch das Leben kosten könne, wenn sie sich nicht richtig die Hände wusch, antwortete er: «Lass das bloß nicht die Versicherung wissen, die erhöhen sonst noch die Prämien für die Lebensversicherung.» Wie Frau M. mir sagte, führte die Haltung ihres Mannes dazu, dass die Konfrontationsübungen ihr weniger gefährlich erschienen und dass sie manchmal sogar in der Lage war, über die vermeintlichen Gefahren und Risiken zu lachen, vor denen sie sich vorher so sehr gefürchtet hatte.

Aber seien Sie vorsichtig und vermitteln Sie dem Betroffenen auf keinen Fall den Eindruck, Sie machten sich über ihn oder seine Probleme lustig. Verspielen Sie nicht leichtfertig das Vertrauen und die Achtung, die er Ihnen entgegenbringt.

- Gehen Sie sparsam mit Kritik um. Ein junger Mann, der bei uns behandelt wurde, bat seinen Vater, ihn bei der Bekämpfung seines Waschzwangs zu unterstützen. Aber schon eine Woche später war klar, dass die beiden nicht zusammenarbeiten konnten: Bei der ersten Schwierigkeit, die der Patient mit einer Übung gehabt hatte, war es dem Vater entfahren: «Was ist los mit dir? Du bist einfach faul und schwach, sonst könntest du das jetzt!»

  Glücklicherweise schaffte es dieser junge Mann mit Hilfe eines verständnisvollen Verhaltenstherapeuten, die Übungen auch allein durchzustehen, und er machte deutliche Fortschritte. Sein Vater äußerte sich später folgendermaßen: «Klar, es hat sich gebessert, aber du bist doch immer noch ziemlich krank und verrückt!» Diese Art von Kritik kann Betroffene zum Aufgeben der Therapie veranlassen, noch ehe es überhaupt eine Chance auf Besserung der Symptome gibt. Bitte ersparen Sie dies Ihrem Angehörigen bzw. Ihrem Freund.

- Versuchen Sie nicht, Betroffenen ihre Zwangsgedanken zu nehmen, indem Sie ihnen immer wieder bestätigen, dass kein Grund zur Beunruhigung besteht. Wie Sie bereits wissen, sollten Sie vernünftige Fragen einmal *und nur einmal* beantworten. Danach sagen Sie einfach: «Das haben wir schon besprochen.» Manche Patienten wollen immer wieder beruhigt werden und haben ständig Fragen wie: «Habe ich auch wirklich das Licht ausgemacht?» oder «Habe ich nicht doch irgendetwas Ungehöriges gesagt?»

  Geben Sie in diesem Fall nicht der Versuchung nach, den Weg des geringsten Widerstandes zu gehen und sich auf die drängenden Fragen des Betroffenen einzulassen. Sagen Sie stattdessen freundlich, aber bestimmt: «Wir wollten doch nicht mehr darüber reden» oder «Du kennst die Antwort auf diese Frage.» Ignorieren Sie danach jede weitere Nachfrage des Patienten. Nach einiger Übung wird es Ihnen gelingen, höflich zu bleiben und einfach eine der obigen Antworten zu wiederholen und dann das Thema zu wechseln. Wenn Sie merken, dass Sie ärgerlich werden, machen Sie sich keine Gedanken – diese Reaktion ist ganz normal. Es erfordert eine Menge Geduld, ein guter Helfer zu sein, aber es lohnt sich.

- Lassen Sie sich während der Übungen nicht auf müßige Auseinandersetzungen ein. Ihre Rolle besteht darin, dem Betroffenen zu helfen, nicht, sich mit ihm zu streiten. Und Sie haben es auch nicht nötig, still dazustehen und es zuzulassen, dass er seinen Ärger an Ihnen auslässt. Wenn ich Helfer und Patient zum ersten Mal sehe, sage ich dem Patienten immer: «Wenn Sie sich während einer Übung über irgendjemanden aufregen müssen, dann regen Sie sich über mich auf, denn ich bin es, dem Sie die Aufgabe zu verdanken haben.» Und dem Helfer sage ich: «Sobald Sie merken, dass der Patient Streit mit Ihnen anfangen will, gehen Sie weg. Sie tun ihm einen Gefallen, indem Sie die Helferrolle übernehmen – Sie müssen sich dafür nicht noch Vorwürfe gefallen lassen.»

  Wenn der Betroffene verärgert auf Sie reagiert oder versucht, Sie in eine Auseinandersetzung zu verwickeln, erinnern Sie ihn daran, dass Sie *beide* der Durchführung der Übung zugestimmt haben. Wenn das nichts hilft, versuchen Sie, an einem anderen Übungsziel zu arbeiten. Wenn er weiterhin ärgerlich oder aggressiv ist, sagen Sie ihm, dass Sie die Übung für den Tag abbrechen und zum nächsten vereinbarten Zeitpunkt da weitermachen, wo Sie aufgehört haben.

  In dem Fall, dass Sie mehr als zwei Übungssitzungen vorzeitig wegen Auseinandersetzungen oder aufgebrachter Gefühle abbrechen müssen, sollten Sie und der Betroffene sich zusammensetzen und überlegen, was der Grund für diese Konflikte ist. Beide sollten Sie auch die entsprechenden Abschnitte dieses Buches noch einmal lesen.

  Wenn Sie das Problem dann immer noch nicht aus der Welt schaffen können, ist es wohl an der Zeit, nach einem anderen Helfer Ausschau zu halten. Wenn sich das Ganze mit einem anderen Helfer wiederholt, braucht der Betroffene wahrscheinlich die Unterstützung eines professionellen Verhaltenstherapeuten.
- Versuchen Sie nicht, den Betroffenen davon zu überzeugen, dass seine Ängste unbegründet sind; er wird immer das letzte Wort haben, indem er Ihnen beispielsweise Dinge erzählt, die er durch Anrufe bei Umweltbehörden und Gesundheitsämtern oder aus Büchern über Gift in Reinigungsmitteln und über asbesthaltige Stoffe erfahren hat. Es hat auch keinen Zweck, ihm klar machen zu wollen, wie unwahrscheinlich es ist, dass er die Herdplatte anlassen wird. Anders als Menschen, die keine Zwangsstörung haben, fehlt ihm die Einsicht, dass das Risiko eins zu hunderttausend ist; für ihn ist es vielleicht eins zu zwei. Vergessen Sie auch nicht, dass Ihre Bemühungen, ihn zu beruhigen, bei

ihm ein neues Kontrollritual in Gang setzen können (nämlich Sie immer um Beruhigung zu bitten, um dadurch seine Angst zu reduzieren), und dass Sie dadurch zu einer Aufrechterhaltung seines Problems beitragen können. Da diese Diskussionen zu nichts führen, gehen Sie ihnen aus dem Weg und sagen Sie: «Wir können das jetzt nicht besprechen» oder «Du weißt, was meine Meinung dazu ist.»

Sobald Sie und der Betroffene sich auf die Einhaltung dieser Regeln geeinigt haben (und in einigen Fällen ist es sinnvoll, dies schriftlich festzuhalten), können Sie mit der Arbeit anfangen und das, was Sie aus den Kapiteln dieses Buches gelernt haben, in die Tat umsetzen.

Der Fall von Frau A. und ihrem Mann zeigt, wie gut die Konfrontationsübungen mit Unterstützung eines Helfers laufen können. Bei den meisten ihrer einstündigen Übungen arbeitete Frau A. mit ihrem Mann zusammen. Zuerst sprachen sie immer über das Übungsziel, an dem sie an dem betreffenden Tag arbeiten wollten – beispielsweise «verseuchte» Kleidungsstücke zu berühren. Dann, während Herr A. in ihrer Nähe blieb, berührte seine Frau die Sachen und erledigte irgendeine Routinearbeit, wobei sie dem Drang widerstand, sich die Hände zu waschen. Hin und wieder erkundigte sich Herr A. nach ihrem SBW, ihrem subjektiven Belastungswert, um zu sehen, ob ihr Unbehagen nachließ. Wenn Frau A. hin und wieder von ihm wissen wollte, ob nichts Schlimmes geschehen würde, erfüllte er seine Aufgabe als guter Helfer und sagte freundlich, aber bestimmt, dass sie die Antwort schon kennen würde. Am Ende jeder Übungssitzung wies er sie auf ihre Fortschritte hin und sie diskutierten miteinander, ob sie am nächsten Tag noch einmal am gleichen Übungsziel arbeiten oder zu einem schwierigeren übergehen wollten. Im Laufe der Wochen, die sie gemeinsam an Frau A.s Zwängen arbeiteten, gab es zwar Höhen und Tiefen, aber schließlich erreichte Frau A. alle ihre Fernziele. Da sie und ihr Mann so eng zusammenarbeiteten, waren die Erfolge, die sie erzielten, immer wieder Anlässe, sich gemeinsam zu belohnen – einmal mit einem Abendessen in ihrem Lieblingsrestaurant, ein anderes Mal mit einem Wochenendausflug.

Wenn Sie für einen Angehörigen die Rolle des Helfers übernehmen, lassen Sie sich, ehe Sie mit der Arbeit anfangen, noch eine wichtige Sache gesagt sein: Sie haben die Symptome nicht verursacht. Vor allem, wenn Sie als Mutter oder Vater Ihrem Kind helfen, das eine Zwangsstörung hat, dürfen Sie das niemals vergessen. Vor kurzem noch war eine Mutter bei mir, die ihrer Tochter dabei helfen wollte, ihr zwanghaftes Haareausreißen unter Kontrolle zu bringen. Aber jedes Mal, wenn die Tochter Schwierigkeiten mit den verhaltenstherapeutischen Übungen bekam, wurde die Mutter wütend und schrie sie an, was dazu führte, dass das Kind nicht mehr offen und ehrlich mit ihr über sein Haareausreißen sprach. Später gab die Mutter mir gegenüber zu, dass sie gedacht hatte, Sie selbst habe irgendwie das Problem ihrer Tochter verursacht. Ihre Schuldgefühle hatten sie daran gehindert, die erforderliche Geduld aufzubringen, um ihre Tochter dabei zu unterstützen, nach und nach ihr Problem in den Griff zu bekommen.

Es gibt keine wissenschaftlichen Belege dafür, dass Sie die Zwangsstörung verursacht haben oder ihr Entstehen irgendwie hätten verhindern können. Was zählt, ist, dass Sie dem Betroffenen jetzt so gut helfen, wie Sie können, indem Sie die Behandlungsmethoden anwenden, die sich bei seinen Problemen bewährt haben. Wenn Sie beide die Symptome durch Ihre vereinten Anstrengungen nicht unter Kontrolle bringen können, wird der nächste Schritt darin bestehen, einen Fachmann hinzuzuziehen.

Das Gleiche gilt auch für Ehemänner und Ehefrauen. Sie können nichts für die Zwangsstörung Ihres Ehepartners. Stress und Spannungen verschlimmern die Symptome, versuchen Sie deshalb um ihrer beider willen, unnötige Auseinandersetzungen zu vermeiden. Aber machen Sie sich nicht den Vorwurf, irgendwie zum Entstehen der Zwänge beigetragen zu haben – Sie haben es nicht.

Sie brauchen vor allem Wissen, Mitgefühl, Standhaftigkeit und Geduld, wenn Sie einem nahe stehenden Menschen helfen wollen, seine Zwangsstörung in den Griff zu bekommen. Viel Glück dabei!

Anhang: Fragebögen zur Selbsteinschätzung

Es folgt eine Zusammenstellung aller Fragebögen und Vordrucke des Buches, die Sie fotokopieren und in den verschiedenen Stadien Ihrer Therapie immer wieder einsetzen können. Mit ihrer Hilfe werden Sie die Art und den Schweregrad Ihres speziellen Zwangsproblems bestimmen können, sich für Ihre Behandlung Ziele setzen und diese hinsichtlich ihrer Schwierigkeit einstufen können sowie in der Lage sein, Ihre Fortschritte im Verlauf der Therapie genau zu verfolgen.

Ausführliche Informationen über den Sinn und Zweck der einzelnen Bögen und darüber, wie sie auszufüllen sind, finden Sie in den jeweils angegebenen Kapiteln.

Symptomliste[61]

(Weitere Informationen finden Sie in Kapitel 3, «Testen Sie sich selbst».)

Kreuzen Sie die Symptome an, die Sie im Moment an sich beobachten. Ein Stern (*) bedeutet, dass das betreffende Item ein Zwangssymptom sein kann, aber nicht muss. Um zu entscheiden, ob Sie ein bestimmtes Symptom haben, ziehen Sie bitte die Beschreibung bzw. die Beispiele heran.

Zwangsgedanken (Obsessionen)

Zwangsgedanken mit aggressivem Inhalt

___ 1. Ich habe Angst, ich könnte mir Schaden zufügen.
Angst, mit Messer und Gabel zu essen; Angst, mit scharfen Gegenständen zu hantieren; Angst, an Glasscheiben vorbeizugehen.

___ 2. Ich habe Angst, ich könnte anderen Schaden zufügen.
Angst, das Essen anderer Leute zu vergiften; Angst, Babys zu verletzten; Angst, jemanden vor den Zug zu stoßen; Angst, die Gefühle eines anderen zu verletzen; Angst, sich schuldig zu machen, weil man bei einer Katastrophe keine Hilfe leistet; Angst, jemanden durch einen schlechten Ratschlag zu schaden.

___ 3. Ich habe gewalttätige oder grauenvolle Bilder im Kopf.
Vorstellungen von Gewaltverbrechen, Körpern mit abgetrennten Gliedmaßen oder anderen entsetzlichen Szenen.

___ 4. Ich habe Angst, obszöne oder beleidigende Dinge zu sagen.
Angst, in öffentlichen Situationen, z. B. in der Kirche, Obszönitäten auszustoßen; Angst, unanständige Wörter oder Sätze zu schreiben.

___ 5. Ich habe Angst, ich könnte etwas anderes Peinliches tun.
Angst, sich vor anderen zu blamieren.

___ 6. Ich habe Angst, ich könnte einem ungewollten Impuls folgen.
Angst, an einen Baum zu fahren; Angst, jemanden zu überfahren; Angst, mit einem Messer auf einen Freund einzustechen.

---

[61] Yale Brown Obsessive-Compulsive Scale Symptom Checklist (Goodman, Rasmussen, et al.), Wiedergabe mit Erlaubnis der Autoren.

___ 7. Ich habe Angst, ich könnte zum Dieb werden.

Angst, die Kassiererin im Laden zu betrügen; Angst, wertlose Dinge aus einem Geschäft zu stehlen.

___ 8. Ich habe Angst, ich könnte anderen aus Unvorsichtigkeit Schaden zufügen.

Angst, einen Unfall zu verursachen, ohne es zu bemerken (wie ein Verkehrsunfall mit Fahrerflucht).

___ 9. Ich habe Angst, ich könnte daran schuld sein, dass sich irgendetwas anderes Furchtbares ereignet.

Angst, beim Verlassen des Hauses nicht sorgfältig genug alles zu überprüfen und dadurch ein Feuer oder einen Einbruch zu verursachen.

Zwanghafte Angst vor einer Verseuchung

___ 10. Der Gedanke an körperliche Ausscheidungen beunruhigt mich sehr, bzw. ich empfinde große Abscheu vor ihnen.

Angst, sich in öffentlichen Toiletten mit Aids, Krebs oder anderen Krankheiten zu infizieren; Angst vor dem eigenen Speichel, Urin, Kot, Samen oder Vaginalsekret.

___ 11. Ich mache mir große Sorgen über Dreck oder Bazillen.

Angst vor Übertragung von Krankheitserregern durch Sitzen auf bestimmten Stühlen, Händeschütteln oder Berühren von Türgriffen.

___ 12. Ich habe übergroße Angst vor Umweltgiften.

Angst vor Verseuchung durch Asbest oder Radon; Angst vor radioaktiven Stoffen; Angst vor Dingen, die aus Städten mit Giftmülldeponien kommen.

___ 13. Ich habe große Angst vor bestimmten Haushaltsreinigern.

Angst vor giftigen Küchen- oder Sanitärreinigern, Lösungsmitteln, Insektensprays oder Terpentin.

___ 14. Ich habe große Angst davor, mit Tieren in Berührung zu kommen.

Angst, mich über ein Insekt, einen Hund, eine Katze oder ein anderes Tier mit einer Krankheit zu infizieren.

___ 15. Klebstoffe oder andere klebrige Materialien verursachen mir großes Unbehagen.

Angst vor Krankheitserregern oder Giften, die an Klebeflächen oder anderen klebrigen Substanzen haften könnten.

___ 16. Es macht mir große Sorgen, dass ich mich irgendwo anstecken und krank werden könnte.

Angst, durch eine Infektion oder Verseuchung nach kürzerer oder längerer Zeit schwer zu erkranken.

___ 17. Ich bin besorgt darüber, dass ich andere anstecken könnte.

Angst, nach Kontakt mit giftigen Stoffen (z. B. Benzin) oder nach Berührung bestimmter Stellen des eigenen Körpers andere anzufassen oder für sie Mahlzeiten zuzubereiten.

Zwangsgedanken mit sexuellem Inhalt

___ 18. Ich habe verbotene oder perverse sexuelle Gedanken, Vorstellungen oder Impulse.

Belastende sexuelle Gedanken, die sich auf Fremde, Freunde oder Familienmitglieder beziehen.

___ 19. Ich habe sexuelle Zwangsvorstellungen, in denen Kinder oder eigene enge Verwandte (Inzest) eine Rolle spielen.

Ungewollte Gedanken, Sie würden eigene oder andere Kinder sexuell belästigen.

___ 20. Ich habe Zwangsgedanken, die die Homosexualität betreffen.

Zweifel wie: «Bin ich homosexuell?» oder: «Was, wenn ich plötzlich schwul werde?», obwohl es keine Grundlage für solche Gedanken gibt.

___ 21. Ich habe Zwangsgedanken, die sich um sexuelle Übergriffe gegen andere Personen drehen.

Belastende Vorstellungen über gewalttätige sexuelle Annäherungen an erwachsene Fremde, Bekannte oder Familienmitglieder.

Zwangsgedanken über das Sammeln und Aufbewahren von Gegenständen

___ 22. Ich habe Zwangsgedanken, die das Aufheben und Sammeln von Sachen betreffen.

Angst davor, etwas scheinbar Unwichtiges wegzuwerfen, was man in Zukunft noch einmal gebrauchen könnte; der Drang, unterwegs Gegenstände aufzuheben und wertlose Dinge zu sammeln.

Zwangsgedanken mit religiösem Inhalt

___ 23. Ich mache mir Sorgen, etwas tun zu können, was ein Vergehen gegen meinen Glauben darstellen würde.

Angst, gotteslästerliche Dinge zu denken oder zu sagen bzw. dafür bestraft zu werden.

___ 24. Ich habe übermäßig strenge Moralvorstellungen.

Die Sorge, auch wirklich immer «das Richtige» zu tun; Angst, gelogen oder jemanden betrogen zu haben.

Zwanghaftes Bedürfnis nach Symmetrie und Genauigkeit

___ 25. Ich habe Zwangsgedanken über Symmetrie und Genauigkeit.

Die Sorge, Bücher könnten unordentlich im Regal stehen oder Zeitungen nicht ordentlich aufeinander liegen; Angst, dass die Handschrift oder angestellte Berechnungen unvollkommen sind.

Andere Zwangsgedanken

___ 26. Ich habe das Gefühl, bestimmte Dinge unbedingt wissen oder mir merken zu müssen.

Die Überzeugung, man müsste sich bestimmte unwichtige Dinge merken wie Nummernschilder, die Namen von Schauspielern in Fernsehfilmen, alte Telefonnummern oder Sprüche von Autoaufklebern oder T-Shirts.

___ 27. Ich fürchte mich davor, bestimmte Dinge zu sagen.

Angst, bestimmte Wörter zu benutzen (z. B. die Zahl dreizehn), da sie Unglück bringen könnten; Angst, etwas Respektloses über einen Toten zu sagen.

___ 28. Ich habe Angst davor, etwas Falsches zu sagen.

Angst, nicht das zu sagen, was man sagen will, oder sich nicht richtig auszudrücken.

___ 29. Ich habe Angst davor, Dinge zu verlieren.

Angst, die Brieftasche oder unwichtige Gegenstände, wie ein Stück Papier zu verlieren.

___ 30. Lästige (neutrale) Gedanken dringen in mein Bewusstsein ein.

Nichtssagende, aber störende Vorstellungen, die sich einem aufdrängen.

___ 31. Ich fühle mich durch lästige und sinnlose imaginäre Geräusche, Wörter oder Musik gestört, die in mein Bewusstsein eindringen.

Wörter, Lieder oder Geräusche, die sich nicht abstellen lassen.

___ 32.* Bestimmte Klänge oder Geräusche stören mich.

Sich stark durch Geräusche wie laut tickende Uhren oder Stimmen aus einem anderen Zimmer, die einen vom Schlafen abhalten, gestört fühlen.

___ 33. Ich habe Glückszahlen und Unglückszahlen.

Gedanken, die sich um bestimmte Zahlen (z. B. die 13) drehen, und einen veranlassen, Dinge soundso oft zu tun oder mit etwas so lange zu warten, bis die «richtige» Uhrzeit dafür ist.

___ 34. Bestimmte Farben haben eine besondere Bedeutung für mich.

Angst, Gegenstände mit einer bestimmten Farbe zu benutzen (z. B., weil Schwarz für den Tod und Rot für Blut und Verletzung stehen).

___ 35. Ich habe abergläubische Ängste.

Angst, an Friedhöfen, Leichenwagen oder schwarzen Katzen vorbeizugehen; Angst vor «Todesboten».

Zwangsgedanken, die um bestimmte körperliche Aspekte kreisen

___ 36. Ich beschäftige mich sehr mit der Gefahr, von Krankheiten befallen zu werden.

Angst, Krebs, Aids, eine Herzkrankheit oder etwas anderes zu haben, obwohl der Arzt sagt, dass alles in Ordnung sei.

___ 37.* Ich mache mir Sorgen, dass etwas mit meinem Körper oder meinem Äußeren nicht stimmt (körperdysmorphe Störung).

Die Befürchtung, an Gesicht, Ohren, Nase, Augen oder irgendeinem anderen Teil des Körpers fürchterlich entstellt zu sein, obwohl andere einem versichern, dass dies nicht so sei.

Zwangshandlungen

Säuberungs- und Waschzwänge

___ 38. Das Händewaschen nimmt bei mir unverhältnismäßig viel Zeit in Anspruch oder ist mit einem bestimmten Ritual verbunden.

Viele Male am Tag die Hände waschen oder langes Händewaschen nach der – tatsächlichen oder vermeintlichen – Berührung eines unreinen Gegenstandes. Dies kann sich auch auf die Arme bis zu den Schultern erstrecken.

___ 39. Ich habe übertriebene oder mit ganz bestimmten Ritualen verbundene Gewohnheiten, die das Duschen, Baden, Zähneputzen, Kämmen und Schminken oder das Benutzen der Toilette betreffen.

Handlungen, die der Körperpflege dienen, z. B. Duschen oder Baden, dauern Stunden. Wird die Abfolge unterbrochen, muss u. U. wieder ganz von vorn begonnen werden.

___ 40. Ich habe zwanghafte Gewohnheiten, die die Reinigung verschiedener Dinge im Haushalt betreffen.

Übermäßiges Säubern von Wasserhähnen, Toiletten, Fußböden, Küchentischen oder Küchenutensilien.

___ 41. Ich treffe andere Vorkehrungen, um nicht mit Krankheitserregern in Berührung zu kommen.

Familienangehörige darum bitten, Insektenvernichtungsmittel, Müll, Benzinkanister, rohes Fleisch, Farben, Lack, Medikamente aus der Hausapotheke oder Katzendreck anzufassen bzw. wegzuschaffen, anstatt es selbst zu tun. Möglicherweise der Einsatz von Handschuhen, wenn sich der Umgang mit diesen Dingen nicht vermeiden lässt.

Kontrollzwänge

___ 42. Ich muss kontrollieren, ob ich niemandem Schaden zugefügt habe.

Kontrollieren, ob man jemanden verletzt hat, ohne es zu bemerken. Andere bitten, zu bestätigen, dass alles in Ordnung ist, oder anrufen, um zu fragen, wie es ihnen geht.

___ 43. Ich überprüfe, ob ich mich nicht selbst verletzt habe.

Nach Blut oder Verletzungen suchen, wenn man mit scharfen oder zerbrechlichen Gegenständen hantiert hat. Häufige Arztbesuche, um sich bestätigen zu lassen, dass man unverletzt ist.

___ 44. Ich überprüfe, ob sich etwas Furchtbares ereignet hat.

Die Zeitungen nach Berichten von Katastrophen durchforsten, die man glaubt, selbst verursacht zu haben (oder im Fernsehen auf solche Berichte warten). Andere fragen, ob man nicht einen Unfall verursacht hat.

___ 45. Ich kontrolliere, ob ich keine Fehler gemacht habe.

Mehrfaches Überprüfen von Türschlössern, Küchenherden und elektrischen Anschlüssen vor Verlassen des Hauses; mehrfaches

Überprüfen des Gelesenen, Geschriebenen oder Berechneten, um sicherzugehen, dass einem kein Fehler unterlaufen ist.

___ 46.* Meine Zwangsgedanken über verschiedene Dinge, die mit meiner gesundheitlichen Verfassung oder meiner äußeren Erscheinung zu tun haben, veranlassen mich, zu überprüfen, ob alles mit mir in Ordnung ist.

Sich von Freunden oder Ärzten bestätigen lassen, dass man keinen Herzanfall hat oder Krebs bekommt; häufiges Puls-, Blutdruck- oder Temperaturmessen; überprüfen, ob man schlecht riecht; sein Spiegelbild überprüfen und nach hässlichen Merkmalen absuchen.

Wiederholzwänge

___ 47. Ich muss Dinge immer wieder neu schreiben oder lesen.

Stunden brauchen, um ein paar Seiten eines Buches zu lesen oder einen kurzen Brief zu schreiben; besorgt sein, dass man nicht versteht, was man gerade gelesen hat; den hundertprozentig passenden Ausdruck oder Satz finden wollen; sich zwanghaft auf die äußere Form bestimmter gedruckter Buchstaben in einem Buch konzentrieren müssen.

___ 48. Ich muss bestimmte Routinehandlungen immer mehrfach durchführen.

Zahlreiche Wiederholungen von Handlungen durchführen, z. B. beim Ein- und Abschalten von Geräten, Haarekämmen oder Betreten und Verlassen eines Raumes; sich unwohl fühlen, wenn man diese Wiederholungen unterlässt.

Zählzwänge

___ 49. Ich habe Zählzwänge.

Dinge zählen wie Decken- oder Fußbodenfliesen, Bücher im Regal, Nägel in der Wand oder sogar die Sandkörner am Strand; mitzählen, wenn man bestimmte Dinge wiederholt, wie z. B. das Waschen einzelner Körperpartien.

Ordnungszwänge

___ 50. Ich habe Ordnungszwänge.

Papiere oder Stifte auf dem Schreibtisch oder Bücher im Regal ordnen; Stunden damit verbringen, Dinge im Haus in die richtige Ordnung zu bringen, und sich darüber aufregen, wenn diese Ordnung gestört wird.

Hort- und Sammelzwänge

___ 51. Ich habe den Zwang, Dinge zu horten und zu sammeln.

Aufbewahren alter Zeitungen, Notizen, Dosen, Papiertücher, Verpackungen und Flaschen, aus der Sorge, man könnte sie eines Tages einmal benötigen; unnütze Dinge von der Straße auflesen oder aus Mülleimern herausholen.

Andere Zwangshandlungen

___ 52. Es gibt Rituale, die ich im Geist ausführe (andere als Zählen oder Kontrollieren).

Im Kopf Rituale ausführen, z. B. Gebete aufsagen oder einen «guten» Gedanken denken, um einen «schlechten» wieder gutzumachen. Der Unterschied zu Zwangsgedanken ist, dass man diese Rituale einsetzt, um eine Angst zu bekämpfen oder um sich besser fühlen zu können.

___ 53. Ich muss anderen Menschen bestimmte Dinge sagen oder gestehen oder ihnen bestimmte Fragen stellen.

Andere Leute bitten, zu bestätigen, dass alles in Ordnung ist; Taten zu gestehen, die man niemals begangen hat; glauben, man müsste anderen Leuten bestimmte Sachen sagen, um sich besser zu fühlen.

___ 54.* Ich muss Dinge berühren, beklopfen oder an ihnen reiben.

Dem Drang nachgeben, rauhe oder heiße Oberflächen (z. B. Holz oder Herdplatten) zu berühren oder andere Leute im Vorübergehen zu streifen; glauben, man müsse einen bestimmten Gegenstand wie den Telefonapparat berühren, um die Erkrankung eines Familienangehörigen zu verhindern.

___ 55. Ich treffe Vorkehrungen (andere als Kontrollhandlungen), um Schaden von mir oder anderen abzuwenden oder das Eintreten furchtbarer Dinge zu verhindern.

Sich von scharfen oder zerbrechlichen Dingen wie Messern, Scheren oder Glas fernhalten.

___ 56.* Das Einnehmen von Mahlzeiten ist bei mir mit ganz bestimmten Ritualen verknüpft.

Nicht in der Lage sein, mit einer Mahlzeit zu beginnen, ehe alles auf dem Tisch in eine bestimmte Anordnung gebracht ist; beim Essen strikt auf die Einhaltung eines bestimmten Rituals achten; nicht essen können, bevor die Zeiger der Uhr nicht genau auf einem bestimmten Punkt stehen.

___ 57. Ich habe abergläubische Verhaltensweisen.

Nicht mit einem Bus oder einer Bahn fahren, deren Nummer eine «Unglückszahl» (z. B. die 13) enthält; am 13. des Monats nicht aus dem Haus gehen; Kleidungsstücke fortwerfen, die man beim Vorbeigehen an einem Friedhof oder einer Leichenhallle getragen hat.

___ 58.* Ich reiße mir Haare heraus (*Trichotillomanie)*.

Mit den Fingern oder einer Pinzette Kopfhaare, Wimpern, Augenbrauenhärchen oder Schamhaare herausziehen. Dabei können kahle Stellen entstehen, die einen zum Tragen einer Perücke zwingen.

Fragen zum Schweregrad der Zwangssymptome[62]

(Weitere Informationen finden Sie in Kapitel 3, «Testen Sie sich selbst».)

Zwangsgedanken

Zur Beantwortung der ersten fünf Fragen sehen Sie sich bitte noch einmal die Zwangsgedanken von der Symptomliste an, die Sie angekreuzt haben. Denken Sie beim Beantworten der Fragen bitte an die *letzten sieben Tage* (einschließlich des heutigen) und markieren Sie eine Antwort pro Frage.

1. Ein wie großer Teil Ihrer Zeit ist durch Zwangsgedanken ausgefüllt? Wie häufig treten die Zwangsgedanken auf?

   ___ 0 = Habe keine Zwangsgedanken.[63]

   ___ 1 = Weniger als eine Stunde am Tag bzw. gelegentliches Auftreten (nicht mehr als achtmal am Tag)

---

[62] Yale Brown Obsessive-Compulsive Scale (Goodman, Rasmussen, et. al.); dieser Fragebogen zur Selbsteinschätzung, der hier mit Erlaubnis der Autoren wiedergegeben wird, ist für die Computeranwendung von Dr. John Greist von der University of Wisconsin, einem der führenden Wissenschaftler auf dem Gebiet der Zwangsstörung, bearbeitet worden. Ich habe den Wortlaut der Fagen 4 und 5 etwas verändert, um ihre Bedeutung klarer zu machen und das Ziel einer erfolgreichen verhaltenstherapeutischen Behandlung der Zwangsstörung stärker hervorzuheben: Zwangsgedanken dürfen *nicht*, Zwangshandlungen sollen *immer* unterdrückt werden.

[63] Wenn diese Antwort auf Sie zutrifft, markieren Sie bitte auch die 0-Antwort bei den Fragen 2, 3, 4 und 5 und gehen gleich zu Frage 6 über.

___ 2 = Eine bis drei Stunden am Tag bzw. häufiges Auftreten (mehr als achtmal am Tag, aber die meisten Stunden des Tages sind frei von Zwangsgedanken).

___ 3 = Mehr als drei Stunden und bis zu acht Stunden am Tag bzw. sehr häufige Auftreten (mehr als achtmal am Tag und in den meisten Stunden des Tages).

___ 4 = Mehr als acht Stunden am Tag bzw. ständige Anwesenheit (zu oft, um sie zählen zu können, und es vergeht kaum eine Stunde ohne mehrfaches Auftreten von Zwangsgedanken).

2. Wie stark beeinträchtigen Sie die Zwangsgedanken in Ihrem Privat- und Berufsleben? (Wenn Sie momentan nicht berufstätig sind, überlegen Sie bitte, wie sehr die Zwangsgedanken Sie bei Ihren täglichen Aktivitäten einschränken.) (Denken Sie zur Beantwortung dieser Frage bitte an die Dinge, die Sie wegen der Zwangsgedanken *nicht tun* oder *weniger tun*.)

___ 0 = Keine Beeinträchtigung.

___ 1 = Geringe Beeinträchtigung bei beruflichen oder privaten Aktivitäten, insgesamt aber keine Einschränkung der Lebensführung.

___ 2 = Mäßige Beeinträchtigung in bestimmten Bereichen des beruflichen oder privaten Lebens, aber noch zu verkraften.

___ 3 = Schwere Beeinträchtigung, führt zu starken Einschränkungen der beruflichen oder privaten Lebensführung.

___ 4 = Extreme, lähmende Beeinträchtigung.

3. Wie stark fühlen Sie sich durch Ihre Zwangsgedanken belastet?

___ 0 = Gar nicht.

___ 1 = Gelegentliche, schwache Belastung.

___ 2 = Häufige, mäßig starke Belastung, aber noch zu verkraften.

___ 3 = Sehr häufige, starke und nur schwer zu ertragende Belastung.

___ 4 = Beinah ständige, extreme und unerträgliche Belastung.

4. Wie oft *versuchen* Sie, diese Gedanken zu ignorieren, und lassen sie einfach «vorüberziehen»? (Es geht hier nicht darum, wie erfolgreich Sie dabei sind, die Gedanken zu ignorieren, sondern nur darum, wie sehr und wie oft Sie es *versuchen.*)

___ 0 = Ich ignoriere die Zwangsgedanken immer.

___ 1 = Ich ignoriere sie meistens (d. h. in mehr als der Hälfte der Fälle).

___ 2 = Ich versuche manchmal, sie zu ignorieren.

___ 3 = Ich versuche nur selten, die Zwangsgedanken zu ignorieren.

___ 4 = Ich versuche nie, die Zwangsgedanken zu ignorieren.

5. Wie gut gelingt es Ihnen, Ihre Zwangsgedanken zu ignorieren? (*Anmerkung:* Diese Frage bezieht sich nicht auf Zwangsgedanken, die Sie durch die Ausführung von Zwangshandlungen stoppen.)

___ 0 = Es gelingt mir immer.

___ 1 = Es gelingt mir meistens, meine Zwangsgedanken zu ignorieren.

___ 2 = Es gelingt mir manchmal, meine Zwangsgedanken zu ignorieren.

___ 3 = Es gelingt mir nur selten, meine Zwangsgedanken zu ignorieren.

___ 4 = Ich bin kaum in der Lage, meine Zwangsgedanken auch nur für einen kurzen Augenblick zu ignorieren.

Zwangshandlungen

Zur Beantwortung der folgenden fünf Fragen sehen Sie sich bitte noch einmal die Zwangshandlungen von der Symptomliste an, die Sie angekreuzt haben. Denken Sie beim Beantworten der Fragen bitte an die *letzten sieben Tage* (einschließlich des heutigen) und markieren Sie eine Antwort pro Frage.

6. Wie viel Zeit verbringen Sie mit der Ausführung von Zwangshandlungen? Wie oft kommt es zu den Zwangshandlungen? (Wenn

Ihre Rituale normale Alltagsverrichtungen mit einschließen, überlegen Sie bitte, wie viel *mehr* Zeit Sie wegen Ihrer Zwangshandlungen für diese Dinge brauchen.)

___ 0 = Führe keine Zwangshandlungen aus.[64]

___ 1 = Ich verbringe weniger als eine Stunde am Tag mit Zwangshandlungen, bzw. gelegentliche Ausführung zwanghaften Verhaltens (nicht öfter als achtmal am Tag).

___ 2 = Eine bis drei Stunden am Tag verbringe ich mit Zwangshandlungen, bzw. häufige Ausführung zwanghaften Verhaltens (öfter als achtmal am Tag, aber in den meisten Stunden des Tages kommt es nicht zu Zwangshandlungen)

___ 3 = Mehr als drei und bis zu acht Stunden am Tag verbringe ich mit Zwangshandlungen, bzw. sehr häufige Ausführung zwanghaften Verhaltens (öfter als achtmal am Tag und in den meisten Stunden des Tages kommt es zu Zwangshandlungen).

___ 4 = Mehr als acht Stunden am Tag verbringe ich mit Zwangshandlungen, oder fast ständige Ausführung zwanghaften Verhaltens (zu oft, um die Zwangshandlungen zählen zu können, und es vergeht kaum eine Stunde ohne mehrfaches Ausführen von zwanghaften Handlungen).

7. Wie stark beeinträchtigen Sie die Zwangshandlungen in Ihrem Privat- und Berufsleben? (Wenn Sie momentan nicht berufstätig sind, überlegen Sie bitte, wie sehr die Zwangshandlungen Sie bei Ihren täglichen Aktivitäten einschränken.)

___ 0 = Keine Beeinträchtigung.

___ 1 = Geringe Beeinträchtigung bei beruflichen oder privaten Aktivitäten, insgesamt aber keine Einschränkung der Lebensführung.

___ 2 = Mäßige Beeinträchtigung in bestimmten Bereichen des beruflichen oder privaten Lebens, aber noch zu verkraften.

---

64 Wenn diese Antwort auf Sie zutrifft, markieren Sie bitte auch die 0-Antwort bei den Fragen 7, 8, 9 und 10.

___ 3 = Schwere Beeinträchtigung, führt zu starken Einschränkungen der beruflichen oder privaten Lebensführung.

___ 4 = Extreme, lähmende Beeinträchtigung.

8. Wie würden Sie sich fühlen, wenn Sie an der Ausführung Ihrer Zwangshandlung(en) gehindert würden? Wie unruhig würden Sie werden?

___ 0 = Gar nicht unruhig.

___ 1 = Nur ein bisschen unruhig.

___ 2 = Es würde eine spürbare, aber erträgliche innere Unruhe entstehen.

___ 3 = Es würde zu einem starken und kaum erträglichen Anstieg an innerer Unruhe kommen.

___ 4 = Extreme, lähmende Unruhe oder Angst.

9. Wie stark sind Ihre Bemühungen, gegen die Zwangshandlungen anzugehen? Wie oft versuchen Sie, mit einer Zwangshandlung aufzuhören? (Überlegen Sie nur, wie oft oder wie sehr sie *versuchen*, gegen die Zwangshandlungen anzugehen, nicht, wie gut es Ihnen gelingt.)

___ 0 = Ich versuche jedes Mal, dagegen anzugehen (oder der Drang, die Handlungen auszuführen, ist so schwach, dass es nicht nötig ist, aktiv dagegen anzugehen).

___ 1 = Ich versuche meistens (d. h. in mehr als der Hälfte der Fälle), dagegen anzugehen.

___ 2 = Ich versuche manchmal, dagegen anzugehen.

___ 3 = Es widerstrebt mir zwar ein wenig, aber ich gebe jedem Drang zur Ausführung einer Zwangshandlung nach, ohne zu versuchen, dagegen anzugehen.

___ 4 = Ich gebe jedem Drang zur Ausführung der Handlungen bereitwillig nach.

10. Wie viel Kontrolle haben Sie über Ihre Zwangshandlungen? Wie gut gelingt es Ihnen, sie zu stoppen? (Wenn Sie nur selten versuchen, dem Drang zur Ausführung der Handlungen zu widerstehen, denken

Sie zur Beantwortung dieser Frage bitte an eine der wenigen Gelegenheiten zurück, bei denen Sie es versucht haben.)

___ 0 = Völlige Kontrolle.

___ 1 = Meist gelingt es mir, die Zwangshandlungen mit einiger Anstrengung und Willenskraft zu stoppen.

___ 2 = Manchmal gelingt es mir, die Zwangshandlungen zu stoppen, aber es fällt mir schwer.

___ 3 = Ich schaffe es nur, das zwanghafte Verhalten eine Weile hinauszuzögern, aber schließlich muss ich es doch komplett ausführen.

___ 4 = Ich bin selten in der Lage, das zwanghafte Verhalten auch nur für eine kurze Zeit hinauszuzögern.

Berechnen Sie Ihren Gesamtpunktwert, indem Sie die Zahlen neben den Antworten, die Sie markiert haben, zusammenzählen.

Überzeugtheit von der Berechtigung der Zwangshandlungen und Zwangsgedanken

(Weitere Informationen finden Sie in Kapitel 3, «Testen Sie sich selbst».)

Die folgende Frage entstammt der Yale Brown Zwangsstörungsskala von Goodman, Rasmussen et al.

Markieren Sie diejenige Aussage, die am besten beschreibt, was Sie jetzt im Moment glauben.

Glauben Sie, dass ihre Zwangsgedanken oder Zwangshandlungen angemessen und vernünftig sind? Hätte es noch andere Konsequenzen außer Ihrer inneren Unruhe, wenn Sie sich ihnen widersetzen würden? Glauben Sie, es würde dann wirklich etwas passieren?

___ 0 = Ich glaube, meine Zwangsgedanken oder Zwangshandlungen sind sinnlos oder übertrieben.

___ 1 = Ich glaube, meine Zwangsgedanken oder Zwangshandlungen sind sinnlos oder übertrieben, aber ich bin mir nicht ganz sicher, ob sie wirklich unnötig sind.

___ 2 = Ich glaube, dass meine Zwangsgedanken oder Zwangshandlungen vielleicht sinnlos oder übertrieben sind.

___ 3 = Ich glaube nicht, dass meine Zwangsgedanken und Zwangshandlungen sinnlos oder übertrieben sind.

___ 4 = Ich bin davon überzeugt, dass meine Zwangsgedanken und Zwangshandlungen sinnvoll sind, egal, was andere dazu meinen.

(Weitere Informationen finden Sie in Kapitel 3, «Testen Sie sich selbst».)

Die folgende Frage entstammt der Yale Brown Zwangsstörungsskala von Goodman, Rasmussen et al.

Markieren Sie diejenige Aussage, die am besten beschreibt, wie vielen Dingen Sie in der vergangenen Woche aus dem Weg gegangen sind.

> Haben Sie es vermieden, irgendetwas zu tun, irgendwohin zu gehen oder mit irgendjemandem zusammen zu sein wegen Ihrer Zwangsgedanken oder weil Sie befürchteten, Sie würden Zwangshandlungen ausführen?

___ 0 = Ich habe wegen meiner Zwangsstörung nichts vermieden.

___ 1 = Ich habe wegen meiner Zwangsstörung einige unwichtige Dinge vermieden.

___ 2 = Ich habe wegen meiner Zwangsstörung einige wichtige Dinge vermieden.

___ 3 = Ich habe wegen meiner Zwangsstörung viele wichtige Dinge vermieden.

___ 4 = Ich habe wegen meiner Zwangsstörung beinahe alles vermieden, was ich sonst getan hätte.

(Weitere Informationen finden Sie in Kapitel 3, «Testen Sie sich selbst».)

Die folgenden beiden Fragen stammen aus einem insgesamt 10 Fragen umfassenden Depressionsfragebogen, der «Harvard Department of Psychiatry/National Depression Screening Day Scale» (kurz HANDS)[65].

Lesen Sie die Fragen sorgfältig durch und kreuzen Sie diejenige Antwort an, die am ehesten auf Sie zutrifft.

1. Wie oft waren Sie in der vergangenen Woche deprimiert und niedergeschlagen?

   ___ 0 = Gar nicht oder nur selten.

   ___ 1 = Manchmal.

   ___ 2 = Meistens.

   ___ 3 = Die ganze Zeit.

2. Wie oft haben Sie in der vergangenen Woche daran gedacht, sich das Leben zu nehmen?

   ___ 0 = Gar nicht oder nur selten.

   ___ 1 = Manchmal.

   ___ 2 = Meistens.

   ___ 3 = Die ganze Zeit.

---

65 Baer, L., Jacobs, D. G., Meszler-Reizes, J., Blais, M., Fava, M., Kessler, R., Magruder, K., Murphy, J., Kopans, B., Cukor, P., Leahy, L., O'Laughlen, J., «Development of a Brief Screening Instrument: The HANDS». *Psychotherapy and Psychosomatics* 69:35-41 (2000).

Hauptsymptome

(Weitere Informationen finden Sie in Kapitel 4, «Setzen Sie sich Ihre Ziele».)

Datum: __________

Tragen Sie nur Symptome von der Symptomliste ein, die Sie mit einem *H* markiert haben.

Zwangsgedanken

Symptom	*Allgemeiner Bereich*
______________________	______________________
______________________	______________________
______________________	______________________
______________________	______________________

Zwangshandlungen

Symptom	*Allgemeiner Bereich*
______________________	______________________
______________________	______________________
______________________	______________________
______________________	______________________

Fernziele

(Weitere Informationen finden Sie in Kapitel 4, «Setzen Sie sich Ihre Ziele».)

Datum: ________

Hauptsymptom: ______________________________

Die wichtigsten Dinge, die Sie wegen dieses Problems entweder zu viel tun oder vermeiden:

1. ______________________________
2. ______________________________
3. ______________________________
4. ______________________________
5. ______________________________

Ziele, die Sie am Ende der Therapie erreicht haben wollen:

SBW

1. ______________________________ ______
2. ______________________________ ______
3. ______________________________ ______
4. ______________________________ ______
5. ______________________________ ______

Rangreihenfolge der Fernziele nach Schwierigkeit

(Weitere Informationen finden Sie in Kapitel 4, «Setzen Sie sich Ihre Ziele».)

Datum: __________

Ordnen Sie die Fernziele nach ihrem Schwierigkeitsgrad, angefangen bei dem leichtesten.

SBW

1. ______________________________ ______
2. ______________________________ ______
3. ______________________________ ______
4. ______________________________ ______
5. ______________________________ ______

Erzielte Fortschritte bei den Übungszielen

(Weitere Informationen finden Sie in Kapitel 4, «Setzen Sie sich Ihre Ziele».)

Fernziel: ______________________________

Übungsziel: ______________________________

Datum	*Anfangs-SBW*	*End-SBW*

Durchgeführte Konfrontationsübungen

(Weitere Informationen finden Sie in Kapitel 5, «Wie Ihnen die Verhaltenstherapie helfen kann, Ihre Symptome in den Griff zu bekommen».)

Datum	*Inhalt der Übung*	*Dauer*	*Unterstützt durch*

Literaturverzeichnis

American Psychiatric Association. *Diagnostic and Statistical Manual of Mental Disorders,* 4th ed., Washington, D.C.: American Psychiatric Association, 1994.

Azrin, Nathan H. & R. G. Nunn. *Habit Control in a Day.* New York: Simon & Schuster, 1977.

Azrin, Nathan H. & Alan L. Peterson. Behavior Therapy for Tourette's Syndrome and Tic Disorders. Chap. 16 in Donald J. Cohen et al., *Tourette Syndrome and Tic Disorders: Clinical Understanding and Treatment.* New York: John Wiley, 1988.

Baer, Lee & William E. Minichiello. Behavior Therapy for Obsessive-Compulsive Disorder. Ch. 17 in Michael Jenike et al., eds., *Obsessive-Compulsive Disorders,* 3rd ed.

Benson, Herbert & Miriam Z. Klipper. *The Relaxation Response.* New York: William Morrow, 1975.

Bliss, J. Sensory Experiences of Gilles de la Tourette Syndrome. *Archives of General Psychiatry 37*, 1980, 1343-1347.

Boswell, James. *The Life of Samuel Johnson.* New York: Random House, 1968 [dt. *Dr. Samuel Johnson. Leben und Meinungen.* Zürich: Diogenes, 1990].

Diagnostic and Statistical Manual of Mental Disorders, 4th ed., revised. Washington, D. C.: American Psychiatric Press, 1994 [dt. Saß, Henning (Bearb.). *Diagnostisches und statistisches Manual psychischer Störungen – DSM-IV.* Göttingen: Hogrefe, 1996].

Drosnin, Michael. *Citizen Hughes.* New York: Holt, Rinehart & Winston, 1985 [dt. *Howard Hughes. Der Mann, der Amerika kaufen wollte.* Berlin: Ullstein, 1987].

Forgione, Albert & Frederic Bauer. *Fearless Flying: The Complete Program for Relaxed Air Travel.* Boston: Houghton Mifflin, 1980.

Gorman, Jack. *The Essential Guide to Psychiatric Drugs.* New York: St. Martin's Press, 1990.

Green, Robert & Roger Pitman. Tourette Syndrome and Obsessive-Compulsive Disorder: Clinical Relationships. Chap. 5 in Michael A. Jenike, Lee Baer & William E. Minichiello, eds., *Obsessive-Compulsive Disorder: Theory and Management,* 2nd ed.

Greist, John H. Obsessive Compulsive Disorder: A Guide. University of Wisconsin: Lithium Information Center, 1989.

Jenike, Michael A. Somatic Treatments. Chap. 5 in Michael A. Jenike, Lee Baer & William E. Minichiello, eds., *Obsessive-Compulsive Disorders: Theory and Management,* 1st ed.

Jenike, Michael A. Drug Treatment of Obsessive-Compulsive Disorder. Chap. 17 in Michael A. Jenike, Lee Baer & William E. Minichiello, eds., *Obsessive-Compulsive Disorders: Theory and Management,* 2nd ed. Chicago: Year Book Medical Publishers, 1990.

Jenike, Michael A. Managing Sexual Side Effects of Antiobsessional Drugs. *OCD Newsletter 4*, 1990, 3.

Jenike, Michael. Psychotherapy of Obsessive-Compulsive Personality Disorder. Ch. 27 in Michael A. Jenike et al., eds., Obsessive-Compulsive Disorders, 3rd ed.

Jenike, Michael A., Lee Baer & William E. Minichiello. Bowel Obsessions Responsive to Tricyclic Antidepressants in Four Patients. *American Journal of Psychiatry 144*(10), 1987, 1347-1348.

Jenike, Michael A., Lee Baer & William E. Minichiello. Cingulotomy for Refractory Obsessive-Compulsive Disorder: A Long-Term Follow-up of Thirty-three Patients. *Archives of General Psychiatry*, 1991.

Jenike, Michael A., Lee Baer & William E. Minichiello, eds., *Obsessive-Compulsive Disorders: Theory and Management,* 1st ed. Littleton, Mass.: PSG Publishing, 1986.

Jenike, Michael A., Lee Baer & William E. Minichiello, eds., *Obsessive-Compulsive Disorders: Theory and Management,* 2nd ed. Chicago: Year Book Medical Publishers, 1990.

Jenike, Michael A., Lee Baer & William E. Minichiello, eds., *Obsessive-Compulsive Disorders: Practical Management,* 3rd ed. St. Louis: Mosby, 1998.

Jenike, Michael A., Scott L. Rauch, Lee Baer &Steven A Rasmussen. Neurosurgical Treamtent of Obsessive-Compulsive Disorder. Ch. 26 in Michael A. Jenike et al., eds., *Obsessive-Compulsive Disorders,* 3rd ed.

Livingston, Barbara, & Steven Rasmussen. Learning to Live with Obsessive Compulsive Disorder. New Haven, Conn.: OC Foundation, 1989.

March, John, S., & Karen Mulle. *OCD in Children and Adolescents: A Cognitive-Behavioural Treatment Manual.* New York: Guilford, 1998.

Marks, Isaac M. *Living with Fear*. New York: McGraw Hill, 1978.

Marks, Isaac M. Review of Behavioral Psychotherapy, I: Obsessive-Compulsive Disorders. *American Journal of Psychiatry 138*(5), 1981, 584-592.

Phillips, Katherine A. *The Broken Mirror.* New York: Oxford University Press, 1996.

Rachman, S. J. & R. J. Hodgson. *Obsessions and Compulsions.* Englewood Cliffs, N. J.: Prentice Hall, 1980.

Rapoport, Judith L. *The Boy Who Couldn't Stop Washing.* New York: E. P. Dutton, 1989 [dt.: *Der Junge, der sich immer waschen musste.* München: Goldmann, 1990].

Rasmussen, Steven & Jane Eisen. Epidemiology and Clinical Features of Obsessive-Compulsive Disorders. Chap. 2 in Michael A. Jenike, et al., eds., *Obsessive-Compulsive Disorders: Theory and Management*, 2nd ed.

Rasmussen, Steven & Ming Tsuang. Epidemiology and Clinical Features of Obsessive-compulsive Disorder. Chap. 3 in Michael A. Jenike, et al., eds., *Obsessive-Compulsive Disorders: Theory and Management,* 1st ed.

Steketee, Gail, S., Randy O. Frost, Jose Rheaume & Sabine Wilhelm. Cognitive Therapy and Treatment of Obsessive-Compulsive Disorder. Ch. 18 in Michael A. Jenike et al., eds., *Obsessive-Compulsive Disorders,* 3rd ed.

Steketee, Gail, S. & Barbara L. Van Noppen. Group and Family Treatment for Obsessive-Compulsive Disorder. Ch. 21 in Michael A. Jenike et al., eds., *Obsessive-Compulsive Disorders,* 3rd ed.

Register

Anzeigen

Sven Barnow / Harald J. Freyberger / Wolfgang Fischer / Michael Linden (Hrsg.)

Von Angst bis Zwang

Ein ABC der psychischen Störungen: Formen, Ursachen und Behandlung

2., korr. u. erw. Aufl. 2003. 304 S., 8 Abb., 25 Tab., Kt
€ 22.95 / CHF 39.80 (ISBN 3-456-83985-5)

Das Buch gibt «einen komprimierten Überblick über die einzelnen Symptome». Es eignet sich für alle, «die sich gezielt fundierte Informationen über einzelne Störungsbilder aneignen möchten» (Psychologie heute).

Helen Kennerley

Schatten über der Kindheit

Wie sich frühe psychische Traumata auswirken und wie man sie bewältigt

Aus dem Englischen übersetzt von Karin Dilling.
2003. 219 S., 12 Abb., 8 Tab., Kt € 24.95 / CHF 42.80
(ISBN 3-456-83963-4)

Viele Menschen werden von schrecklichen Erinnerungen an Missbrauch und Vernachlässigung in der Kindheit bis ins Erwachsenenalter verfolgt. Dieses Buch gibt ihnen konkrete und bewährte Anleitungen zur Selbsthilfe.

Michael J. Kozak / Edna B. Foa

Zwangsstörungen bewältigen

Ein kognitiv-verhaltenstherapeutisches Manual

2001. 207 S., 1 Tab., Kt € 26.95 / CHF 44.80
(ISBN 3-456-83556-6)

Schwerpunkt der Behandlung ist eine dreiwöchige therapeutische Intensivphase. Die Patienten werden angeleitet, sich den Auslösern ihrer Zwänge täglich mehrmals auszusetzen, ohne in die alten Rituale zurückzufallen.

Verlag Hans Huber
Bern Göttingen Toronto Seattle

http://Verlag.HansHuber.com

Lee Baer

Der Kobold im Kopf

Die Zähmung der Zwangsgedanken

Aus dem Englischen übersetzt von Matthias Wengenroth.
2003. 181 S., 17 Tab., Kt € 19.95 / CHF 33.90
(ISBN 3-456-83962-6)

Unwillkürlich sich aufdrängende Mordgedanken, Phantasien von Missbrauch und Vergewaltigung, blasphemische Sätze, die man laut hinausschreien will: Man kann sich davor retten; der Autor zeigt, wie das geht.

Reneau Z. Peurifoy

Angst, Panik und Phobien

Ein Selbsthilfe-Programm

Aus dem Englischen übersetzt von I. Erckenbrecht.
2. Aufl. 2002. 315 S., Kt € 19.95 / CHF 34.80
(ISBN 3-456-83827-1)

In 15 Lektionen erwirbt der Leser die Fähigkeit, seine Ängste, Phobien und Panikattacken zu bekämpfen und neues Selbstvertrauen zu gewinnen. «Ich meine, dass dies ein ungewöhnlich reichhaltiges Buch ist und dass es vielen Leuten helfen wird.» (Albert Ellis)

Hans S. Reinecker

Zwänge

Diagnose, Theorien, Behandlung

Nachdruck 1998 der 2., überarb. u. erw. Aufl. 1994. 189 S., Kt € 19.95 / CHF 35.90 (ISBN 3-456-82528-5)

Zwänge stellen für den Betroffenen und seine soziale Umgebung eine schwere Beeinträchtigung dar. Als wichtigste Erscheinungsformen müssen Zwangshandlungen (Waschen, Kontrollieren) und Zwangsgedanken (Vorstellungen, Bilder) unterschieden werden. Der Autor berichtet über verschiedene bewährte und neuere Strategien der Behandlung von Zwängen.

http://Verlag.HansHuber.com

Verlag Hans Huber
Bern Göttingen Toronto Seattle